编辑部成员

（以姓氏音序排列）

后晓荣　李沛恒　刘晓满　马保春
史明文　王毓蔺　吴海兰　朱光华

四库学

THE STUDY OF SI KU QUAN SHU ISSUE 2

首都师范大学中国四库学研究中心
陈晓华 主编

【第二辑】

社会科学文献出版社
SOCIAL SCIENCES ACADEMIC PRESS (CHINA)

学术顾问

（以姓氏音序排列）

陈智超　中国社会科学院历史研究所研究员
郭英德　北京师范大学文学院教授
李红岩　中国社会科学杂志社研究员
廖可斌　北京大学中文系教授
刘跃进　中国社会科学院文学研究所研究员
吴怀祺　北京师范大学历史学院教授
夏长朴　台湾大学教授
严佐之　华东师范大学古籍研究所教授
于　沛　中国社会科学院世界历史研究所研究员
张　帆　北京大学历史系教授
朱杰人　华东师范大学古籍研究所教授

编委会

（以姓氏音序排列）

蔡万进　首都师范大学历史学院教授
邓洪波　湖南大学中国四库学研究中心教授
董恩林　华中师范大学历史文献研究所教授
顾宏义　华东师范大学古籍研究所教授
郭康松　湖北大学文学院教授
何宗美　西南大学文学院教授
黄爱平　中国人民大学历史学院教授
梁景和　首都师范大学历史学院教授
林存阳　中国社会科学院历史研究所研究员
陆建猷　西安交通大学人文社会科学学院教授
宋　杰　首都师范大学历史学院教授
王海生　中国社会科学院哲学研究所研究员
徐道彬　安徽大学徽学研究中心教授
许福谦　首都师范大学历史学院教授
杨艳秋　中国社会科学院历史研究所研究员
张固也　华中师范大学历史文献研究所教授
张　升　北京师范大学历史学院教授
张　涛　北京师范大学历史学院教授
周国林　华中师范大学历史文献研究所教授
周少川　北京师范大学古籍与传统文化研究院教授
周文杰　湖南株洲市社会科学界联合会研究员

《四库全书》是中华民族之宝藏

李铁映

今天有幸，我这个耄耋老人，在学术殿堂来发表一点自己对中国文化、对中国文明传承数千年的一些感悟。

这个论坛，我们研究的对象是什么？就是以《四库全书》为底本的中华文化、中华民族的文明。为什么强调以《四库全书》为底本？笼统地说国学，国学在哪？以什么为基本？可以比较肯定地说，都已经藏入《四库全书》了。这是中国的优势，是中国在世界上独一无二的传统。我们以文献的形式，用文字把中国文明记载下来，把中国历代文化的精粹继承下来。历史是自己先人的足迹，也是先人的思想路程。这是中国人之所以自豪、之所以始终立足于自己的根脉，不屈不挠，坚韧不拔，无论经过多少波折、多少苦难，仍然坚韧不拔地往前走的动力。这就是中华民族文化给我们的砥石，这就是中国人的自信。根深叶茂！

今天是第二届《四库全书》高层论坛，我想讲四个问题。

（一）如何看待《四库全书》在中华文明史中的地位。

（二）当代中国人需要深入研究发掘自己的历史宝藏。

（三）今天研究《四库全书》的重点有哪些。

（四）怎样推动《四库全书》的研究。

一 《四库全书》在中华文明史中的地位

有人问，是不是每一届《四库全书》论坛都要来谈《四库全书》是什么？我的答案是，是的。《四库全书》承载了中华民族文明，是中华民族的宝藏，是世界性巨制。《四库全书》是中华文化精粹、文献大成，是文献化的民族精神，反映了中华文化的连续性、传承性、自觉性。这是中华文化的一大突出优点，无与伦比！它既是兴世之宝，也是警世之鉴，是五千年的波涛，也是未来的佩剑。

《四库全书》的价值、地位、重要性，只有通过研究、不断地研究、化研究于实践才知道。《道德经》《论语》不是已研究了2000多年，今天还在研究吗？《易经》不也是研究至今，从未中断吗？千年来，我们不也是一直在践行研究古人及其典籍而得的思想启迪吗？书，不怕百遍读，常读常新，常读常得；史，代代都研究，常琢常智；知识，人人必备，常用常新。

历史、文化不仅不怕研究，而且要反复、不断地研究。研究历史就是研究文化，就是研究思想、研究精神。我们都是从昨天走来的，今天的我们是站在前人的肩膀上往前看、往前走的！

先人既然给我们留下了这样宝贵的精神财富，每代中国人都应该研究它们。研究是无止境的。只要中华民族绵延相承发展下去，关于中国人自己的文化、自己的文明、自己的故事，就要不断研究下去，每一代人都要给出新的注疏。研究历史在一定意义上就是研究自己，就是研究现在；也是面向未来，鉴古可知今！

历史，它的价值作用，就在于为现实服务，为我们这一代人服务。因此，每一代人都要研究自己的历史，代代相济，永不断章。不研史，就不知今；不研史，就不知根，不自信。

研究《四库全书》，给我们提供了一个经过反复筛选的、经过历史沉淀的中国文化精粹，给所有学子、后人提供了一个方便之门。从《四库全书》可以看到数千年来，我们先人是怎么走、怎么做、怎么想的，可以解惑我们很多是什么和为什么的问题。

二　研究《四库全书》的必要性

为什么必须研究《四库全书》？就是为了中华复兴，为了走向世界。中国若不能走向世界、融入世界，就是封闭，不改革、不开放，不能继续前进。中华复兴的历史过程，就是世界认识中国的过程，就是依教育、科技不断创新，不断改革开放的过程。中国必须与世界共繁荣，这就是历史车轮的新轨道。

历史是昨天的事，是先人的功业，也是我们的根。中华复兴需要走向世界，世界也需要了解中国。真诚的合作，必须建立在互信之上。这种互信需要的是人文的了解、文化的认识、哲学思想上的沟通。《四库全书》正是这个文化基因库、人文精神的宝藏、通宇的桥梁。

研究《四库全书》，就是一个让世界了解中国的方式。《四库全书》不仅属于中国，也属于世界。尤其是今天中国要走向世界，世界要进一步了解中国，推动四库的研究是迫切的。

我有一个感觉，中国人对世界的了解，远比世界对中国的了解要多。今天中国人站起来了！中国人要实现中华民族复兴的中国梦，就需要世界深刻了解中国。特别是文化、思想。这是中华复兴、走向世界必然的历史过程、历史阶段！还有相当长的一段路要走！这是自然律，不可逾越。"路漫漫其修远兮"，不容忽略文化了解的重要！中国人走向世界的过程，就是世界了解中国的过程。

近一百多年来，中国的学子花了多少工夫去了解世界，到世界各国去留学，翻译了多少西方的、世界各国的文化经典，但对自己国家的文化经典宣传不够。这个课中国今天要补！要让世界更多了解中国，没有深刻的、文化的、思想的，乃至哲学层面的相互沟通和认识，相互之间的合作是不够的、不深入的、没有亲近感的。

我还有一个感觉，中国人讲的很多话语西方人仍然听不懂，因为在他们的哲学观念里，乃至文化辞典中，没有这些概念。例如我们现在讲要合作共赢，资本主义从1640年的光荣革命开始，什么时候和殖民地合作共赢过？什么时候和被压迫的国家分享过经济、科学、文化发展的成果？什么时候提出过命运共同体？他们奉行的是丛林政策、社会进化论学说。"一带一路"我们说合作共赢，共商、共建、共用。我们在互联互通，但他们仍然疑窦丛生。这些歧义很多是来自对中国的不了解，听不明白中国人今天讲的话。

另外，我们在殖民地半殖民地的时候，给外国翻译了一些非常美丽的名字，如英吉利，但是人家怎么叫中国？想起这些就感觉莫名的心痛。那个时候，许多话语是带有这种屈辱色彩的。例如中国龙，它翻译成"dragon"；我们的凤凰，它翻译成"phoenix"。其实根本不需要翻译。龙就是龙（long），凤就是凤（feng）！他们没有这样一些神话传说。中国人不相信唯一，不相信绝对。

从以上这些例子，可以知道，要把中国介绍给世界，要讲很多话。要让世界听懂中国的话，就要把我们的经典之作，用现代的语言加以注疏。我们这一次注疏不只是给我们自己，还要给我们的后人，更要给世界。比方说有关《周易》之作，《四库全书》著录的就有一百六十多部、一千七百多卷，构成了一个巨大的学术宝库。一个学者可能一辈子要研究清楚都不容易。我们之幸有这样一套文献，应该好好利用。

《四库全书》这个课题，我个人认为，是个永恒的中国人的课题。不仅为了中华民族的伟大复兴，也是献给世界人民的人类文明之瑰宝。可以这样讲，只有中国人能够把《四库全书》这个宝藏发掘出来，也只有中国人才能最深刻地读懂《四库全书》。要充分利用《四库全书》！继承和弘扬我们的优秀文化传统，没有他途可以实现，只有靠中国人自己。

不研究自己的历史，就不知道今天，更不知道明天。中国人今天已经逐渐成为一个自为、自觉的民族。自觉，很大程度上是文化的自省。唯有文化自信，才能成为一个自觉的民族，成为一个自为的、走在历史长河上的民族。只有自为自功，才有自强自尊。

对历史研究要剥皮求髓，穷根究理，从未达知，从混达清。精神是没有时间界限的，既没有历史的覆盖，也没有国界的限制。精神自由是最高的自由，这是人的特点。所以在精神问题上的吸取和学习，是没有限制的。并不因为它离我们千年，它就古老了，成为传统了。

《四库全书》，我认为足可概括为中华文化的精神之库、中华文明的宝藏。每一代人都要不断研究它，添上时代的精神。当代中国人、每个学子就是宣传家，让世界看懂，这是中国人的必然责任。

三 研究的重点

这个论坛的目的，就是要进一步推动《四库全书》的研究。以论立学，论存则学在。以研究释疑，以文解惑，探玄入微，分享世界。

研究要有重点，要有切入点。路径对了，才能精明入微。这里我提几点建议，供学者探路入殿。

（1）文献性研究，如：中国大型文献编纂史；《四库全书》及相关的文献；今书补遗、禁毁书补遗；文献图书编目学；古籍档案文献的研究；等等。

（2）以四库为底本的文化、思想、历史的研究。这种研究，不仅可以纠谬、正误、清糟，给后人留下一部绝真标准的文化遗产和可信的文脉，还可以深入研究部、类，进而某人、某书的再研究。以精微角度解读中国文化，特别是中国人的文化基因、根脉。这种研究是一种理论性、学术上的，可谓精义中华，揭示五千年至精至理。可以再诠疏，再解读。

（3）走出国门与世界共研同享。西学的研究方法与中学不同，但已为世界所接受。

后人、世人，能够从"四库"研究中认识到它的必要性、它的价值。对于绝大多数人来讲，不可能进入这个殿堂，但是可以通过学者的研究获知这个殿堂里的精神财富。对于《四库全书》的研究是学究性的？还是只是一些深爱中国古文、喜欢啃读历史的人的？历史是为当代人服务的。有人说，历史研究就是当代史的研究。我比较赞同这种说法。今天这个会，就是来推动《四库全书》的研究。只有研究得越多、越广泛，我们才知道《四库全书》是什么。现在有很多人研究外国人的思想，也希望有更多中国人研究中国人的思想。对于中国的事情，只有中国人才能解决。

我读了一点古文的东西，深感自己学识之不足。我为了参加这个会，还专门抄写了屈原的《离骚》。而古人精神上的这种深厚思想，例如屈原说"路漫漫其修远兮"，难道历史不是这样的吗？难道中国的振兴不是这样的吗？令人自省！

研究《四库全书》，实际上就是学习的过程。学和研是分不开的，任何研究都是学习的过程，任何学习都是研究的过程。我们都是读书人，读书人都有这个感悟，书要翻一翻容易，读进去就难了。常言道：听到的比知道的多，知道的比懂得的多，懂得的比会做的多，会做的比做好的多！我们的宣传研究，是让我们的后人来崇敬我们的文化，是获得文化自信的一种方式。文化是每一个民族的名片。

世界要了解中国，先看中国人自己怎么看待自己的先人，怎么看待自己的文化。殖民国家最阴毒的就是消灭被殖民国家的文化，让它的文化褪色、消退。我们今天研究《四库全书》，就是要让中华文化更加灿烂、辉煌。今天中国人对待先人、文化的态度，热爱、尊崇，给世界昭示的就是文化自信！当然物无完物，理无绝论，正如古人云："天地无全功，圣人无全能，万物无全用。"中国人哲学当中最大的特点就是认为事物都是在变化，易者变也。存在的多样性，变化的多样性，这是自然律。

人们一直对《四库全书》褒贬不一，现在我们应该提倡保护。现在应该是褒，通过研究来正面述说它。对《四库全书》要深入研究，不可轻之，主要是吸阳取正。唯有中国人能够这样来对待《四库全书》，才会让世界知道怎么去理解中国文化。

四　研究方法

《四库全书》代表的是一种自豪、自尊、自信，我们应该褒之。"天生万物，唯人为贵"！这是我们今天中国人的态度。对《四库全书》研究就是为了进一步认识中国的根和中国的文脉。有了自己根和文脉的人就有了自信。宇宙万物，是通过人的实践和研究而逐渐清晰的，虚实真伪在其中，"形动而生影"。研究即最重要的人类实践活动。

今天，中国大踏步走向世界，世界也迎面向中国走来。《四库全书》的研究要多元化，要国际合作。要把网站联通起来，要登上信息化的大平台，给世界上所有感兴趣的人一个方便之门，一把打开中国文化的钥匙！共议、共研，要举行国际研讨会议。《四库全书》是全世界的，它必将为世界所称颂。研究方法要多层多样，精广并进，中外共学，敞开大门，享誉社会，联通世界汉学界，逐步进入大道，走入明堂。

当然，研究总是要有切入点的。任何研究都有路径，对学者来讲，是面临的现实问题。我个人的看法，找最喜欢的、最熟悉的那个部类、那几本书，钻进去，就有所得。当然也有独辟蹊径的，找一些冷僻东西的，这也无妨。幽玄之中也可能有珠。研究的方法各不相同，尤其是现在多媒体的出现，给我们创造了更多的可能的研究方法。我认为，在研究这个问题上，这样研究、那样研究，多层次、多样性、多管道、多方式，都是应该鼓励的。研究方法正如工具，不拘一格，按每个人的偏好，走自己的路。

同时，研究也要有重点。只有切入点、路径对了，又有重点，对《四库全书》的研究才能有效果，精明至深。

我粗略地看了一下，从古人到现在，有关《四库全书》研究的方法，一个是文献学的研究。如对文献进行整理，看它的来龙去脉、注疏、流派、版本等。中国对待文献的研究是有传统、有传承的。汉代今、古文的研究，就具有文献学的特点。

《四库全书》的编撰过程，就是一个考据、整理、正误、注疏的过程，就是对中国历代文化的一次文献学研究。今天，我们可以站在先人的肩膀上继续研究，可以开展补遗、纠谬、新注、解读等这样一些文献性工作。言及此，我们还必须正视禁毁研究的问题。我认为这是必须要做的。这个研究要补遗纠偏并重，还历史真面目，辩证认知古人。

第二个研究方式，就是深入地对一个部类或者一门学问、某几本书进行精研。如经部，易、书、诗、礼等类，可从哲学上去研究它。史部，正史、编年、纪事等类，可以纠偏订误补遗。子部，道、儒、兵、法、医、农等类，可从文化上去研究。集部，可从文学艺术，载述道艺的意象去研究，也可做补注等工作。如楚辞、词、曲等类，就做了许多补正的研究。使我们后人在读这些书的时候，有一个很好的导师讲解，导学入门。例如，集部里头的唐诗宋词，我看现在不只是读一千年了，还要吟诵数千年，世界文化只有中国文化一脉传承至今！

讲解诗词就是一门学问！我认为汉字太美了！汉字的独特美，在抄写过程中就能体悟到。书法本身的美，体现在汉字中。文美在于词，词美在于字。但是汉字之美讲得不够，今天许多人不会读，不会写；倡行识繁用简，却陷入用简而不识繁。不懂古文，也就不悟中华文化。中华文化在哪里呢？在天花板上，在博物馆里。天花板现象是危机、是危险。我们的下一代，一百年以后不认识汉字了，文化何在？视今日之梵文、古希腊文，令人警觉！我实在是有些担忧！因此，提倡书法，提倡抄书，不仅是文化现象，也是学路承道，文脉传承，文在神在，一脉永存。今年我是真正的"80"后，这是"80"后之忧啊！

中华一定要振兴，复兴之路一定能实现！我有一个想法，要鼓励书法爱好者抄写诗文、经典。在唐代以前的传本基本上是手抄书，我们现在的图书馆的真善本，多数是木刻印刷的东西，不是手抄本。现在最珍贵的、代表中国文化的是手抄本，如王羲之《兰亭序》等，既是文物，也是艺术。"红楼梦"最初流行就是写本、手抄本。手抄书是中国人的精神符号，应该鼓励书法爱好者来抄《四库全书》的诗、词篇，经史子集，想抄什么就抄什么。抄就是写汉字、识繁体、读古文、悟文释。抄书是一种文化现象，一种学习方式，抄书也是道与义的修为。抄就是学、写、读、识、悟中国文化的过程。抄者循法，法随艺出，精神、道法、人格，可入心入神。抄书之路就是为学之道，也是进行研究必经的过程。

如果把抄书和诵读结合起来，读写二者就合一了。我们惊叹古人为什么记得那么多的汉字，那么多的典故，其实就是诵读、抄写的结果。当然，不能要求每个人都来做这件事情，但是我希望书法爱好者来做这件事情。写字的人都是传习之人，人执一笔，挥洒一纸，经年累月，就是一阁！

文化、物质、艺术的价值都是在历史长河中经过洗练获得的，一般商品在历史的长河当中都淹没在尘埃之中了。不淹没在尘埃之中，甚至能够逐渐贵珍的都是文化。人的精神越多，历史价值就越大。建议首都师范大学首开此例，鼓励学生抄写，四年以后大学毕业的时候，可得一腔精神，一叠书稿，离家不远了。知文是学道之路。这样就把学习研究《四库全书》之路打开了，多条路径是研究《四库全书》重要的方法。

抄书要按照《四库全书》的底本来抄，写清底本，价值就不一样了。今天这个讲稿是我自己起草的，字无非如其人，人有多高字就多高，人不高嘛，才一米七几，那就写不出来一米八九的字来。中国如果要有成千上万的书法爱好者依《四库全书》抄起来，抄本再流散广布于世界各国，即成文化使节了，这是什么成色？千流穿域，万滴润宇啊！我曾经有一个大胆的设想，如果世界上几大博物馆，收藏当代中国人的手抄《四库全书》，这令世界震惊！《四库全书》近八亿字，七万九千三百三十七卷，三万六千二百七十七册，三千五百〇三部，是三千八百多学子抄了十多年的结晶！抄，就比不抄好；学，就比不学强。要想获得真经，就必须研究。玄奘取经之路，也是漫长艰辛的。这些事情，不在一朝一夕，贵在恒持。

现在做事情，多求快捷，谋求利益。应追求的是精神的永存！不能把精神放在外头，把名利放在前头了。物益散化，神可日精，"言迎天意，揣利害，不如其已"。我这个耄耋之人余热也不多，只有一点温馨而已。

文化之路，是慢行的；走向世界，是费神费时的。不易啊！我特别希望学者建立起关于四库学的理论体系。论不立，学不成。因此《四库全书》研究，关键在于四库学之论。以论立学，这是我对四库学的看法。非凿洞探微，笃学如痴而不达。学术上怎么解读《四库全书》，怎么去确定《四库全书》的价值，这是研究的目的。

五　结语

最后，我有一个建议，这也是陈晓华教授去年（2016年）在岳麓书院提的建议，即建议就《四库全书》申遗。鸿篇巨制的《四库全书》，在世界上是独一无二的。不仅它的征书修书收书规模独一无二，而且它的典藏方式等诸多方面也是独一无二的。与《大英百科全书》相比，从文字数量来看，从所蕴含的历史长河来讲，《大英百科全书》远不及它。它在真实性、世界意义、时代性、人文性、珍稀性、完整性等属性方面完全符合"世界记忆遗产"标准。申遗的过程，是一个宣传《四库全书》的过程，是让世界认识《四库全书》的过程，我们这个论坛，要为申遗做贡献。没有这些深入广泛的研究，没有中国人的称颂，怎么会让外国人去赞许呢？它与自然遗产、历史遗产不同，它纯粹是精神文化的东西，所以这个认识过程是一个复杂的过程。

我主张申遗，也支持申遗。我们的抄写，也是申遗的一个方面。要鼓励书家，就现在脍炙人口、人们喜欢的一些典籍，练习书法，集为抄本。还要多出版以《四库全书》为底本的单行本，印成书可以，线装书也很受欢迎；也是抄书的底本、学习的范本，以飨社会，宜为收藏。

现在研究，首先要打开《四库全书》的大门，建立便于所有爱好者登堂入室的平台，方便大家去利用《四库全书》。方便之门很重要，有了方便之门才可以进入社会，遍及大众，才可以在其中漫游，寻觅所爱。网络资讯信息，可建立起一个平台，打开方便之门。只有中国人最热爱的东西、最崇敬的东西，才是世界的东西。《四库全书》是国之宝藏，文化之巨制，文明之金册，精神之明堂。我们要永世保藏，天动地变，也必须横亘于天地，垂鉴于世史！

谢谢大家！

发 刊 词

陈晓华

文化是一个国家的符号，是一个民族的灵魂。中华文化在薪火相传中不断凝聚力量、发扬光大，在求同存异中与时俱进、历久弥新。优秀传统文化不仅是民族凝聚力和认同感的体现，也是时代文化建设的智慧来源。《四库全书》作为中国传统文化中的一员，在中华文化传承与中西文明交流中发挥着不可替代的作用，"四库学"也因它而提出。如今的"四库学"虽本于它但不局限于它，承载着中国古典哲学社会科学体系及其知识系统，有着中国话语特色的"四库学"之态端倪毕显，研究前景非常广阔。亦即，随着研究不断深入，四库学既专精于以《四库全书》为本之研究，又超越了它本身，而上升到它所代表的文化层面、理论层面，以及传播实践等方面，加以《四库全书》典籍总汇与文化渊薮地位，以及四部为序的分类，我们足可以跳出仅就《四库全书》谈四库学，而可及于整个四库体系，展开研究。因为《四库全书》之后，古典文化还存在了一段时间，时间还不短，成就也颇丰。此外，系于各种原因，《四库全书》的"全书"只是一定意义上的全书。故而，"四库学"完全可以从广、狭两方面来理解。

狭义的"四库学"，理所当然仅指《四库全书》及其相关文献、理论等研究。广义的"四库学"，则完全可以凭借《四库全书》四库代表的身份，容括它所涵盖的经史子集所有文献，涵盖中国传统各种学问技艺等，以及在这个体系下所体现出的对世界的认知。

所以，"四库学"不只关乎《四库全书》一身，而且关乎中国优秀传统文化及其传承弘扬。这也正是四库本身功用的体现。括而概之，合广狭二义为一，"四库学"是研究四库体系下中国古典文化的一门学问。亦即，中国古典文化，足可囊括入四库体系，以辨章学术考镜源流，指引读书治学门径，宣德达教。这样既还中国传统文化本色，且使之系统化，便于晓习，利于传承。因为，四库之外的书籍，括而概之，其实总体上仍可以四部归之。

当然，无论广义还是狭义的四库学，都承载着中国古典文化，传承着中国古典文化命脉，中国古典文化实可涵括入其体系下。因此，并广狭二义概之，"四库学"可以说就是研究四库体系下中国古典文化的一门学问。

民族的，就是世界的。为更好地彰扬《四库全书》，传承中华文脉；为构建新时代中国特色哲学社会科学体系，树立文化自信；为让世界真正读懂中国，了解中国话语，我们需要为之搭建一个世界性的平台。由此，为《四库全书》申请世界记忆遗产必要而迫切，因为《四库全书》正符合世界记忆遗产名录各项特性。

言及此，还需要特别指出的是，因纂修《四库全书》诞生了《四库全书总目》等副产品，产生了各类档案文献，它们也是记忆遗产的重要组成部分。我们该如何对待它们？于此，我们有两个解决方案。一是可以分两步走，《四库全书》是主干，是本，副产品及相关档案文献是支流，也是新源，没有《四库全书》，就没有副产品及相关档案文献，因此我们可以先就《四库全书》申遗，一旦成功，接下来进行副产品及相关档案文献的申遗工作。二是我们可以合众为一冠以《四库》总名，集合四库修书期间各类相关文献，就这个群体申请世界记忆遗产。

此外，我们要澄清世界物质文化遗产和世界记忆遗产的关系。世界记忆遗产属于世界物质文化遗产，它是世界文化遗产项目的延伸，是联合国教科文组织为了保护世界范围内正在逐渐老化、损毁、消失的文献记录，通过国际合作与使用最佳技术手段进行抢救，从而使人类的记忆更加完整，而在1992年启动的一个文献保护项目。因此七阁《四库全书》的装帧工艺等，可以申请世界物质文化遗产，不可申请世界记忆遗产。至于七阁《四库全书》装帧工艺等是否可以与《四库全书》一道视为《四库全书》物质文化群，申请物质文化遗产，是可以探讨的问题。

习近平同志指出，"中华文明绵延数千年，有其独特的价值体系。中华优秀传统文化已经成为中华民族的基因，植根在中国人内心，潜移默化影响着中国人的思想方式和行为方式。今天，我们提倡和弘扬社会主义核心价值观，必须从中汲取丰富营养，否则就不会有生命力和影响力"，当代中国人应"弘扬优秀传统文化，提升文化自信，振奋民族精神"，《四库全书》及其相关文献申请世界记忆遗产，正当其时。

总之，以《四库全书》申遗为契机，可加强对《四库全书》的重视与保护，促进对它的研究，推动"四库学"学科建设，为建构中国哲学社会科学体系、树立文化自信提供借鉴。

最后，需要指出的是，有大众参与及支持的文化传承，才是成功的文化传承，因此我们还需要做好优秀传统文化的普及传播工作。比如手抄《四库全书》（即用书法抄写《四库全书》）就是一种优秀传统文化的普及与传播，这也是需要我们加以关注的。

"江山代有才人出，各领风骚数百年。"在这个弘扬优秀传统文化、传承中华文明优秀精神的盛世，我们肩负着历史使命，希冀汲取文明的力量，撷取先人的智慧，贡献我们的一己之力。本刊即围绕以上主题而创刊，寄予中华文脉传承之旨。

目录 CONTENTS

四库学探析

原典义理·传统诠释·现代新识
——四库学的开展机制 …………………………… 陆建猷 / 3
略论传统四部分类法在近代的流变 …………………… 李立民 / 19
"四库学"研究视域下《四库全书学典》价值探析 ………… 周勇军 / 36

《四库全书》与世界记忆遗产

《四库全书》的戏曲记忆 …………………………… 范春义 / 45
简论《四库全书》及其申遗的可能性 ………………… 解鑫宇 / 57
《四库全书》"申遗"价值思考 …………………… 王瑞崇　陈伟嘉 / 72

《四库全书总目》研究

纪昀笔记体小说及其写作思想的再认识 ……………… 吴兆路 / 83
义理与宋学：《四库全书总目》的经世取向 …………… 曾圣益 / 96

《四库全书总目》与民族文化品格
　　——以《尚书》学研究为例 ………………………… 陈良中 / 124
邓之诚《清诗纪事初编》对《四库提要》的接受与批评
　　论略 ……………………………………………………… 张晓芝 / 143

《四库全书》的编纂与整理

《四库》底本《讲学》提要稿考 ………………………… 张　升 / 159
还历史本来面目
　　——以《钦定补绘萧云从离骚全图》为例谈当下地方文献的
　　整理 ………………………………………………………… 沙　鸥 / 169
文澜阁《四库全书》研究之回顾与反思 ………… 宫云维　戴颖琳 / 190
文渊阁《四库全书》本《元氏长庆集》优劣小议 ……… 周相录 / 201

四庫學探析

原典义理·传统诠释·现代新识
——四库学的开展机制

陆建猷*

摘　要："四库学"在社会意识与学术观念普遍现代化的态势下建立，是一则中国观念文化的大事。物具机制，学涵义理，这一超大型的"丛书之学"怎样赋予机制而开展发轫？"原典义理—传统诠释—总目提要—现代新识"，成为四库学难以或缺的机制。汉代中央"大收篇籍，广开献书之路"，三国魏文帝曹丕诏令刘劭领衔纂修类书《皇览》，唐代高祖诏令欧阳询等敕撰类书《艺文类聚》，宋代太宗诏令李昉领衔敕撰类书《太平御览》，明代成祖诏令解缙领衔敕撰类书《永乐大典》，至于清代乾隆帝诏令纪昀等敕编大型丛书《四库全书》，现今国家开展"中华优秀传统文化传承发展工程"，构成了"四库学"的意涵要素。本文以"原典义理：四库学的学科原理、传统诠释：四库学的与时焕发、现代新识：四库学的新机意趣"为要义，表达对于"四库学"的建设践忱。

关键词："四库学"；原典义理；传统诠释

Original Meaning, Traditional Interpretation and Modern New Knowledge
——Development Mechanism of the Study of Siku

Lu Jianyou

Abstract: The situation of the study of Siku in the social consciousness and the modern academic ideas generally, is a Chinese cultural event. With the

---

*　陆建猷，西安交通大学人文学院教授。

mechanism, study meaning, the mega "series of learning" how to give and carry out such mechanism? "Original meaning, traditional interpretation of *Si Ku Quan Shu Zong Mu*, modern new knowledge", become difficult or lack of mechanism study of *Si Ku Quan Shu*. The central "big collection of Classics, offering book open road of offering book", the kingdom of Wei emperor Liu Shao led the compilation of books from "imperial edict", the Tang Dynasty emperor Ouyang Xun imperial edict written book "Yiwenleiju", the Song Dynasty emperor Li Fang led the imperial edict written book "Taiping Yulan" in Ming Dynasty, the emperor led imperial books written by Xie Jin edict "Yongle canon" as for the Qing Dynasty, Emperor Ji Yun imperial edict to compile a large series of "Shu", the country to carry out Chinese traditional culture inheritance and development project, constitute the meaning of "four elements". Based on the original meaning: the subject principle, the traditional interpretation of Science: the glow with times in the study of Siku, modern new knowledge: the new machine learning is the essence of the charm of "four, for the expression of" The study of Siku "construction practice".

Key words: The Study of Si ku; Original Meaning; Traditional Interpretation; Modern New Knowledge

　　四库学的意涵何在？在于"原典义理、诠释意义、现代新识"。先哲在漫长的思想理论与社会实践的结合中创写出了"经、史、子、集"的原典，"经典"述示中国思想对于自然法则、社会世运、人文精神的古典论识；"史籍"述示史家对于多元社会生活主体"前言往行"的记载；"子书"述示思想家学者对于自然现象、社会问题、人的心性的论说；"集书"集聚历代文人所著文章和诗赋众篇以成诗文集，观念文化的归类使它们自然呈示为"四部"，其生成时间也能确凿分述："经典"在夏、商、周三代陆续成书而标志着世界历史"轴心时代"的中国思想理论辉煌；"史籍"从黄帝时期史官"左史记言，右史记事"的记载发轫；"子书"从春秋晚期王官与平民学者自由抒发思想学说的百家之学蜂起开始；"集书"从周代文化官员采风而搜集众家之诗以成《诗》集发端。这些思想文化事实，示予后世"四部学"或"四库学"深长的人文学理启示。

一 原典义理：四库学的学科原理

《四库全书》原典向后世观念文化述示何义？述示原创的理论与实践臻善的义理。原典义理在诠释之前行世，它们以元初文本涵载原理意思，向中国社会的夏、商、周三代至秦汉时代的时段述示古典臻善的元初义理。魏晋时期的"甲乙丙丁"的四部说、唐代的"经史子集"四部说、清代的"经史子集"四库说，都是对"原典义理"做出学科原理的"划类分目"，是上古社会圣哲创作原典的著述实现，也是对贵族阅读理解原典义理的观念文化实现。原典由经典和文献所述的原理支持构成，它们是后世诠释的文本源泉，原典载述着先哲探究事物起源及其法则运动的原始要终之理；文献阐述着典籍与宿贤的思想义理。原典—文献—传统诠释，合构成"四库学"的学科原理。

"四库学"是事关经史子集支持的四库全书的"丛书学"。"经史子集"意涵原典义理，它们在夏、商、周至战国末期经由圣哲著作成书，战国中晚期的诠释性著作也转化成为原典，共同支持了"经史子集"的中国人文学科大系。魏晋时期以"甲乙丙丁四部"指称经史子集，唐代以"经史子集"指归观念文化的科目，清代以"四库全书"分殊指称中国学科划域，原典的原初义理在汉语言文字的断代形态差异下要求诠释。夏、商、周三代成书的经典即《六经》，以当时官方的文书语言写成；春秋至战国时段成书的子学文本，以思想家学者及其学派性格的理论语言写成；汉唐时段的原典以及诠释文本，以华美语词的文言章句写成；宋明以降的原典以及诠释文本，以北方话与接近口语的古白话写成，时段的话语书辞与时代的阅读理解，要求对于原典义理做出后世诠释，用以资助社会成员对于原典义理的阅读理解，因此而言，诠释是经典文献原初义理与后续时代理解需求相接通的语义桥梁。

经典与专注生成的经学何以居于《四库全书》之首？在于它昭示华夏思想文化的常义典范之学。华夏民族的递代圣哲群体，对于自然本质及其法则进行探赜索隐与钩深致远、对于社会体制及其世道风气做出法度规制的理论导向、对于人的心性情意及其人文精神进行良知理性的教导培养，根据历史生活臻善成熟的性格体系，将上述之域的主要性格概括成《易》《书》《诗》《礼》《乐》《春秋》，称这六部书典为《六经》从孔子开始，

《庄子·天运》记述孔子首先研治《六经》："孔子谓老聃曰：丘治诗书礼乐易春秋六经，自以为久矣，孰知其故矣。"①庄子之语，征示孔子率先开展《六经》的"丘治"之事。《礼记·经解》记述孔子率先以《六经》之教，评估诸侯国家文化风气与民众精神文明水准："孔子曰：入其国，其教可知也。其为人也，温柔敦厚，《诗》教也；疏通知远，《书》教也；广博易良，《乐》教也；絜静精微，《易》教也；恭俭庄敬，《礼》教也；属辞比事，《春秋》教也。"②社会何以文明？在于国家崇尚文治，在于国民运用文化，古典导向社会生活主体的意识观念进步。

那么，《六经》昭示了哪些观念文化的原理呢？《庄子·天下》率先向世人揭示《六经》的原典义理："《诗》以道志，《书》以道事，《礼》以道行，《乐》以道和，《易》以道阴阳，《春秋》以道名分。"③《六经》抽象而思辨地涵盖华夏社会生活的礼节仪文与价值观念，《诗》以文学样式表达社会人的心志情意，《书》以史学文籍叙述社会生活往事，《礼》以礼学仪文规仪社会生活秩序，《乐》以音乐调谐人和顺积于中而英华发于外，《易》以移易理念剖判人文生活与自然阴阳关系，《春秋》以正统观念规制天子与诸侯的主从关系，是"轴心时代"与印度经典和基督教经典媲美并行的中国古典思想理论经典。

史籍与诠释生成的史学示人以客观往事与历史认识的统一之学。一切存在都兼涵本质的纵向历时与性质的横向共时的经历，"人文化成"意义的民族国家的历史生活及其历史学，其人文性的经时历史也表现着上述属性，社会史之与专门史，通史之与断代史，都是对"历时与共时"法则的人文进程认识。历史昭示民族国家生活的历时性进步，社会生活主体历时地创造一切，同时这一主体也与时反观地认识历史，形成客观历史与主观历史相统一的人文学统。中国历史从何发轫？社会史与文化史的观念都将黄帝时代视为中国史的滥觞。社会生活与史学观念联袂启程，是中国史学的学实特点，《礼记·玉藻》以"左史、右史"为史官学者，他们的主观著史活动从黄帝开始，表现为"动则左史书之，言则右史书之"，或者"左史记言，右史记事"；司马迁著《史记》，以《五帝本纪》的"纪"文体溯至黄帝之世；汉代学者宋衷著《世本》，将"封姓授氏"的文化史实

---

① 《庄子·天运》，引自《诸子集成》第三册，上海书店，1986，第95页。
② 《礼记·经解》，见《四书五经》本，中册，中国书店，1985，第273页。
③ 《庄子·天下》，引自《诸子集成》第三册，第216页。

溯始于黄帝时代。历史生活标识社会人的动机意识与创造践行，由此而作为其观念文化的史学，发挥着对宗法正统与僭越名分的伦理评判职能，因而历史学呈示于天下的是公理原则，清初学者王夫之评论《春秋》时，突出了这一原则公义："《春秋》，天下之公史，王道之大纲也。"《春秋》代表的编年史体、《史记》代表的纪传史体、《绎史》代表的纪事本末体、《尚书》代表的杂史体，开创了《四库》学之一域的史学体系及其原理。

"子士"与其著述生成的"子学"展示民族国家的思想学说气象。"子士"即民族国家的学者思想家人群，是传统社会士、农、工、商"四民"分工中的"士民"，开展"观念文化"生产是一国子士人群的文化本职。子士人群之为"四民"社会分工之一，产生于何时？从其著述和所宣示的思想学说看去，他们分别从下述路道走来：先是上古时期"学以居位"的文化学者，次为"以道得民"的三代居官学者，再是春秋时期王官与平民和凑的学者，诸子百家之学则是这些学者"解读历史生活、说解改变现实、前瞻导向未来"的论域维度之学，学派是这些学术志愿人对于上述之域开展思维论识而观点态度趋向的观念文化共同体，历史生活经历的臻善成熟、《六经》原理、礼乐之制、诸子百家之学，表现了中国社会的古典文明形态及其水准，"子学"以深受社会尊重的教师先生而集合化的学者及其著述为学派气象，世尊子学对于民族国家思想学说的精神灵魂标榜，晚出的《四库全书总目提要·子部总叙》赞誉说："自六经以外，立说者，皆子书也。其初亦相淆，自七略区而别之，名品乃定"，[①] 人们不难理解"立说"之义：即是思想家学者自成一家之言论与自立一家之学说，唯其而使民族国家以形上学精神光芒参与国际之林的参照对比。

"文以述道"而兼"集众篇成一书"的余裕文化精神生成了"集学"。"集学"即是诗词曲赋散文单篇合集而表现为文本化的文学书籍，作为传统集学的中国文学，将辞章文书划分为"文、笔"两类，具于韵律的诗词歌赋称为"文"，而不具于韵律者称为"笔"，南朝梁著名文论家刘勰在《文心雕龙》中表述说："今之常言，有文有笔；以为无韵者笔也，有韵者文也。夫文以足言，理兼诗书；别目两名，自近代耳。颜延年以为，笔之为体，言之文也；经典则言而非笔，传记则笔而非言。"[②] 先贤撰文，单篇

---

① 《四库全书总目》卷 91《子部总叙》，中华书局，1965，第 769 页。
② （南朝梁）刘勰：《文心雕龙·总术》，上海古籍出版社，2015，第 246 页。

以呈，所以汉代以前无"集"之名，典型的文本如《诗经》，单篇的诗作分散在周初分封的71个诸侯王国中的15个国家，经过周朝文化官吏采风搜集而得3500余首，再经孔子删修而订数305首，以成《诗经》，《诗》属"经书"的典范文本，此后至于汉代没有类似《诗经》的"集"本。《汉书·艺文志》表彰刘向、刘歆父子两代建立中国目录学的文献功绩，以"《略》之法度"表现"集本书"之始出："向卒，哀帝复使向子侍中奉车都尉歆卒父业。歆于是总群书而奏其七略，故有《辑略》，有《六艺略》，有《诸子略》，有《诗赋略》，有《兵书略》，有《术数略》，有《方技略》。今删其要，以备篇籍。"① "辑略"之书作为"集众篇而成一书"的文本，如《诗赋略》就辑录诗赋106家的1318篇，由此"诸家赋集、诗歌集"开启后来"四部分类"的"集部"及其集学的先锋。

民族国家的精神灵魂怎样存在与运行？此为人们的文化观念需要付诸思量的问题："神话传说"向后世人们交代了远古存在而传奇运行的方式，"文化史述"以社会人的精神创造与物质成就表示其运行的方式，"教育史述"将民族国家的精神创造与物质成就以"教科书"形式付诸知识传授而运行，"经史子集"以典范而权威的书籍文本载述民族国家精神灵魂的悠久存在与运行，它们将中华民族的历史实践与文化成就包含而概括成为总体而属域的学说原理，经由上述前三种方式付以先代对于后代的世代传述，从夏、商、周三代"六艺"的六门学科，到西晋学者荀勖的"甲乙丙丁"的四部分类，再到东晋学者李充编制《晋元帝四部书目》的"经史子集"，更到唐代学者魏征编制"四部四十七类"而冠以"经史子集"之名，成为此后目录学史主流与官修书目的沿用传习，以至成为清代乾隆诏令纂修《四库全书》的前沿定式，中国观念文化原理以经史子集及其文本涵载，至此成为辉煌的文化现实。

二 传统诠释：四库学的与时焕发

《四库》原典的"经史子集"何以与时焕发其原理精神？经学为核心的中国诠释学，是这些历经先秦口语、汉唐文言、宋代以降白话的经史子集与时焕发精神的语义桥梁。中国观念文化视域里的"经典"，狭义而言

---

① 《汉书》卷30《艺文志》，中华书局，1962，第1701页。

指表世界历史"轴心时代"成书的《六经》，它们与印度元典、希腊元典、希伯来元典一道，征示"公元前6世纪前后一千年间"典范而权威的古典原理书籍，广义而论指表一切受上述元典原理启发而具独立完整学说性格体系的后创书籍文本，它们或者诠释元典义理，或者开辟学科时代新域，或者创生新型的诠释学文体，中国书籍文本由此与时增加。对于后世社会文化理解与学养阅读而言，传统诠释是一切传统文化与时焕发新意而致用的必由之路。

"诠释"意涵"详细解释与阐明事理"。前代典籍因何需要后世诠释？一是古典文本所述话语的时代差异因素，二是汉文字构造的"象形、指事、会意、形声、假借、转注"因素，三是基础文化学理的文字、音韵、训诂之学，四是通行的雅正典训与方言习语之间的疏解而转换，征示着汉语诠释学"详细解释与阐明事理"的语义哲学特质，与异域拼音文字解说基督教神学经典潜义的解释学相对岸，呈示中国诠释学与西方解释学的大相径庭。上述因素之与时代阅读理解与生命新机焕发，唯要求与时诠释才能得以实现。《周易》之《系辞传》《说卦》《序卦》《杂卦》，《春秋》之《左传》《公羊传》《穀梁传》，《尔雅》以"尔近雅正之言"实现后续时代对前代典籍语义的理解认知，展示经史子集文典原理同与时诠释的观念文化的复合联袂机制，诠释学主体之经学家、诠释学文体之"《传》"、诠释学活动之"训诂"，构成了中国语义哲学的诠释学体系，春秋战国时期实现的上述观念文化成就，在汉代深刻而广泛地建立起了"汉唐章句训诂之学"与"宋明以降义理发挥之学"的中国诠释学大系，经史子集的原典义理与随时偕行的诠释发挥，促生了《四库全书》与"四库学"的生成。

经典文献及其原理是诠释的文本源泉。经典载述着先哲探究事物起源及其法则的原始要终之理；文献阐述着典籍与宿贤的思想义理；传统诠释以"章句训诂"与"义理发挥"的方式，递进开新着对曾经文论的语义认识。经典、文献、传统诠释的多阶性文本及其思想观念的散在分述，是中国语义哲学的非专门文本的散布存在形式。伽达默尔基于西方文献的历史与实际，认为："经典以一种超常的方式揭示出世界真理，所谓超常方式是指它既奠基于特定时代，又超越它的时代而为后世所接受"，[①] 伽达默尔的这一思想，对于我们理解中国文化经典的意涵，是一则很富意趣的印证。

---

① 〔德〕伽达默尔：《诠释学·真理与方法》第2卷，商务印书馆，1982，第92页。

古典诠释的文本与语义对象先是《六经》而后及史学、子学、集学。《六经》即《易》《书》《诗》《礼》《乐》《春秋》，是夏、商、周三代多位圣哲抽象而概括礼乐文明生活的成文结晶，其所成书的时代，与印度原典《吠陀文献》、《奥义书》和《佛经》，波斯原典《古圣书》，希伯来原典《圣经》及其《旧约全书》和《新约全书》，希腊原典《荷马史诗》和《理想国》与《形而上学》一起，在前6世纪前后的一千年间成文，为世界学术文化共识的历史"轴心时代"的中国经典。《六经》所涵载的思想原理，给民族及其成员带来了深长的观念文化信念，它们以元初书籍的文本形式，载述着中国语义哲学的思想原理，这原理就是"历史轴心时代"已经成熟的社会观念的思想学说。

原理昭示思想家群体对历史生活在长时段观念文化的文明与臻善的理论概括。《六经》怎样呈示其对中国观念文化的原理呢？它们分殊在历史生活的多维之域，《庄子·天下》曾给出了明喻世人的概说，即"《诗》以道志，《书》以道事，《礼》以道行，《乐》以道和，《易》以道阴阳，《春秋》以道名分"。① 检思社会生活的维度与方面，人们不难理解它们对社会生活及其观念文的概括，《易》概摄变化移易法则的观念，《书》概摄社会政治实践的观念，《诗》概摄人的心志及其生活观念，《礼》概摄人际关系的礼义秩序观念，《乐》概摄音乐与心性的观念，《春秋》概摄分封制下正统秩序的观念，诠释学的实践就建立在对这些经典义理的后续认识与再发明的需求中。

经典是以先秦口语为基础而写成的上古汉语书面语文本。这一语言形态进至春秋战国时期，其句法语义向阅读理解呈示简古难懂的性态，《易传》诠释《易经》，《左传》《公羊传》《穀梁传》诠释《春秋》，即是这一理解要求的表征。经典及其所载述的原理与后续时代文典学说相比，一是具有体制上的典范性，即经的文本不是孤立的著作，而是论及多域社会生活的思想观念的一系列文著，它们从多方面为人的心性灵识、价值观念、民众风教、社会秩序提供恒常的原理指导，诚如唐代学者陆德明所论："经，经也，常典也，如径路无所不通，可常用也。"② 经之原理犹如路径一样，是人们寻绎事理可资援用的常典。二是具有品格上的优越性，

---

① 《庄子·天下》，引自《诸子集成》第三册，第216页。
② 陆德明：《经典释文·序》，引自《四库全书荟要》第21册，吉林人民出版社，2002，第5页。

中国经典生成于三代，后经孔子删修始获"经"名，故可以说"经"是较后世著作文本先具有优越性的原初书籍，它们集古典社会秩序恒稳、先民情感理性臻善、历史文明积累宏富、观念文化质素成熟的多域学理，释说着古典的物质成就与精神创造双双达到的古典辉煌。

文言时代对于久前口语时代经典义理的理解怎样实现生机转化？经学诠释为时代理解供示理论之助。思想是哲学的本质性意涵。思想以理论的逻辑之实反映人们的主观性灵抽象。记述思想理论的是原初书籍的经典以及其后的多域文献。作为国别哲学具体的中国哲学，它的全部思想理论散布在经典、文献、诠释的多域文本之中。经典载述着先哲探究事物起源及其法则的原始要终之理；文献阐述着典籍与宿贤的思想义理；诠释以章句训诂与义理发挥的方式递进开新着曾经文论的语义认识。经典、文献、诠释的多阶性文本及其思想观念的散在分述，是中国哲学的非专门文本的散布存在形式。

诠释学自体涵具与时俱进与参与日用的职能，现代生活与传统文化的关系该怎样调适？现代诠释应当担起职责，自觉寻求更为适宜中国语言文字的疏解与发展的轨辙。"本体诠释"，是对相去甚远"经典文本"或"前言往事"通过"训诂""诠解"和"义理发挥"后，成为人们现实生活中的一种社会因素而被理解和接受的理论，被现实理解和接受并付诸实践理论，才符合"中国诠释学"理论重建的愿望。

文言是汉唐时期的汉语时段形态。社会生活与观念文化在秦汉时期呈示划时代的变化，语言形态充当了这一时期的观念文化标志。文言与先秦口语相对，也与宋代以降的白话相区别，自汉代起与先秦口语的距离日益增大，因此而普遍兴起的汉唐经学之章句训诂诠释，成为必要而必然的语义观念运动。汉唐时期章句训诂诠释，是中国诠释学的古典形态。诠释是经典文献原初义理与后续时代理解需求相接通的语义桥梁。古典诠释洋溢着拓展中国哲学思想的语义精神。经典文献本文、时代古今差异、文字话语变迁、后续理解困难、诠释主体意图、诠释文体品格、诠释语义形式，是中国古典诠释学的基本质素。

古典诠释是在诠释文体的运用中拓展哲学思想的。其一是"传"，它运用于《周易》《尚书》《诗》《春秋》经文的解释文体；其二是"章句"，其功能是论章辨句，敷畅大义；其三是"集解"，意即聚集诸家之说，与时参已意而作解的诠释书体，亦称集释、集注、集说，具有集前人之成与陈自己之说的集合性意义；其四是"义疏"，"义疏"是"疏义"的倒文形式，既释正文，又释注文，重义理而较轻训诂，是这一诠释体式的特点；其五是"正义"，这一文体基于义疏而在唐代初期出现，由于主持者奉皇帝之诏更裁，正前人之疏义，而得官方主导之意的"正义"之名，既释经文，也释注文，是正义体式的诠释学特色。古典诠释就是这样，既以语义视野发掘着词、句、章、文里的语义精神，也以诠释主体的思维灵识拓展着经典文献原初义理的哲学原理，还创造着后续时代精神特质的崭新哲学观念。

古典诠释创生了经典原文所未言说的哲学新理论。兹以《系辞传》诠释《周易》经文为例。一是提出了"形而上与形而下"的哲学新思维。"形而上者谓之道，形而下者谓之器。"① "易"是宇宙事物变化移易的动态，经文充分论说了"易"的变化运动普遍性，但没有追究"它"所以然的背后使然者，也没有充分辨别"它"的形质上下的本质与性质差异。《系辞传》以"传"的诠释方式发明了经文所未言表的潜义，以"道"为"易"的形上本质，以"器"为"易"的形下性质。二是提出了形上学意义的"太极"本原论。"是故'易'有太极，是生两仪，两仪生四象，四象生八卦。"② 太极之为世界万物本原，以"易"之动态支持其生成的易移运动。三是提出了真理终极共同与思维方式差异的问题。援引孔子之语："子曰：天下何思何虑？天下同归而殊途，一致而百虑。"③ 孔子话语包含着哲学两域意义：意域之一是思维方式差异与真理终极共同的关系概念；意域之二是中国名辩论的归纳与演绎格式。孔子对人们的思维方式与真理的终极实现有着透彻的认识展望，他的话语及其格式洋溢着归纳与演绎的中国名辩论精神。

三　现代新识：四库学的新机意趣

"四库学"客观地要求现代研究主体什么？它向现代人们要求新的原理认识。这一新的时代认识，旨在向现时代的思想理论与民族精神的建设供示原理新解，现实流行的时代文化俗相，以"主观标榜而客观俗为"为

---

① 《周易·系辞传上》，引自《四书五经》本，中国书店，1985，第63页。
② 《周易·系辞传上》，引自《四书五经》本，第62页。
③ 《周易·系辞传上》，引自《四书五经》本，第65页。

风气，宣称主观之名而乏真理意界之实，宣传道德良心而乏理性良知，声扬从事其业形姿而荒疏观念文化造就，致使经史子集的传统观念文化原理际遇现代平庸陵夷之况，以学者为中心的知识分子群体在流俗氛围下乏读经史子集，乏读经史子集原典而致生原理工夫薄弱，学术研究主体所自患的这些弱能症不只是研究乏力，也是其对民族国家精神灵魂依源的经典观念文化的弱视，再由学术群体的思想信念贫乏而难以创作出足以导向社会意识的理论作品，因而致使现代思想理论与价值观念难以获得真理良知的引导，所以现代新识之与"四库学"是一则具有紧迫性的时代命题。

"四库学"系属现代文哲诠释，它是否需要反观历史上的文哲诠释学业绩呢？回答是肯定的。《周易》的《系辞传》与《春秋》三家传，开辟了中国文哲的诠释学先风，汉唐时期的"章句训诂之学"，宋明以降的"义理发挥之学"，支持起了以经学为核心的中国诠释学，这一具示中华人文学术特色的诠释学，即以独特的诠释文体，对于诠释客体发挥文体品系的诠释活动，展示偏旁部首文字与西方拼音文字在诠解上的差异分野。时代社会生活变革促动汉语言文字流变。汉语以先秦口语、汉唐文言、宋明以降白话为其语体；汉字以先秦古籀大篆、秦汉时代隶书、唐代以降楷书为官民皆识之体；地大时远，致使古典文论去古甚远而简古难懂，地大而致语言呈示官话与方言音韵差异，时远而致文本话语呈现古代与现代理解困难，是古典文哲诠释向社会历史的递代阅读理解，供示了诠释学的观念文化帮助。

古典诠释洋溢着拓展中国文哲思想的语义精神。经典文献本文、时代古今差异、文字话语变迁、后续理解困难、诠释主体意图、诠释文体品格、诠释语义形式，是中国诠释学体制的基本质素。诠释包含着诠释主体对文本语言义理的哲学发明，体现着中国特色、风格和气派的语义哲学精神。经典文献之先行与诠释文体之晚出，表明诠释是晚于经典文献的后世注释活动，诠释仅仅依赖于原初文本文字话语，犹如河海关系中的先河而后海一样。

现代文哲诠释是广义的"义理发挥"，这凸显理解主体对文本思想旨趣的认识。宋代以中世纪之中后期社会与文化成就，标示中国历史进程，相当幅面和维度上的社会开放与文化兼收，是这一时代相对宽松与自由的标志。社会开放与文化兼容的时代生活态势，要求汉语交流的白话晓畅。华夏民族的社会政治素以中原为畿，北方话从3世纪以降一路走向强势，晚唐五代以后说唱体文学的"变文"、传播佛教教义的"讲辞"、宋代学者讲学论教的"语录"、宋元人演讲故事所用底本等，以语音、词汇、语法的近古时代形式与汉唐文言示以不同，宽泛而活跃的时代话语格式，刺激着理解与表达的新态势，这一新态势也渗透到经学的诠释之域，追求文本篇章主旨意趣，即成为"后章句训诂"时期诠释学主流取向，"义理发挥"应时而出是时代的语义吁求。

汉语的运用形态变化促进诠释学方式的时代出新。汉语的语体经历了多级的历史时段沿革，上古语体是"如实而言"的质朴语言，因而语言学称其为"质言"，华夏上古社会生活主体简朴淳古，生活方式及其价值观念不尚造作，通俗话语也启示着学术话语的质朴性，《尚书·周书》中的《大诰》《康诰》《酒诰》，是周代的官方政治文件体例，用以表达上级对下级的训诫勉励，直录周公口语而辞句质朴，世称这些不加修饰而质朴无华的文书语言为"质言"。"质言"反映社会观念之所好尚，上古一些明哲的为政主体，自觉体认"先质而后文"的价值次第，文书言辞应该谨重于社会生活的问题实际。

"辞尚体要"标志质言时代的语体风格。《尚书·周书》中的《毕命》，是记述周康王论述官方文件书辞注重问题实质的篇目，康王主张文书言辞与时易世变的时代社会实际相适应："既历三纪，世变风移，四方无虞，予一人以宁。道有升降，政由俗革，不臧厥臧，民罔攸劝。惟公懋德，克勤小物，弼亮四世，正色率下，罔不只师言。政贵有恒，辞尚体要，不惟好异。"① 社会在王朝替迭中实现自体的历史进程，夏至于商再至于周已是历三代，社会生活及其观念随世变而风移；世道隐含而以中正或者偏斜世相示人，现实政治也就对着这流行的风俗发挥调整作用，为政主体须以勤谨态度向民众做出表率。官方文件书辞也是语言文体的表率形式，国家政治及其方略需要平实恒稳，官方文书在于说明政治时事，言辞文义应当简明扼要，而不能以主观好异而悖实不经的语言表述现实境况。

"正言断辞"反映文言时代的语体风格。"文言"标示古代散文语体，与"质言"语体相对，《尚书·周书》中的《洪范》《顾命》以及"三礼"中的《仪礼》十七篇，是较早的古代汉语书面语篇目，它们出自史官学者的精心制作，条理细密而文义深邃，原因在于它们担负着"当名辨物，正

---

① 《尚书·周书·毕命》，引自《四书五经》本，中国书店，1985，第129页。

言断辞"说理职能:"夫《易》,彰往而察来,显微而阐幽,开而当名辨物,正言断辞,则备矣。其称名也小,其取类也大;其旨远,其辞文;其言曲而中,其事肆而隐。因贰以济民行,以明失得之报。"①"文言"因其"彰往而察来,显微而阐幽"而精致深邃,也因"其言曲而中,其事肆而隐"曲折中肯,因而它兼有语体风格与文辞嘉美的语言品格。

诠释学及其实践是与时推新的语义理解的思维活动,经典与文献昭示古典义理与宿贤思想。古典义理与宿贤思想是对古代文明与臻善观念的包含和概括,它们在时间上呈示社会历史今与古之反距,即一方面是古典去今甚远,另一方面是今时仍需古典义理,介于古典与今时之间的是诠释学及其纽带实践。中古前期的"章句训诂"诠释,其诠释的对象是音义、字词、句读、章节,即重视之点在于文篇基本质素部分,因为此部分是人们文化生活的日常应用,《文心雕龙》说明了这一状况:"夫人之立言,因字而生句,积句而为章,积章而成篇。"② 时代、地域、理解的矛盾关系要求诠释,"章句训诂"诠释体制只能应时而生,"训"之为体以通俗共识话语解释词义,如《尔雅·释水》说:"大波为澜,小波为沦";③"诂"之为体以普遍通行话语解释方言,如《尔雅·释诂》说:"乔、嵩、崇,高也"。④"章句训诂"的诠释体制,为中古时期经典文献义理与社会阅读理解架构了间际桥梁。

"四库学"的学理视野应当置于"义理发挥"之基,向现代普遍白话提供对文言义理的理解帮助。"义理发挥"指对文本篇章的旨趣阐发,是广义于"章句训诂"物件的诠释,是中古后期白话兴起时对于文言语体的义理说明。文本篇章以"旨趣"为其生命意涵,中国文章学以"道"之天地自然法则、社会世道原则、人际交往规则、价值观念准则为文本篇章的意涵旨趣,视"旨趣"为文章理论的宗旨大意,"文以述道"以为文章之事则,"文以载道"以为文章之负则,"文以明道"以为文章之能则,这些要素组织成文本篇章的理论旨趣。问题是社会阅读理解受制于多元因素,即时代远近因素、地域隔阂因素、理解局限因素。面对这些因素的窒碍性,白话时代的阅读理解即生出对文言语体的诠释要求,新型的"义理发

---

① 《周易·系辞传下》,引自《四书五经》本,中国书店,1985,第67页。
② (南朝梁)刘勰:《文心雕龙·章句》,引自《四库全书荟要》第76册,第234页。
③ 《尔雅注疏·释水》,上海古籍出版社,2010,第368页。
④ 《尔雅注疏·释诂》,第31页。

挥"诠释，就在于从文本篇章整体去揭示作者意向与文本意涵而合一的"文道"，此即为宋代应需而生的新型诠释——"义理发挥"之学的事则，并以此带动了宋代学风转向。诠释的时代意义在于增生与拓广原典概念义理。经学诠释拓宽经典文献思想原理，使其焕发时代理论新机；子学诠释再发见学者群体的思想深意，再现其依源经典原理而解说时代问题的新说。

一是加深对人的自然本质的认识，人是一个携带着自然、社会、精神多重属性的类。讨论人的多重属性所构成的类本质，是中国哲学格致论早已自觉的思维理路。孔子及其《论语》作为经学与子学兼摄的思想家著作，其《阳货》篇提出了"两截段"的人性说："子曰：性相近也，习相远也。"① 孔子语意，以"近"指自然人的人生之初，性情共同而无善恶之分；以"习"指社会人的人生环境，性情受环境作用而致善恶分途。孟子以人性中有仁义礼智四端而走向"性善"说一边。荀子以人性"生而好利"而"辞让亡焉"、"生而疾恶"而"忠信亡焉"、"生而有欲"而"礼义文理亡焉"为据，走向"人之性恶，其善者伪也"的"性恶"说，主张以"师法之化，礼义之道，然后出辞让，合于文理而归于治"。

二是拓宽对现象、语言、意义的认识，现象、语言、意义的哲学讨论是中国哲学格致论的精微之域。这一意域的论说滥觞于《系辞传上》所援引的孔子的观点。孔子认为，书不能完全表达语言，而语言也不能完全表达思想："子曰：书不尽言，言不尽意。然则圣人之意其不可见乎？子曰：圣人立象以尽意，设卦以尽情伪。系辞焉，以尽其言。"② 孔子之意是：圣人设卦以立象征、立象以尽其意、系辞以尽其言、言论载籍成书，然而书不能尽言，言也不能尽意。孔子之论提出了格致论的认识之域及其难题。汉代学者董仲舒以为诠释仅是相对性地接近了文本原意，即使经由诠释解诂，任何一次也不能达到对于义理透辟而彻实的意界，《春秋繁露》近于真理性地表述了其观点："所闻《诗》无达诂，《易》无达占，《春秋》无达辞，从变从义。"③ 诠释性的解诂只能是相对性地接近文本原意，"从变从义"才是文本原意与时代理解的矛盾化解理路。

---

① 《论语·阳货》，引自《四书集注》，上海古籍出版社，1995，第208页。
② 《周易·系辞传上》，引自《四书五经》本，第63页。
③ （汉）董仲舒：《春秋繁露·精华》，引自《四库全书荟要》第51册，吉林人民出版社，2000，第341页。

三是自觉追问语言是否能够表达思想的全部意涵。这是一则令诠释学处境矛盾而又力出困厄的问题，《周易·系辞传》持"书不尽言，言不尽意"论，三国时魏国学者荀粲在他的时代继续声扬"书不尽言，言不尽意"论，几与同时代的学者欧阳健著《言尽意论》，以"言尽意"论的反题形式回应晋代及其以前的"言不尽意"论，向诠释学及其实践给出了反题激发："形不待名，而方圆已着；色不俟称，而黑白已彰。然则名之于物，无施者也；言之于理，无为者也。而古今务于正名，圣贤不能去言，其何故也？诚以理得于心，非言不畅；物定于彼，非名不辩。言不畅志，则无以相接；名不辩物，则鉴识不显。鉴识显而名品殊，言称接而情志畅。原其所以，本其所由，非物有自然之名、理有必定之称也。欲辩其实，则殊其名；欲宣其志，则立其称。名逐物而迁，言因理而变。此犹声发回应，形存影附，不得相与为二矣。苟其不二，则言无不尽矣，吾故以为尽矣。"① 语言能否完整准确地表达思想，这是《系辞传》"言不尽意"论与魏晋初期"得意忘象"论遇到的挑战性反义质疑。

如何推新"义理发挥"诠释这一中古形态传统？"义理发挥"是扬弃章句训诂而重发挥义理的一种新的经学方法，与汉唐时期注重文本中章节、句子、词语、音义训诂诠释相对。宋明学者舍弃文本内上述组织结构的意义诠释传统，转向对文本语义大体以及问题旨趣的阐述发挥，中国经学史视这一以"义理发挥"代替"章句训诂"的转变为"学风转向"，"经以明道，文以通理"说，是这一时代之学的主要特色，也正是由这样的诠释学风，促进了诠释学变态而对新型理论思维的呼出，今天的"四库学"应当在广义的视域内，推新义理发挥之学，使《四库》原典的原理精神得以时代转化。

"四库学"应当培植自体的兼综精神。中国诠释学是有严格学统的精致人文科学。经典思想原理与诠释阐发之学，是中国观念文化大系"二部合义"的形态涵盖，诠释学及其实践应当怀具"一般现在时"的理识。其一，熟谙中国诠释学的起端发轫，春秋中晚期，孔子以删修《易》《书》《诗》《礼》《乐》《春秋》开诠释学滥觞，六部最早的文典始获《六经》之名，春秋晚期至汉唐时段，诠释经典的经学实质性地支持了中国诠释学。其二，认识中国思想与学术的差别合义，《六经》是世界历史轴心时

---

① （唐）欧阳询：《艺文类聚·人部·讴谣》卷19，上海古籍出版社，1965，第348页。

代的中国经典，经典载述的是圣王政论与圣哲学说，它们是反映华夏先哲对自然与人文经由社会生活实践而验证的一般思想原理，经典原理与诠释学术，是中国思想与文化的二部合义。其三，理解经学文体标示中国诠释学的特质，中国经学有其本体性的"文体"元素，"传""注""章句""义疏""正义""集注"等，是经学为核心的中国诠释学的本体性元素，国际范围内的多样性解释学，共同有其解释主体、客体、活动、方法之说，而它们很难具有像中国经学特质的诠释学文体。其四，语言文字形态性格要求相适应的诠释，汉语言与时变革，语体形态历经口语、文言、白话的嬗变；汉文字从"六书"法则生成，示以多样属性；字体兼摄结构，偏旁部首而伴之形状、音声、意义，这些因素反映汉语言文字形态及其性格，由此要求与之相适应的详细诠释。诠释学的现代形态，应当熟知这些传统精神。

略论传统四部分类法在近代的流变

李立民*

摘 要：中国近代的文化是新旧文化冲突与融合的产物，这一特征影响到了中国社会的各个领域。政治方面，形成了顽固派和洋务派、维新派和国粹派等；经济方面，形成了多种经济成分并存和发展的不均衡性。而在与文化息息相关的图书分类上，也表现出在冲突中会通融合的现象。在新旧学术冲突与融合的影响下，一方面，传统的四部分类法难以适应学术发展的客观需要，开始了自身的整合与改进；另一方面，又出现了融合新旧分类的"并行制"。两者彼此借鉴，相辅相成。

关键词：四部分类法；新旧学术；近代；流变

On the Evolution of Traditional Four – Branch Classification in the Modern History

Li Limin

Abstract: The modern Chinese culture formed in the conflict and combination of the traditional culture and the new culture, which influences all aspects of China. Politically, it formed Diehards, Westernization Group, Bourgeois Reformers and Guo Cui School. Economically, it caused the uneven development of the economy. There exist multiple economic sectors in the Modern Chinese History. Moreover, in the aspect of books classification, it also exhibits combination in conflict. On the one hand, the Four – Branch Classification happens to in-

---

* 李立民，中国社会科学院历史研究所助理研究员。

tegrate and improve because it is difficult to adapt to the requirement of academic development; On the other hand, the new classification called "parallel system" had appeared under the impact of the conflict and combination of the traditional culture and the new culture, . The two aspects would illuminate each other.

Key words: The Four - Branch Classification; Old and New Academic Concept; Modern; Evolution

一 对四部分类法的整合与改进

随着西学的不断深入，传统的四部分类法已渐渐不能适应学术的发展而表现出诸多弊端。许多学者在实践中对之进行了改进，形成了以四部为根基的多元化分类，并在此基础上进行了必要的整合。

1. 以四部为根基的多元化分类

这一层面上的图书分类有一个共同特点，即其所增加的类目在编排次序上都是在传统的经、史、子、集四部之后，因此说是以"四部为根基"的分类法。《书目答问》最先有所突破，《九峰书院藏书记》《测海楼藏书目》《大梅山馆藏书目》等皆承其余绪而有所发展。

（1）《书目答问》开启效应。

1860年张之洞的《书目答问》问世，其分类首先在经、史、子、集四部之外，另加丛书一类。丛书类下又分为"古今人著述合刻丛书"、"清代一人著述合刻丛书"两大类。又附有"别录目"、"清代著述诸家姓名略"。

张之洞把丛书单独立类有其历史的必然。首先，它符合当时学术发展的客观需要。丛书出现在南宋，以俞鼎孙的综合性丛书《儒学警悟》为最早。① 至明代丛书勃兴，不仅收书数量众多，丛书编纂范围也更广泛。日用生活类丛书、商业类丛书开始出现。清代是丛书发展的繁荣时期。其中有以名家精校者，如毕沅的《经训丛书》、孙星衍的《平津馆丛书》；有以善本著称者，如黄丕烈的《士礼居丛书》、卢见曾的《雅雨堂丛书》；有以收书广博著称者，如鲍廷博的《知不足斋丛书》、伍崇曜

---

① 对于最早的丛书学术界存在不同看法，姚名达在《中国目录学史》中认为当为《诗经》《尚书》；程千帆则认为是《六经》。现在学术界一般的看法以南宋俞鼎孙的综合性丛书《儒学警悟》为最早。

的《粤雅堂丛书》。① 此外，一些著名学者如钱大昕、戴震、王念孙、顾广圻等都编写精校过丛书。尤其是《四库全书》的编纂更是集丛书之大成，影响巨大。其次，张之洞意识到了为丛书立类的必要："其中经史子集皆有，势难隶于四部，故别为一类。"② 张之洞对丛书的功用也有深刻的认识："丛书最便学者，为其一部之中可赅群籍，搜残存佚，为功尤巨，欲多读古书，非买丛书不可。"③ 因此，将丛书单独立类是历史发展的必然选择。

《书目答问》的二级、三级子目对传统的四部分类法也做出了很大的调整。以下是其分类：

经部：正经正注（十三经、五经四书合刻本；诸经分刻本，附诸经读本）、列朝经注经说经本考证（易书诗；周礼；仪礼；礼记；三礼总义；乐；春秋左传；公羊传；穀梁传；春秋总义；论语；孟子；四书；孝经；尔雅；诸经总义；诸经目录、文字、音义；石经）、小学（说文；古文、篆、隶、真书、各体书；音韵、训诂）

史部：正史（二十四史、廿一史、十七史合刻本、正史分刻本、正史注补表谱考证）、编年（司马通鉴、别本纪年、纲目）、纪事本末、古史、别史、杂史（事实、掌故、琐记）、载记、传记、诏令奏议、传记（圣贤、名人、总录、杂录）、地理（古地志、今地志、水道、边防、外纪、杂地志）、政书（历代通制、古制、今志）、谱录（书目、姓名年谱名物）、金石（金石目录、金石图像、金石文字、金石义例）、史评（论史法、论史事）

子部：周秦诸子、儒家、兵家、法家、农家、医家、天文算法（中法、西法、兼用中西法）、术数、艺术类、杂家、小说家、释道家、类书

集部：楚辞、别集、总集（文选、文、诗、词）、诗文评、词曲

丛书：古今人著述合刻丛书、清代一人著述合刻丛书

附1 别录目（群书读本、考订初学各书、词章初学各书、童蒙幼学各书）

附2 清代著述诸家姓名略

---

① 此处参考了谢玉杰主编的《中国历史文献学》（民族出版社，1999，第94页）。
② 张之洞：《书目答问·古今人著述合刻丛书》，清末刻本。
③ 张之洞：《书目答问·古今人著述合刻丛书》，清末刻本。

与《四库全书总目》的各级子目相比,《书目答问》对其的调整具有以下特点。第一,采取先总后分的原则。如经部首列"正经正注类",内容是一些经书的合刻本,然后是"列朝经注经说经本考证",内容是各部经书的书目。再如子部首列"周秦诸子"以总括,次分类各家学说以分说。第二,类目设置更具合理性。以往的书目将"目录类"列入史部,对此,江人度说道:"盖目录者,合经史子集而并录安得专归史部乎?"① 而《书目答问》将史部"目录类"分别融合在经部的"诸经目录"、史部的"金石目录"之中,类目设置更趋合理。第三,类目设置具有简明性,如地理类由原来的九类简化为六类;政书类由原来的六类简化为三类。第四,对一些类目做了必要的细分,如史部在"正史""编年""杂史""史评"类下首次又细分了子目。

《书目答问》也有其不足。江人度曾指出:"中堂《书目答问》与四库复有异同,移甲就乙,改彼隶此,要亦难为定论也。"② 然而,其最大的意义却"不在创造,而在对《四库总目》加以他人所不敢为之修正。……张氏虽绝对无意于打倒《四库》,而《四库》之败坏自此始萌其征兆也"。③

尽管《书目答问》在图书分类上并没有突破四部分类的局限,但它对四部分类法的变动影响深远。顾廷龙说:"自张之洞《书目答问》出,学者见闻一广,咸相奉为圭臬。"④ 因此,其在分类方法上的变革也多为时人所仿效,其中的代表者如1911年的《上海涵芬楼旧书分类目录》。

该书目仿《书目答问》亦将丛书独立一部而成五部:"《书目答问》四部之先载以丛书,为群书之管钥,征之事实,殊不可废,今故别为一部云。"⑤ 而在有些子目的编排上也继承了《书目答问》编排之善。如经部将乐类置于三礼之后。作者认为,尽管乐类"《四库》既鉴其非,第甄录雅调,以著于经,是诚善矣"。⑥ 然而,"礼乐并称,其来已古,故《书目》皆列于三礼之后,而《提要》则殿于《四书》之次,于义似无当焉,今改从旧目"。⑦ 相比之下,其对《四库全书总目》和《书目答问》的变更之处颇多。如经部将《四库全书总目》的"五经总义"和《书目答问》的"诸

---

① 江人度:《书目答问笺补·上南皮张相国论目录学书》,光绪三十年江氏自刊本。
② 江人度:《书目答问笺补·上南皮张相国论目录学书》,光绪三十年江氏自刊本。
③ 姚名达:《中国目录学史》,上海古籍出版社,2005,第102页。
④ 顾廷龙:《明代版本图录初编·序》,文海出版社,1976。
⑤ 《上海涵芬楼旧书分类目录·编目弁言》,宣统三年铅印本。
⑥ 《上海涵芬楼旧书分类目录·编目弁言》,宣统三年铅印本。
⑦ 《上海涵芬楼旧书分类目录·编目弁言》,宣统三年铅印本。

经总义"类改称为"经解"。因为在作者看来"第云《五经》,则遗《四书》与《孝经》矣。窃谓经解篇名见于《礼记》,义主群经,不专一术"。① 再如集部别集类,列有"先唐"一项是因为"两汉三国之文,六朝三唐之作,后人遁稽,专集愈出,今于两宋之前,别著先唐,以便检阅"。② 另外,对于《总目》《答问》所不录的"纬书""演义小说""南北曲"等项,是书皆予以收录,因为它们是"实即上古之谣俗,世易时异,语音日改,今日视之,遂为高文典册矣","虽云小道,亦文学之附庸"。③

其他如周星诒的《书抄阁行箧书目》、梦蝶生的《追来堂偶存书目》等皆是仿《书目答问》从四部之中独立出丛书类而成五部者。此外,还有些书目受到《书目答问》的启发,在原有四部的基础上进行了更为大胆的尝试,诞生了六分、七分、八分等多种分类。

(2) 从四部分类法中诞生的多种分类。

有将类书独立成类而六分者,以《九峰书院藏书记》为代表。该目成书于1893年,是在原有经、史、子、集、丛书五部的基础上,将类书单独立为一类。其中经部收录507种,史部收录47种,子部收录91种,集部收录56种,类书收录7种,丛书收录10种。④ 类书最初被设置在传统四部分类法中子部的"杂家类",《旧唐书·经籍志》中始将其从杂家类中独立,隶属于子部下。⑤ 时人对类书隶于子部多所不满。明祁承㸁便言:"夫类书之收于子也,不知其何故?岂以包宇宙而罗万有乎?"⑥ 至张之洞的《书目答问》,虽仍将类书列于子部,但其下注曰:"类书实非子,从旧例附列于此。"江人度也说:"类书者,肴馔经史,渔猎子集,联百衲以为衣,供獭祭于枵腹,岂可杂厕丙籍,混迹子家。"⑦ 首先将类书列为一级类目的是南宋郑樵。他在《通志·艺文略》所分的十二大类中,类书便占其一。此后继郑樵者,有郑寅、孙星衍等。⑧ 至《九峰书院藏书记》不拘泥于传统的四部分类法,继承

---

① 《上海涵芬楼旧书分类目录·编目刍言》,宣统三年铅印本。
② 《上海涵芬楼旧书分类目录·编目刍言》,宣统三年铅印本。
③ 《上海涵芬楼旧书分类目录·编目刍言》,宣统三年铅印本。
④ 此处数据的统计参考了来新夏先生的《清代目录提要》一书。
⑤ 《旧唐书·经籍志》多因循毋煚的《古今书录》,但《古今书录》今已亡佚。《旧唐书·经籍志》子部共分为十七家,其中第十五家为"类事家"。
⑥ 祁承㸁:《澹生堂藏书约·藏书训略·鉴书》,清乾隆至道光间重印本。
⑦ 江人度:《书目答问笺补·上南皮张相国论目录学书》,光绪三十年江氏自刊本。
⑧ 详见姚名达《中国目录学史》"《隋志》以后闯出四部牢笼之十九种分类法",第73页。

和总结前人的做法，真正从学术着眼对书籍加以合理的分类，值得称赞。

有将"御制书目"与"杂著"独立而成七部者，以1901年的《广雅书院藏书目录》和1910年的《测海楼藏书目录》为代表。《广雅书院藏书目录》分御制敕撰、经、史、子、集、杂著、丛书。吴引孙的《测海楼藏书目录》也"爰仿粤东广雅书院之例，分为七类。四部之首，冠以御制、敕撰诸书，其一人所撰而兼涉各部者，别出为杂著，合众人所撰而成一部者，别出为丛书。"① 两书目与《总目》相比，唯子部首列"子书百家"（吴氏改称"子总类"）一项。而《测海楼藏书目录》将有关化学、光学、电学、力学等自然科学的书籍列入子部艺术类，则颇有不妥。

在这些变动中，唯姚燮的《大梅山馆藏书目》最为大胆。该书目分经、史、子、集、小说、三藏、道藏、古今杂剧共八大类，下设189小类。其所分类如下：

> 经部：易、书、诗、春秋三传、三礼、通礼、论语、续语、孝经、孟子、四书、尔雅、续雅、诸经总录、石经、纬、乐、射、说文、篆隶、字书、韵书、碑刻金石、书、数、小学、训蒙、制艺呈式、读书法；
>
> 史部上：正史、偏史、通史、编年、史学、运历、杂史、传记、人物、节孝、寿考、仙佛、冥异、谱牒、姓氏、年谱、行述、经注时政；
>
> 史部下：职官、谥法、仪注、恩遇、科第、律令、法守、时令、学校、家范、劝戒、舆地、都城宫苑、郡邑杂志、风土、方物、行役、别志、川渎、山志、梵刹、崇敬、游览、名胜、总目；
>
> 子部上：总录、儒、道、考订、博通、道家、墨家、法家、名家、纵横家、杂家、农家、兵家；
>
> 子部中：天文、历法、太乙、六壬、奇门、卜筮、阴阳、占梦、星命、风鉴、宅经、堪舆、玩占、医经、脉诀、本草、方书、医书、女科、摄生、夷书；
>
> 子部下：闲范、闺阁、列女小传、闲情、妓品、名优、妆饰、绮语、文房、印谱、画苑、货宝、乐谱、器玩、酒茗、食馔、种植、蓁养、艺术、灯谜、杂技、类家；

---

① 吴引孙：《测海楼藏书目·自序》，商务印书馆，2005。

集部一：骚、赋、表奏、进奉文字、论策、四六骈体、尺牍、文说、诗话、御制；

集部二：文总录、诗总录、别集；

集部三：文集、诗集；

集部四：乐府、集句、汇录、唱和、述感、游仙、览胜、咏史、哀挽、查体、宫词、回文、家集、闺秀、方外；

集部五：词、词总录、词韵、词话、词谱；

小说上：丛录、集述、杂传；

小说下：幽怪、果报、谐谑、论阐、清语、小品；

三藏：经论、此土著述、语录、天主教；

道藏：经典、记载、斗录、炼笔、科仪、法秘、丹旨、文帝全书、吕祖全书；

古今杂剧：元人剧、明人剧、诸名家剧、传奇、编演、说唱、曲谱、散曲、杂腔、曲话、京都鼓词、通俗小说

与四部分类法相比，该书目进行了大胆的变动。如经部在"论语"类后增加了"续语"，在"尔雅"类后增加了"续雅"。另有石经、纬、射、训蒙、制艺呈式、读书法等类目皆在传统四部分类经部子目中所未见。尤其是四部分类中原隶属于子部的书画、数术类目，姚氏将之设置在经部下，命名为书类、数类。再如集部的分类完全打破了传统分类中"楚辞—别集—总集"的模式。但另一方面，其在分类上有重复设类之弊。如史部在设置了"传记"类后，再设置"人物""节孝""寿考"；设立了"时令"类却又设立了"运历"以收有关历法书。此外，类目设置总体有琐碎、丛杂的不足。如史部都城宫苑、郡邑杂志、山川等类本可隶于"舆地"类下，单独设类反而丛杂。子部分上、中、下三卷，难免琐碎，尤其是下卷变动较为新奇，增入了闺阁、妆饰、灯谜等项使史部更显杂乱。所以如此，在于该书目的类目"视藏书多少设置"而非严格地以学术分类为标准。①

以上所述图书分类，皆是以传统四部分类法为根基所进行的变革。因此，在其类目的设置中都可以看到传统四部分类法的痕迹。也有学者不为此所拘束，将传统四部分类法的次序完全打碎，重新加以整合，陈乃乾的

---

① 来新夏：《清代目录提要》，齐鲁书社，1997，第156页。

《南洋中学藏书目》便是一例。

2.《南洋中学藏书目》对四部分类的重新整合

与上面论述的书目分类有所不同，《南洋中学藏书目》则是在原有四部分类法的基础上，不仅在一级的大类上，而且在各级子类目上都对之作出了较大幅度的重新整合。

《南洋中学藏书目》是陈乃乾于1919年编纂的一部以中国传统书目为收录对象的目录书。汤济沧云："四库之称，最不妥者为经，《尚书》记言，《春秋》记事，皆史也。《毛诗》为有韵之文，《三礼》亦史之一类。而孔孟之在当日，与老、庄、管、墨、商、韩等何别？自汉武罢黜百家，尊崇儒术，后人踵事增华，经之数，增之十三。今政体改革，思想不复如前况之束缚，此等名目，将必天然淘汰，大势所去，无可避免。如儒家者，仍列为九流之一可已。故本书目不用四部之名，区其类为十有三，如或惬心贵当，而逐渐厘正，责在后起。"① 可见，这是一部对传统的四部分类法进行了大范围整合的目录书。其分类如下：

第一部　周秦汉古籍部

第一类　历史类尚书；春秋；杂史

第二类　礼制类

第三类　易

第四类　诸子类儒家；兵家；法家；墨家；道家；杂家；合刻

第五类　诗文类诗；文　第六类古籍总

第七类　古籍合刻

第二部　历史之部

第一类　官修史类

第二类　私家撰述类编年；纪事本末；正史；杂史

第三类　传记谱牒列传；别传；氏族谱

第四类　论述类史评；史抄

第三部　政典之部

第一类　总志类

第二类　礼乐类

---

① 汤济沧：《南洋中学书目·叙》，民国8年铅印本。

第三类　职官仕进

第四类　兵制屯防

第五类　刑法

第六类　盐法

第七类　农政水利

第四部　地方志乘之部

第一类　区域总志；省志；府州县分志；私家记述；古代志乘；市镇

第二类　山川总志；分志

第三类　古迹

第四类　居处书院；祠庙

第五部　小学之部

第一类　说文

第二类　字书

第三类　音韵

第四类　训诂

第五类　汇刻

第六部　金石书画书目之部

第一类　金石目录；图谱；论辩

第二类　书画目录；图谱；论辩

第三类　书目类

第四类　杂录

第七部　记述之部

第一类　读书论学群籍分考；杂考；论述

第二类　修身治家类

第三类　游官旅行类各家撰述；汇辑；外域

第四类　名物

第五类　掌故

第六类　杂记

第八部　天文算法之部

第一类　中法类

第二类　西法类

第三类　中西合参类

第九部　医药术数之部

第一类　医经类

第二类　本草类

第三类　术数道家；五行占卜

第十部　佛学之部

第一类　经藏类上（大乘）华严；方等；般若；法华；纂集；传记；护教；融通

第二类　经藏（小乘）

第三类　论藏（大乘）宗经论、释经论、诸论释论藏（小乘）杂藏（西土撰述）杂藏（中土撰述）

第十一部　类书之部

第十二部　诗文之部

第一类　各家著述诗；文；诗文合刻；数家合刻

第二类　选本类历代诗选；各郡邑诗选；历代文选；各郡邑文选；骈文时文；尺牍；诗文合选

第三类　评论类诗论；论文

第十三部　词曲小说之部

第一类　词类词谱；词集；词选

第二类　曲类曲谱；杂剧；曲选

第三类　小说类

第十四部　汇刻之部

第一类　一人著书

第二类　数家著术

《南洋中学藏书目》用十四大类来部次中国旧有书籍是其创新之所在。然而，又难以完全逃脱传统四部分类对其产生的影响。其一，类目的设置多所承袭。如"第一部周秦汉古籍部"是对传统四部分类法的整体概括，并无新意。"第五部小学之部"、"第六部金石书画书目之部"、"第十二部诗文之部"、"第十三部词曲小说之部"与传统四分法相关类目的子目也大同小异。陈氏无非将其独立而成一大部类而已。其二，该书目所运用的分类逻辑依然是传统四部分类法的"事理型"逻辑。如

"第二部历史之部"中的分类既有按"史体"原则所分的"编年""纪事本末""正史"等,又有按"史义"所分的"杂史""论述类史评"等;"第四部地方志乘之部"省志与总志平行在同一类级中,府州县分志又与省志、总志平行,各类目之间缺乏从属递进的关系。可见,《南洋中学藏书目》的图书分类虽然有所创新,但仅仅是对传统四部分类一定范围内的调整。

对于《南洋中学藏书目》的意义,姚名达先生从分类法的角度认为:其"十四部,标准不一,次序无理。每部所分之类,亦不足述。此在新分类法之尝试,殆为最失败者"。①将其看得一无是处,难免偏狭。而蒋元卿则更加赞许其变革背后所反映出的学术意义:"《南洋中学藏书目》之以《尚书春秋》编列为史,与《国语》《战国策》等古杂史并列;废集部之名,而提诗文词曲为二类等,足见四部之名,在学术昌明之近代已无立足之地矣。"②这也正是其价值所在。

综上所述,近代新旧学术的发展变迁促进了图书分类领域的变化,传统的四部分类法企图通过对自身的调整来适应这种变化,但是这种调整"盖异乎正统派之固守不变,亦不似别派之相背道而驰也"。③因此,它并不能完全解决新学术与传统图书分类领域之间的矛盾。于是,有学者便又尝试出一种新旧并行的分类法。

二 新旧分类法的融合

兴起于洋务运动时期的"中体西用"论和"西学中源"说,在甲午战争后,虽然依然流行,但已有国人对此提出了异议:"晚近更有一种自居名流,于西洋格致诸学,仅得诸耳剽之余,于其实际,从未讨论。意欲扬己抑人,夸张博雅,则于古书中猎取近似之言,谓西学皆中土所已有,盖无新奇。"④随着人们对西方文化的进一步了解,人们意识到:"预固非谓改革道德则扫尽中国旧有之道德学,而尽从泰西之道德也……则当输进欧美各种道德之学说,抉其精以治吾之粗,取其长以补吾之短。而其要尤在鼓励

---

① 姚名达:《中国目录学史》,第109页。
② 蒋元卿:《中国图书分类之沿革》,中华书局,1937,第159页。
③ 姚名达:《中国目录学史》,第103页。
④ 严复:《严复集》第一册,《救亡决论》,中华书局,1986,第52页。

人人有自由独立之精神、养成人人有别择道德之智识焉。"① 可见，这是一种主张中西文化相结合的思想。一些学者撰书也重新诠释了中西文化的关系，如孙诒让的《周礼政要》、刘师培的《中国民约精义》等书籍都提出了这种中西文化结合的主张。这种文化相融合的思想在图书分类领域也有所体现，那便是形成了将中西分类法相互结合的思想。其法始于《中西普通书目表》，经《浙江藏书楼书目》等书目初步的融合后，至《古越藏书楼》得以最终形成。

1. 首开其端者：《中西普通书目表》

《中西普通书目表》的作者是黄庆澄，成书于 1898 年。该书目分中学、西学、三才之学共三大类，每一类下有作者简短的注语，多是启导后学之语。如表二"言语学"下曰："方言之学发源至微，非苦心求之不得入门，仅习洋语洋文未足语此。"是书分类如下：

> 表一：中学入门书、经学、子学、史学、文学、中学丛刻书
> 表二：西学入门书、算学、重学、电学、化学、声光学、汽机学、动植物学、矿学、制造学、图绘学、兵学、史学、公法学、律例学、外交学、言语学、教门学、寓言学、西学丛刻书
> 表三：天学、地学、人学

孙诒让认为：该书"兼综中西，无所偏主，故以普通为名。中书多取南皮尚书《书目答问》，西书多取新会梁氏《西书表》，芟其不甚急，而益以新出之书"。② 可见，其在分类上参考了《书目答问》和《西学书目表》二书。其"中学"部分多所沿袭。而将"中学入门书"列于各目之前，充分体现了该书目带有"指导阅读"的编纂特色。其"西学"部分在《西学书目表》的基础上增加了制造学、公法学、外交学、言语学、教门学、寓言学这六个类目。它们都属于人文社会学科，且都具有一定的实用性，这也体现了当时国人西学发展的新趋向。

此外，《中西普通书目表》的分类体现了黄庆澄"三才之学"的学术分类思想。在表三中，黄庆澄将中、西学有关天文、地理、医学的书籍单

---

① 《新民丛报》第 28 号，转引自安宇《冲撞与融合：中国近代文化史论》，学林出版社，2001，第 153 页。
② 孙诒让：《中西普通书目表·序》，光绪二十四年刻本。

独立目为天学、地学、人学。对此，黄庆澄说道："董子云'通天、地、人谓之儒'，庆澄谓：人生世上，戴天履地，无论所学何事，总不出天、地、人之外，不以中西殊也。中国士大夫株守兔园册子，而于三才之学茫乎未闻，可发浩叹。兹特条列三纲，略举数书，俾好学者知所以事焉。"① 这种"三才之学"的思想是黄庆澄对中西学术融合发展的高度概括，体现了黄庆澄对学术研究的宏观视野。总之，从近代目录学图书分类的发展历程来看，《中西普通书目表》分类法应是探索中西书目混编途径的尝试。它无疑是我国新旧中西图书统一分类编制法的先声，是承前启后的实践。正是在黄庆澄《中西普通书目表》的引领下，以《浙江藏书楼书目》《古越藏书楼书目》为代表的"新旧并行制"分类法才得以推广和流行。

2. 初步的融合：以《浙江藏书楼书目》为代表

浙江藏书楼起建于光绪二十七年（1902），原名为杭州藏书楼。次年扩建后改名为浙江藏书楼。该书目分甲、乙两编，"兹拟暂依南皮张氏《答问》体裁成甲编书目一卷，其新译各书另立部，分为乙编书目一卷。各行其是，两补相师"。② 甲编收旧籍，多仿《书目答问》的分类，乙编收新书，"各类之下，并无子目，藏书不多，未为定例"。③ 总体而言，会合生硬，编纂粗糙。其具体分类如下。

甲　编

经部：正经正注、列朝经注经说经本考证（易书诗；周礼；仪礼；礼记；三礼总义；乐；春秋左传；公羊传；穀梁传；春秋总义；论语；孟子；四书；孝经；尔雅；诸经总义；诸经目录、文字、音义）、小学（说文；古文、篆、隶、真书、各体书；音韵、训诂）

史部：正史（正史合刻本、正史分刻本、正史注补表谱考证）、编年（司马通鉴、别本纪年、纲目）、纪事本末、古史、杂史（事实、掌故、琐记）、别史、载记、诏令奏议、传记、地理（古地志、今地志、水道、边防、外纪、杂地志）、政书（历代通制、古制、今志）、谱录（书目、姓名年谱名物）、金石（目录、文字）、史评（论史法、论史事）

子部：周秦诸子、儒家（议论经济、理学、考订 附初学启蒙各

---

① 黄庆澄：《中西普通书目表三·序》，光绪二十四年刻本。
② 《浙江藏书楼书目·例言》，光绪三十三年杭州华丰书局铅印本。
③ 姚名达：《中国目录学史》，第107页。

书)、兵家、法家、农家、医家、天文算法、术数、艺术类、杂家、小说家、释道家、类书

集部：楚辞、别集附杂著、总集、诗文评、词曲

丛书汇录

乙 编

法律章程附、政治、宗教、教育、图史、文学、文字、理学、算学、美术、杂志、工业、商业、兵书、生理、农业

附：日本书目

法科总类、通论、国法学、宪法、行政法、刑法、民法、商法、国际法、经济财政学、警察监狱学

文科历史、地理、哲学、教育、心理、伦理、论理

理科算学、物理、化学、博物生物、植物、动物类

工科铁道

该书目在乙编中，将新书分以西学书目和东学（日本）书目两部分。西学书目的分类不再细化，而东学书目又附于西学书目类下，甚为简单。对此，作者自辩曰："本楼书籍分橱藏庋，取便检查，书目亦以简易为主，非目录之学也。故于甲编附列丛书一类，于乙编附列日本原书，各书一律不更条析，以免分歧。"①

3. 进一步的融合：以《古越藏书楼书目》为代表

古越藏书楼由清末绍兴绅士徐树兰创建于光绪二十九年（1903），该书目即编纂于此年。其在图书分类上的最大特色是将古今中外的图书分之以"学""政"两部，学部二十四类，政部二十四类。每类中详分三级子目，共计 244 个。其分类的大纲如表 1 所示。

表 1 古越藏书楼分类大纲

学部	1 易学	2 书学	3 诗学	4 礼学
	5 春秋学	6 四书学	7 孝经学	8 尔雅学
	9 群经总义学	10 性理学	11 生理学	12 物理学
	13 天文算学	14 黄老哲学	15 释迦哲学	16 墨翟哲学
	17 中外各派哲学	18 名学	19 法学	20 纵横学
	21 考证学	22 小学	23 文学上（别集）	24 文学下（总集）

---

① 《浙江藏书楼书目·例言》，光绪三十三年杭州华丰书局铅印本。

				续表
政部	1 正史兼补表志考证	2 编年史	3 纪事本末	4 古史
	5 别史	6 杂史	7 载记	8 传记
	9 诏令奏议	10 谱录	11 金石	12 掌故
	13 典礼	14 乐律	15 舆地	16 外史
	17 外交	18 教育	19 军政	20 法律
	21 农业	22 工业	23 美术	24 稗史

从表1可以看到，该书目同四部分类法相比具有以下特点。

一是类目的设置体现了融合古今中外的思想。张謇云："本楼创设之宗旨有二：一曰存古，一曰开新。学问必求贯通，何以谓之贯通？博求之古今中外是也。往者士夫之弊，在详古略今，现在士夫之弊渐趋于尚今篾古，其实不谈古籍无从考政治学术之沿革，不得今籍无以启借鉴变通之途径。故本书楼特阐明此旨，务归平等而杜偏驳之弊。"① 具体看来，如学部书类中所设的"历朝古今文学""东洋古今文学"；学部名学类所设的类目为"历朝名家之学""东西洋名家之学"；政部法律类的子目为"历朝法律书""东西洋法律书"；等等，都体现了作者博通古今、纵览中外的思想。

二是有些子目的划分标准以时间为断线，体现了学术发展的时代特征。如学部易学类的分类为：唐以前易学、宋元明易学、国朝易学附占筮；易纬；古三代易，后人拟易。这里将易学的三个发展阶段大致已昭然揭示：唐以前易学多注重象数，宋元明易学偏于义理，"国朝"易学则富于考证。再如政部杂史类中以汉晋六朝、唐五代、宋、辽金元次序分类，而在学部文学上中却以汉魏六朝、唐、宋金元、"国朝"的次序分类。可见，其分类是根据不同学科门类发展的时代特点而确定的。

三是体现了先"总"后"分"的图书分类思想。徐树兰在为书目分类上，多注重首先从宏观上、总体上把握学科发展的概况。如学部生理学类中先列"医学总义""东西洋医学总义"两门，然后再分列在此两门之外，开列有关医学的其他书目。再如政部外史类先列"万国总史"，军政类先列"兵法总记"，农业类先列"农学总记""东西洋农学总记"，等等。这种先"总"后"分"的图书分类思想，加强了图书分类的逻辑性。对读者

---

① 张謇：《古越藏书楼记》，清光绪三十年崇实书局石印本。

而言，不仅有利于阅读，还方便了查找图书。

四是更多地体现了书目的实用性。该书目在分类中专列了许多图像类目。《古越藏书楼章程》中言："各书之外，兼收各种图画，类别为三：曰教科画，曰地图，曰实业图，又收各种学报、日报以资考求。"为了与收藏的实际情况相符，书目分类中也突出了有关图像的类目。如政部"金石类"中设有"图像"一目，舆地类"地总志"中附有"地图"一目，外史类"万国总史"中附有"万国地图"一目。另外，还注意对一些实用技术类图书的收录。如政部"军政类"中"东西洋列国陆军之制"下附有"营垒工程"，美术类"书法门"下附有"西洋写字机器"，等等。此外，还设置了一些实用的风俗礼仪类目。如政部"外交类"设有"出使酬酢礼节及出洋起居服食事宜""采风""外人来宾商务"等。

对于《古越藏书楼书目》在分类体系上的评价以姚名达、刘简之说最具代表性。姚名达说："此目能打破已成金科玉律之四部，而创为二部，将新学之书，与一向奴视一切之经并列，其创造性为何如！而其将各种学术任意列入各类，其武断性又何如！"①刘简亦曰："观上列各类目，新旧书籍，皆能有所安插，不似其他各法，多陷入四部之范围，亦足见其计划周详。然细究其内容，学、政两部，由何而分，漫无准则；类目编排，次序多有失当；……但于当时能毅然改革，推翻所谓金科玉律之四部法，则其创造之勇气，亦值得后人予以钦佩者。"②可见，徐氏将古今中外书籍融于一编的图书分类方法也存在诸多不足。

随后，一些书目在分类上依然坚持新旧并行的分类方法，只是在类目上有所细化。如光绪三十三年（1907）成书的《上海格致书院藏书楼书目》共分六部，前五部多依《书目答问》之例类分旧籍；第六部为东西学书，其下分为三十八类：

> 科学、算学、格致学、化学、电学、声学、光学、力学、重学、名学、天学、地学、医学、物理学、家政学、伦理学、教育学、体育学、哲学、女学、道学、史志、传记、交涉、法律、政治、路政、矿政、工政、农政、商政、财政、兵政、船政、通论、杂著、小说、报章

---

① 姚名达：《目录学》，商务印书馆，1934，第140页。
② 刘简：《中文古籍整理分类研究》，台北文史哲出版社，1978，第178页。

第六部的分类编排上先自然科学，后人文科学，较为全面地反映了当时西书的概貌。但该书目同样不细分条目，颇显粗略。而编纂于宣统三年（1911）的《上海涵芬楼新书分类目录》则摒除了此弊。

该书目将西学类的书目分为十四类，每一类下又细分了子目，共计59个，更具有辨析学术的功用。姚名达对此书目赞曰："在十进法未输入我国以前，此《涵芬楼新目》实为新书分类之最精最详者。"① 以下列其分类目录：

哲学伦理；论理；心理；哲学、教育法令制度；教育学、教育史；教授法；管理法；学校卫生；体操；游戏；特殊教育；幼稚园及家庭教育；社会教育、文学文典及修辞学；读本；尺牍；诗歌；戏曲；外国语；字帖；小说、历史地理本国史；东洋史；西洋史；传记；史论；本国地理；外国地理；游记；政法政治；法制；本国法制；经济；社会、理科博物学；理化学；天文；地文、数学算术；代数；几何；三角；高等数学、实业农业；工业；商业、医学卫生；医学；药物学、兵事陆军；海军；兵器、美术音乐；绘画；游艺；写真；家政簿记；裁缝；丛书；杂书

三　结语

总之，对于新旧并行制分类法的评价，蒋元卿说："其斟酌调停之苦心，勇于改革之精神，未始非中国图书分类法前途之幸也。"② 但另一方面，"新书目录与旧书目录分为二册，则同类之书，散见各处，集中研究，势不可能，对于学术之进步，妨碍殊大。故混合新旧，统一部类，使同一学科之书，不问新旧，庋藏一处，以便检索研究，实为至紧要之事功"。③ 可见，这种新旧并行的分类方法过于生硬、简单，并不能从根本上反映学术的发展变迁。与此同时，一些学者又在探索一种新的学科分类法，从而形成了近代图书分类领域三足鼎立的格局。

---

① 姚名达：《中国目录学史》，第108页。
② 蒋元卿：《中国图书分类之沿革》，第187页。
③ 姚名达：《中国目录学史》，第108页。

"四库学"研究视域下《四库全书学典》价值探析

周勇军[*]

摘 要：民国时期出版的《四库全书学典》是一部对《四库全书》进行全面性介绍的知识类书籍，具有较高的文献价值与学术价值。通过考察《四库全书学典》的编纂缘起、内容体例和出版意义，有助于展现《四库全书学典》的价值所在。随着"四库学"研究的不断推进，重新审视并挖掘《四库全书学典》的价值显得尤为重要。

关键词：杨家骆；学典；《四库全书》；《四库全书学典》

Analysis on the Value of *Si Ku Quan Shu Xue Dian* in the Vision Area of SiKu Studies

Abstract：The "*Si Ku Quan Shu Xue Dian*" which published during the period of the republic of China is a knowledge book to introduce roundly for "*Si Ku Quan Shu*", and has the high literature and academic value. By investigating the origin, content, style and publishing of "*the Complete Library in the Four Branches of Literature* Encyclopedia" is helpful to uncover the value of "*Si Ku Quan Shu Xue Dian*". Along with the continuous advancement of The Study of Si Ku, Reviewing and mining the value of "*Si Ku Quan Shu Xue Dian*" appear particularly important.

---

[*] 周勇军，中国人民大学清史研究所博士研究生。

Key words: Yang Jialuo; Encyclopedia; Si Ku Quan Shu; Si Ku Quan Shu Xue Dian

《四库全书》是中国古代历史上最大的一部丛书，堪称"传统文化的总汇，古代典籍的渊薮"。①《四库全书》的纂修起于乾隆三十八年（1773），历时十余年告竣，是中国文化史上的重大事件。《四库全书》自修成之后，便受到官方与民间的双重重视，一些学者也展开了对《四库全书》相关问题的研究。到了民国时期，出现了一系列的研究成果，"就数量而言，杨家骆堪称民国时期在《四库全书》研究领域成果最为丰硕的学者，并且涉及'四库学'的诸多方面"。②杨家骆的研究成果有三部，分别是《四库大辞典》（1931）、《四库全书概述》（1936）和《四库全书学典》（1946），其中以《四库全书学典》最具特色和全面。通过考察《四库全书学典》的编纂与出版情况，进一步挖掘《四库全书学典》的价值，有助于加深对《四库全书》的研究，从而更好地弘扬优秀的传统文化。

一 《四库全书学典》的纂修缘起

《四库全书学典》，杨家骆（1912~1991）著，世界书局1946年出版。它的纂修与出版，有多方面的原因。可以说，《四库全书学典》不仅是其个人的产物，也是时代的产物。

首先，《四库大辞典》和《四库全书概述》的出版是《四库全书学典》得以纂修的重要基础。杨家骆在其《我的终身事业》一文中提到愿以毕生精力去完成的四件事业，前两件分别是"编纂中国图书大辞典"和"编纂中国学术百科全书"。③为了完成这些事业，1930年，杨家骆在南京组织成立了中国辞典馆。1931年，年仅19岁的杨家骆出版了第一部著作《四库大辞典》，引起了海内外的巨大反响。1936年，杨家骆出版了《四库全书概述》。《四库全书学典》正是在《四库大辞典》和《四库全书概

---

① 黄爱平主编《中国历史文献学》，中国人民大学出版社，2014，第335页。
② 陈东辉：《民国时期〈四库全书〉研究史稿》，虞浩旭主编《天一阁文丛》第2辑，宁波出版社，2005，第40页。
③ 杨家骆：《全国机关公团名录》附录《我的终身事业》，中国辞典馆，1937。

述》的基础上进行重新改编和补充的。

其次，李石曾《世界学典》的出版计划促成了《四库全书学典》的诞生。在出版《四库大辞典》等书的同时，杨家骆也在实践其编纂百科全书的梦想。在实践的道路上，杨家骆遇到了志同道合的李石曾，并加入了李石曾主持的世界社，参与《世界学典》的出版计划。李石曾所提出的《世界学典》是一种不同于西方狄德罗式的百科全书，"是用各种文字，由各民族、各地方按照各思想、各学科分类编纂，为各个独立、自为起止、首尾完具的专册，同时各文字又各有关于'世界'、'学典'等总册"。① 毫无疑问，这是一项非常庞大的出版计划。为此，杨家骆将辞典馆改组为世界学院中国辞典馆，按照《世界学典》的体例将辞典馆原有的材料进行改著。由于《四库全书学典》的纂修有一定的基础，纂修难度较小，加上李石曾迫切希望用一个成功的案例来推行他的《世界学典》出版计划，《四库全书学典》便应运而生。

最后，国内外对于《四库全书》的认识不足使得《四库全书学典》的纂修十分必要。自 1920 年起，西方学术界就对《四库全书》产生了极大的兴趣，但苦于只有手抄本而无刻本，无法一览《四库全书》的真貌。当时的国内学者如陈垣、郭伯恭、任松如等人虽对《四库全书》做了一定的研究，但仍然难以展现《四库全书》的"全貌"。为了重估《四库全书》的价值，展现《四库全书》的知识体系，使之更加鲜活而富有生命力，李石曾主张"将《四库全书》的书体，由尊经卫道的镣铐下，解放于自然构成的观念中；将《四库全书》的功能，由'官修'、'宸览'的禁脔下，解放于社会公有的观念中；更将《四库全书》的知识范围，由闭关自守的藩篱下，解放于世界知识领域的观念中"。② 杨家骆深领其意，利用《世界学典》的方法论和体例来纂修《四库全书学典》，为全世界展现了一个"具有现代意义"的《四库全书》。

二 《四库全书学典》的体例内容

《四库全书学典》洋洋三百余万字，是《世界学典》中文版的第一册，

---

① 李石曾：《附答关于四库全书学典及他册学典者》，《世界学典通讯》1946 年第 1 期，第 6 页。
② 李石曾：《附答关于四库全书学典及他册学典者》，第 7 页。

也是《世界学典》出版计划中唯一出版的一册。该书采用《世界学典》的纂修体例，分为通论、辞典、综览三部分。其中通论、辞典广编系新著；辞典正编系采用杨家骆原著《四库大辞典》，但全部重新编次；综览有不到 1/3 的内容采用杨家骆原著《四库全书概述》，因而从体例内容上看，《四库全书学典》是一部新著。① 可以说，该书从知识传播的角度出发，给读者展现了一个全新的《四库全书》知识世界。

《四库全书学典》的通论部分，即《四库全书通论》，不仅是《四库全书学典》最精彩的部分，而且是构建《四库全书》知识世界的重要部分。这一部分杨家骆尝试用现代新的知识论、方法论去解读古代的《四库全书》，并从整个世界整个知识来观察《四库全书》，试图解决关于《四库全书》的若干问题，诸如价值问题、体系构成、历史启示等，以便给予其客观的评价。②

《四库全书通论》共分为九章，除第八章外其余均涉及《四库全书》的探讨。第一章导言中将《四库全书》与《狄德罗百科全书》相比较，给读者提供了一个较为伟大的《四库全书》形象，以此来引起读者对《四库全书》的重视。第二章则叙述《四库全书》的知识体系，主要讨论《四库全书》的分类方法，并对经、史、子、集各部类子目做出解释。第三章探讨《四库全书》史上的几个主要问题，包括四库全书馆的搜集工作、组织、人员；《四库全书》的收藏和印刷等。第四章提供《四库全书》各部类卷数、页数等相关统计数据。第五章所列关于《四库全书》的百种专书，则是对历来学者关于《四库全书》研究成果的总结。第六章试图通过探讨中国丛书史、中国丛书目录史，来阐释纂修《四库全书》工作承前启后的意义。第七章详细叙述了续修《四库全书》的十次经过以及续修的详细体例。第九章将《四库全书学典》的体例及与其他学典的关系做了介绍，以加速读者对《世界学典》的认识。

杨家骆认为，中国传统文化是世界文化体系的一部分，世界上每一个承认这一点的人都应该成为《四库全书学典》的读者，至少是《四库全书通论》的读者。③ 因此杨家骆委托佘少培将《四库全书通论》翻译成英文，并冠以中文版《四库全书通论》之前。因而《四库全书学典》1946 年的

---

① 李石曾：《附答关于四库全书学典及他册学典者》，第 7 页。
② 杨家骆：《四库全书学典》，世界书局，1946，第壹—128 页。
③ 杨家骆：《四库全书学典》，第壹—128 页。

版本，包括无英文译本的白报纸本和附《四库全书通论》英文译本的道林纸本两种。①

《四库全书学典》的辞典部分，即《四库全书辞典》，分为正编和广编，是《四库全书学典》内容最多的部分，占全书近3/4。正编虽改编自《四库全书大辞典》，但重新编次，按照条目首字次序重新编次，而且附有条目首字拼音索引，检索起来十分方便。其内容包括书名条一万余条、每条内分八项；人名条七千余条，每条内分六项；参见条一万三千条，分十四种条目，足见其包含知识之丰富。广编则以笔画为序，主要是对相关人名、专有名词的介绍和解释，补充了与《四库全书》相关的知识。因此，《四库全书大辞典》相较于普通辞典而言，兼有专论、分论、注释、索引等作用。②

《四库全书学典》的综览部分，即《四库全书综览》，主要以列表的方式将通论与辞典部分不能容纳的材料进行配合和叙列，目的在于方便检览。③《四库全书综览》在开篇列有《四库全书综览表》，用数据的形式从总括、类别、时间、空间上予以《四库全书》一个直观的考量。之后分为三编，第一编侧重于补充《四库全书凡例》的相关文献以及对《四库全书总目》原貌的恢复；第二编侧重于对《四库全书》著录存目书分类列表，如妇女著作表、以别名发表之著作表、《永乐大典》辑本书目表等；第三编则胪列中国古代政府对图书收藏校理的史料，不过因篇幅问题未能刊出。因此，综览的作用在于直观展现《四库全书》的全貌并补充《四库全书》内部各知识分类的不足，扮演参考的角色。

三 《四库全书学典》的出版意义

《四库全书学典》的出版，是《世界学典》方法论的重要实践，代表了一种新的书籍体裁——学典体的问世。对此，杨家骆毫不讳言地说道："为书的本身设想，缺点甚多，毋庸讳言；就书的价值而言，宫殿未建成时的茅舍，茅舍的价值，是无可与并的！"④杨家骆把《世界学典》比作宫

---

① 《附答关于四库全书学典及他册学典者》，《世界学典通讯》1946年第1期，第1页。
② 杨家骆：《四库全书学典》，第壹—136页。
③ 杨家骆：《四库全书学典》，第壹—136页。
④ 杨家骆：《四库全书学典》，第壹—154页。

殿，而将《四库全书学典》比作茅舍，足显《四库全书学典》筚路蓝缕之功。

时人吴显齐对于《四库全书学典》也赞不绝口，认为"这册学典，是将技术与观念合而为一，体例精密而又活跃有生命的书；它的各部，独立、和谐而统一，像美妙的交响乐，面面放射着真理的光辉，像璀璨的金刚石。"① 今人将学典概括为"一种以论述知识全体为主的辞书体裁"，认为《四库全书学典》"从通论、辞条、综览三个方位层次反映《四库全书》知识体系，以辞条、图表、通论等多种形式，将有关知识汇集一书，并加以考证论述，既便于寻检查阅，又帮助人们系统求知，在编纂方法上确有创新、开拓之处"。② 这样的评价都得益于学典体的创新。

《四库全书学典》的出版，为当代"四库学"研究提供了重要的参考资料和指导。陈东辉称赞该书为他人从事《四库全书》的研究提供了极大便利，至今仍对《四库全书》的研究具有重要指导意义。陈晓华评价该书内容厚重、资料翔实，是"《四库全书》和《四库全书总目》研究的必备参考书"。③ 由此可知，要推动"四库学"研究向纵深发展，应当进一步挖掘《四库全书学典》的价值。目前学界在推动《四库全书》申请世界记忆遗产的工作，而民国时期的《四库全书》研究相对较为薄弱，因此深入研究《四库全书学典》也有助于《四库全书》的申遗工作。

---

① 吴显齐：《什么是〈四库全书学典〉》，《世界月刊》（上海）1946年第7期，第26页。
② 来新夏主编《清代目录提要》，齐鲁书社，1997，第415页。
③ 陈晓华：《"四库总目学"史研究》，商务印书馆，2008，第404页。

《四库全书》与世界记忆遗产

《四库全书》的戏曲记忆[*]

范春义[**]

摘　要：官方书籍编纂是构建社会记忆的重要途径。《四库全书》因为不收录戏曲剧本而为戏曲研究者所广为诟病，成为论证清代戏曲地位低下的重要证据。《四库全书》尽管没有收录戏曲剧本，但是仍然保存了大量的极为重要的戏曲研究资料，奠定了考察中国戏曲史的基础，具有重要的戏曲学价值。这与中国戏曲艺术的综合特性、社会影响的广泛性以及《四库全书》的巨大体量和灵活掌握收录标准有关。而且《四库全书》在编纂成书后，对当时的戏曲研究也发挥过直接的促进作用。因此《四库全书》的戏曲学价值需要重新认识。

关键词：《四库全书总目》；戏曲记忆；戏曲研究；《汉书·艺文志》

The Memory of The Opera in *Si Ku Quan Shu*

Fan Chunyi

Abstract：The compilation of official books is an important way to construct social memory. *Si Ku Quan Shu* was widely criticized by the opera researchers for not including the drama script, and was also considered as an important evidence of lower status of opera in the Qing dynasty. *Si Ku Quan Shu* saved a lot of very important opera research materials and laid the study foundation of Chinese opera history. Many reasons contribute to this facts, such as the comprehensive nature of

---

[*]　本文系江苏师范大学人文社会科学研究基金项目"戏曲文物与文献的基本理论研究"阶段性成果（项目编号：16XWR014）。

[**]　范春义，江苏师范大学文学院教授，主要从事戏曲文献、风水文献研究。

Chinese opera art, the universality of social influence、the huge volume of *Si Ku Quan Shu* and the flexibility of mastering the inclusion criteria. Besides, *Si Ku Quan Shu* also played a direct role in study of Opera. Therefore, the value of the *Si Ku Quan Shu* in opera study should be reacquainted.

Key words: *Si Ku Quan Shu Zong Mu*; *The Memory of the Opera*; *Opera Study*; *Books Catalogue in Han Shu*

一 小引

对于戏曲学研究的研究对象和方法，笔者曾以戏曲笔记为例进行说明："可分为事实研究层面和理论概括层面。事实研究层面的内容包括，关于书籍的作者、成书、版本、引用文献研究等传统文献学的研究内容，以及对笔记中所涉事实本身的研究。……理论阐释层面包括两个方面，一是阐释笔记编纂者本人的戏剧学观念和思想，二是阐释笔记中的中国式戏剧问题。这些中国式问题实有助于加深对中国传统文化及戏剧本身的理解，很多探讨对现在仍具启发意义。……其他类型的戏剧学文献研究同样如此。"① 循此思路，《四库全书》与戏曲的关系，可以从《四库全书总目》的戏曲批评以及收录书籍两个层面来展开。目前，四库馆臣的戏曲观念是学术界研究的重点，从立场上分为批判与褒扬两派。② 而对《四库全书》本身的戏曲研究价值却罕有人措意。《四库全书》不收录成熟期的剧本是客观事实，但是其负面效果不能过分夸大。《四库全书》尽管不

---

① 范春义：《深化古代戏剧学研究的可能路径》，《中国社会科学报》2012年12月19日。
② 《四库全书总目》代表了中国古代目录学的最高水平已为学界所公认。但是落实到戏曲研究而言，戏曲研究界对总目的批评之声曾经一直不绝于耳。现代戏曲研究开山者王国维在《宋元戏曲史》中说："凡一代有一代之文学：楚之骚、汉之赋、六代之骈语、唐之诗、宋之词、元之曲，皆所谓一代之文学，而后世莫能继焉者也。独元人之曲，为时既近，托体稍卑，故两朝史志与《四库》集部，均不著于录；后世儒硕，皆鄙弃不复道。而为此学者，大率不学之徒；即有一二学子，以余力及此，亦未有能观其会通，窥其奥窔者。遂使一代文献，郁堙沉晦者且数百年，愚甚惑焉。"（王国维：《宋元戏曲史》，凤凰出版社，2010，第1页）这一判断影响极为深远，被广泛引用。就对《四库全书》编纂过程中的戏曲禁毁而言，评价更为负面。近几年来，对四库馆臣戏曲学评价似有揄扬之势，肯定其戏曲学价值，如徐燕琳《论〈四库全书总目〉的戏曲批评背景》（《戏剧艺术》2011年第3期）及《论〈四库全书总目〉的戏曲文体批评》[《中山大学学报》（社会科学版）2011年第1期]。

著录后来的成熟期的剧本，但其中保存了重要的戏曲资料，是研究古代戏曲的宝库。

二 《四库全书》的多样戏曲记忆

《四库全书》包含了多方面的戏曲学内容。下面分别以早期演出脚本保存、演出史实、傩戏资料以及其他内容为例进行说明。

1. 中国现存的最早的演出脚本

作为一种文学形式，演出脚本是戏剧艺术创作的文本基础，编导与演员据此进行编导演出。它既是戏曲文学研究的对象，也是文学界判断戏曲成熟的基本标志。目前，《公莫舞》通常被认为是现存最早的歌舞戏早期脚本。《公莫舞》，原作《巾舞歌诗》，或《公莫巾舞歌行》，与《铎舞歌·圣人制礼乐篇》（亦称《铎舞歌行》）是迄今仅存的两篇诗、乐、舞并录的汉代歌舞资料。其首见于沈约《宋书·乐志》：

巾舞歌诗

吾不见公莫时吾何婴公来婴姥时吾哺声何为茂时为来婴当思吾明月之上转起吾何婴土来婴转去吾哺声何为土转南来婴当去吾城上羊下食草吾何婴下来吾食草吾哺声汝何三年针缩何来婴吾亦老吾平平门淫涕下吾何婴何来婴涕下吾哺声昔结吾马客来婴吾当行吾度四州洛四海吾何婴海何来婴海何来婴四海吾哺声燸西马头香来婴吾洛道吾治五丈度汲水吾噫邪哺谁当求儿母何意零邪钱健步哺谁当吾求儿母何吾哺声三针一发交时还弩心意何零意弩心遥来婴弩心哺声复相头巾意何零何邪相哺头巾相吾来婴头巾母何何吾复来推排意何零相哺推相来婴推非母何吾复车轮意何零子以邪相哺转轮吾来婴转母何吾使君去时意何零子以邪使君去时使来婴去时母吾思君去时意何零子以那思君去时思来婴吾去时母何何吾吾①

郭茂倩《乐府诗集·舞曲歌辞三·巾舞歌》亦有收录，文字略有出入。该段文字因为声辞杂写，造成了千年以来无人能解的"天书"现象。

---

① （南朝梁）沈约等：《宋书·乐志》卷22，影印文渊阁四库全书本，第257册，第396～397页。

早在南朝时期，文义就已不可解。《古今乐录》云："《上邪曲》四解，《晚芝曲》九解，汉曲有《远期》，疑是也。《艾如张》三解，沈约云：'乐人以音声相传，训诂不可复解。凡古乐录，皆大字是辞，细字是声，声辞合写，故致然耳。'"① 按照声辞杂写的文体特征，今人杨公骥首先对其内容进行破译，此后赵逵夫、姚小鸥、徐振贵等续有推进或是新解，成为研究汉代戏曲的重要资料。

2. 宋前优人表演

就场上表演而言，艺人是活动的主体，其表演就是艺术活动本身。中国早期戏曲史实史料匮乏，且散见于经、史、子、集四部。尽管材料有限，还是可以串联起一个大致脉络，作为原始岩画阐释、新出文物阐释的坐标和基础，成为研究早期戏剧状况的宝贵材料。主要记载有如下几条。一是《尚书》中的拟兽表演。《尚书·益稷》云："予击石拊石，百兽率舞。"这是描写原始社会时期演奏音乐敲击石磬的方法，出土的原始时期的石磬证实了《尚书》记录的正确性。百兽率舞则是艺人的拟兽表演，或许具有图腾崇拜的含义。二是《左传》优施的记载。优施，春秋时晋国人，晋献公的宠优，后与晋献公夫人骊姬私通。骊姬欲立其亲子继位，为之划策，逸豁太子申生。后又在宴调节中且歌且舞，规劝暗示大夫里克依从骊姬。《国语·晋语》中记载了优施教骊姬远太子的故事。三是《史记·滑稽列传》中"优孟衣冠"记载。有一个叫孟的优人常以谈笑旁敲侧击地劝说楚王。楚相孙叔敖死后，他的儿子很穷，孟就穿戴了孙叔敖的衣冠去见楚庄王，神态和孙叔敖一模一样。庄王以为孙叔敖复生，让他做宰相。孟以孙叔敖的儿子很穷为辞，并趁机对楚王进行规劝，庄王终于封了孙叔敖的儿子。说明优孟的表演已经达到以假乱真的程度。四是汉代的百戏表演。汉代百戏发达，广场演出极为繁盛。《西京赋》详细记录了当时长安广场演出的盛况。其内容最著者当为东海黄公，这已是具有一定长度的故事扮演，切近当今学术界关于戏曲的定义。《西京杂记》记载非常详细："有东海人黄公，少时为术，能制蛇御虎，佩赤金刀，以绛缯束发，立兴云雾，坐成山河。及衰老，气力羸惫，饮酒过度，不能复行其术。秦末，有白虎见于东海，黄公乃以赤刀

---

① 《古今乐录》系南朝陈释智匠所撰，今轶。被郭茂倩《乐府诗集》多所征引，有《汉魏遗书钞》本，黄氏逸书考本。见郭茂倩《乐府诗集》卷19，影印文渊阁四库全书本，第1347册，第185页。

往厌之。术既不行，遂为虎所杀。"① 五是唐代踏谣娘。《踏谣娘》载于唐朝崔令钦的《教坊记》，内容是："北齐有人姓苏，鮑鼻实不仕，而自号为郎中，嗜饮酗酒，每醉辄殴其妻。妻衔悲，诉于邻里。时人弄之；丈夫著妇人衣，徐步入场；行歌，每一叠，旁人齐声和之云：'踏谣'；和来踏谣娘苦，和来以期且步且歌，故谓之踏谣；以其且步且歌，故谓之'踏谣'；以其称冤，故言苦。及其夫至，则作殴斗之状，以笑乐。"②因为已经包含了演员、动作、对白、歌舞，为戏曲研究者所高度关注。上述记载大致串联起唐代之前戏剧演出的基本骨架。

3. 傩戏相关

傩戏是驱傩活动时进行的仪式性表演，傩戏被称为中国戏剧史上的"活化石"，对中国戏剧史研究具有重大意义。在非物质文化遗产保护中，傩戏成为地方文化名片，其研究也成为地方民族院校争创学科特色的重要阵地。傩戏演出材料向上可以追溯到原始社会时期的岩画，向下可以追溯到仍在民间进行的傩戏仪式表演。在追本溯源的过程中，《四库全书》经史当中的记载成为重要的凭借，成为沟通岩画资料与现代活态表演的基本凭借。从语源考察，《说文解字》为其关键津梁。从《论语》《周礼》记载到唐宋傩戏转型，这一过程借助资料能够准确地勾勒出来。③ 如早期典型的关于傩的记载：《论语·乡党》："乡人傩，朝服而立于阼阶。"《周礼·夏官》："方相氏，掌蒙熊皮，黄金四目，玄衣朱裳，执戈扬盾，帅百隶而时难，以索室驱疫。大丧先柩，及墓入圹，以戈击四隅，驱方良。"《周礼·夏官》："季春之月，命国难，九门磔攘，以毕春气。仲秋之月，天子乃难，以达秋气。季冬之月，命有司大傩，旁磔，出土牛，以送寒气。"《礼记·月令》记载最为详细，《后汉书·礼仪志》描述稍有变化。④ 笔者统计《四库全书》"傩"相关资料十一万字，为全面勾勒傩之衍变提供了重要材料，也是认识当今傩戏表演的历史背景和依据。

4. 其他内容

第一是大面。面具与脸谱是戏曲研究的重要内容。除了《左传·哀公

---

① （汉）刘歆撰、（晋）葛洪辑《西京杂记》，影印文渊阁四库全书本，第1035册，第11页。
② （唐）崔令钦：《教坊记》，影印文渊阁四库全书本，第1035册，第548页。
③ 郭蠱蠱、范春义：《唐代宫廷傩仪考略》，《四川戏剧》2014年第10期。
④ 黄竹三：《古籍中有关唐宋傩仪的记载》，《中华戏曲》1996年第1辑。另有杨启孝《中国傩戏傩文化资料汇编》，台北：财团法人施合郑民俗文化基金会，1993。

七年》"断发纹身"的记载外,大面也是广为关注。《教坊记》云:"大面出北齐。兰陵王长恭,性胆勇,而貌妇人,自嫌不足以威敌,乃刻为假面,临阵着之,因为此戏,亦入歌曲。"①

第二是木偶戏。木偶戏是一种重要的表演形式,其最早记载见于《列子·汤问》篇:"周穆王西巡狩,越昆仑,不至弇山。反还,未及中国,道有献工人名偃师,穆王荐之,问曰:'若有何能?'偃师曰:'臣唯命所试。然臣已有所造,愿王先观之。'穆王曰:'日以俱来,吾与若俱观之。'翌日,偃师谒见王。王荐之,曰:'若与偕来者何人邪?'对曰:'臣之所造能倡者。'穆王惊视之,趣步俯仰,信人也。巧夫颔其颐,则歌合律;捧其手,则舞应节。千变万化,惟意所适。王以为实人也,与盛姬内御并观之。技将终,倡者瞬其目而招王之左右待妾。王大怒,立欲诛偃师。偃师大慑,立剖散倡者以示王,皆傅会革、木、胶、漆、白、黑、丹、青之所为。"②《金楼子》引用内容与此大致类似。另一记载见于晋人王嘉《拾遗记》卷二介绍了婆猴伎。周成王七年,南陲之南之扶娄国艺人"善能机巧变化……人形或长数分,或复数寸,神怪欻忽,衒丽于时"。③ 这都是考察木偶戏的关键资料。

第三是禁戏。这是衡量古代戏曲外在生态的重要指标。禁戏历史悠久,从孔子夹谷之会而杀优人到墨子非乐,不一而足。开皇十七年(597),柳彧向隋文帝上奏折,名为《请禁正月十五角抵戏奏》:

> 或见近代以来,都邑百姓每至正月十五日作角抵之戏。递相夸竞,至于糜费财力。上奏请禁绝之曰:臣闻昔者明主训民治国,率履法度,动由礼典。非法不服,非道不行。道路不同,男女有别,防其邪僻,纳诸轨度。窃见京邑爰及外州,每以正月望夜,充街塞陌,聚戏朋游。鸣鼓聒天,燎炬照地。人戴兽面,男为女服。倡优杂技,诡状异形。以秽嫚为欢娱,用鄙亵为笑乐。内外共观,曾不相避。高棚跨路,广幕陵云。袨服靓妆,车马填噎。肴醑肆陈,丝竹繁会。竭赀破产,竞此一时。尽室并孥无问贵贱男女混杂,缁素不分。秽行因此而生,盗贼由斯而起。浸以成俗,实有由来。因循

---

① (唐)崔令钦:《教坊记》,影印文渊阁四库全书本,第1035册,第548页。
② 《列子》卷五,影印文渊阁四库全书本,第1055册,第622页。
③ (前秦)王嘉:《拾遗记》卷二,影印文渊阁四库全书本,第1042册,第323页。

敝风，曾无先觉。非益于化，实损于民。请颁行天下并即禁断。康哉雅颂，足美盛德之形容。鼓腹行歌，自表无为之至乐。敢有犯者，请以故违敕论。①

这是目前所见最早的官方禁戏文件。其主要理由"糜费财力"，违背正典，导致"男女混杂，缁素不分。秽行因此而生，盗贼由斯而起。浸以成俗，实有由来。因循敝风，曾无先觉。非益于化，实损于民"。②客观上呈现出当时民间演出的繁盛场面以及由此带来的社会问题，具有重要的认识价值。

在进入传世文献较为丰富的宋代以后，《四库全书》同样提供了重要材料。《东京梦华录》《武林旧事》等宋代笔记成为戏曲学界频繁引用的材料，作为考察戏曲角色、演出习俗、演出剧目的基本凭借，也是进行戏曲文物研究的基本依据。以上所言戏曲资料一般散在四部，在集部中还有集中收录。四库馆臣编撰者在《集部总叙》中说："集部之目，楚辞最古，别集次之，总集次之，诗文评又晚出，词曲则其闰余也。"③故集部53卷，依次分为楚辞、别集、总集、诗文评、词曲5类，其中词曲类又析分为词集、词选、词话、词谱词韵、南北曲5个子目，每一子目都包含相应的内容。今天所见《历代曲话汇编》（宋元卷）中，除了艺人言论外，多数收录于《四库全书》中。总之，无论是戏曲成熟以后还是之前，《四库全书》都能提供重要的支撑材料，舍此津梁，则无由逮戏曲文化研究之彼岸。

三 《四库全书》的独特文献保存价值

以上所言包含戏曲资料的书籍大多有单行本或是丛书本存世，《四库全书》的价值更多地体现在资料汇编功能，为学术研究提供了查检便利，电子版文渊阁四库全书的出版发行更是将这一功能发挥到极致。另一方面，更有一种独门秘籍，除《四库全书》外无处可寻，因而具有独特的文献保存价值。

---

① （唐）魏征等：《隋书》卷六十二，影印文渊阁四库全书本，第264册，第911~912页。
② （唐）魏征等：《隋书》卷六十二，影印文渊阁四库全书本，第264册，第912页。
③ （清）永瑢等：《四库全书》，影印文渊阁四库全书本，第5册，第1页。

下面以《紫山大全集》为例加以说明。《紫山大全集》作者为元代胡祗遹，该书现有多个版本，无一例外均以四库本为底本，而四库本来源于《永乐大典》本。关于是书，《四库全书总目》曰：

> 《紫山大全集》·二十六卷（永乐大典本）元胡祗遹撰。祗遹，磁州武安人。《元史》本传载其字曰绍开。然"今民将在祗遹乃文考，绍闻衣德言"，实《周书·康诰》之文。核其名义，疑"绍开"当作"绍闻"，《元史》乃传刻之讹也。中统初，张文谦宣抚大名，辟祗遹为员外郎，后官至江南浙西道提刑按察使。延祐五年，追赠礼部尚书，谥文靖。是集为其子太常博士持所编。前有其门人翰林学士承旨刘赓《序》，称原本六十七卷，岁久散佚。今据《永乐大典》所载，裒合成编，厘为赋、诗、诗余七卷，文十二卷，杂著四卷，语录三卷，其间杂著一卷，祗遹一生所学具见于斯。然体例最为冗琐，有似随笔劄记者，有似短章小品者，有似莅官条约者，有似公移案牍者，层见错出，殆不可名以一格。考贾谊《新书》，皆以所作《治安策》及言事诸疏割裂颠倒，各自为章，别标篇目，说者以为平时纪录之稿，其后联缀成篇而上之。祗遹是集，或亦是例欤？史称其官右司员外郎时，以论事忤奸相阿哈玛，外迁太原路治中，提举铁冶，欲以岁赋不办责之。及其莅职，乃以最闻。官荆湖北道宣慰副使时，辨诬告不轨之狱。官济宁路总管时，擘画军政八事，并修《明学校之法》。又称其所至皆抑豪右，扶寡弱，敦教化，厉士风。盖以吏治名一时，而无一语及其文章。今观其集，大抵学问出于宋儒，以笃实为宗，而务求明体达用，不屑为空虚之谈。诗文自抒胸臆，无所依仿，亦无所雕饰，惟以理明词达为主。元代词人，往往以风华相尚，得兹布帛菽粟之文，亦未始非中流一柱矣。惟编录之时，意取繁富，遂多收应俗之作，颇为冗杂。
>
> 甚至如《黄氏诗卷序》、《优伶赵文益诗序》、《赠宋氏序》诸篇，以阐明道学之人，作蝶狎倡优之语。其为白璧之瑕，有不止萧统之讥陶潜者。陶宗仪《辍耕录》载其钟爱歌儿珠帘秀，赠以《沉醉东风》小曲，殆非诬词矣。以原本所有，姑仍其旧录之，而附纠其缪于此，亦足为操觚之炯戒也。①

---

① （元）胡祗遹：《紫山大全集》卷八，影印文渊阁四库全书本，第1196册，第1~2页。

在元代戏曲研究中，资料匮乏是制约研究深入的重要瓶颈。现有基本材料为《录鬼簿》《录鬼簿续编》《青楼集》以及王季思所编《全元戏曲》。《紫山大全集》卷八有《黄氏诗卷序》《优伶赵文益诗序》《朱氏诗卷序》等文，为研究元曲之珍贵资料。如在《黄氏诗卷序》中，胡祗遹提到唱曲要具备"九美"说："一、资质浓粹，光彩动人；二、举止闲雅，无尘俗态；三、心思聪慧，洞达事物之情状；四、语言辨利，字真句明；五、歌喉清和圆转，累累然如贯珠；六、分付顾盼，使人人解悟；七、一唱一说，轻重疾徐中节合度，虽记诵闲熟，非如老僧之诵经；八、发明古人喜怒哀乐，忧悲愉佚，言行功业，使观听者如在目前，谛听忘倦，惟恐不得闻；九、温故知新，关键词藻，时出新奇，使人不能测度为之限量。九美既具，当独步同流。"① 这段文字提出了演员从先天素质到后天培养的诸多要求及其实现条件，具有重要的美学价值。四库馆臣对这些内容持批判态度，"其实，胡祗遹不轻视戏曲演员，正是他的进步之处。从《永乐大典》辑录出来的《紫山大全集》中，所保留有关元初戏曲的诗文，是元代戏曲的最早史料，十分可贵"。②如果没有《四库全书》的辑佚编纂，这些珍贵资料将可能彻底灭失，直接影响学界对元代戏曲美学水平的认定和评价。

四 《四库全书》的现实应用价值

以上所论是从资料保存角度而言，从实际利用角度来看，《四库全书》发挥了实实在在的资料作用，而这与《四库全书》较为开放的保存与使用方式有关。《四库全书》首缮四部，安放于故宫之文渊阁，奉天（今沈阳）之文溯阁，圆明园之文源阁，热河（今河北承德）之文津阁。北四阁建成后，乾隆皇帝考虑到"江浙为人文渊薮"，于是决定再续写三部藏于江南三阁。乾隆四十四年（1779）镇江藏书阁建成，乾隆赐名文宗阁，次年扬州藏书阁建成，赐名文汇阁。杭州原有藏储《古今图书集成》藏书堂一处，便在堂后改建文澜阁，乾隆四十八年（1783）底完工。乾隆五十二年至五十五年（1787～1790）陆续运送陈列，乾隆皇帝颁布命令："该省士

---

① （元）胡祗遹：《紫山大全集》卷八，影印文渊阁四库全书本，第1196册，第149页。
② 刘知渐、鲜述文：《胡祗遹诗文中的元初戏曲史料》，《河北学刊》1985年第5期，第100页。

子，有愿读中秘书者，许其呈明到阁抄阅。"这样江浙三阁《四库全书》可以公开阅览，扩大了阅读范围，能够发挥"嘉惠士林"的作用。

乾隆的愿望基本实现。如阮元在抚浙期间，经学名家凌廷堪就曾经提议阮元利用其书校订《扬州画舫录》。扬州学派大儒焦循对能利用文澜阁藏书进行研究颇感欣慰。焦循（1763~1820），扬州甘泉（今江苏扬州方巷镇）人，扬州学派著名学者，曾于三十三岁赴山东居阮元（时为山东学政）家，并随阮元至浙江赴任。其中用力特深的，为《周易》《论语》《孟子》三书，颇有时誉。戏剧学著述方面有《曲考》《剧说》《花部农谭》等。《剧说》，共6卷，作品辑录前人有关曲、剧的论述，为研究古典戏曲汇集了丰富的资料。《花部农谭》成书于嘉庆二十四年（1819），是焦循在柳荫豆棚之下和乡邻谈"花部"剧目的札记，《花部农谭》不仅提供了许多民间地方戏曲的珍贵史料，更是明确推重花部地方戏的重要戏曲理论著作，在中国戏曲史和戏曲批评史上具有重要的价值。这些珍贵资料来源于多种途径，其中参阅《四库全书》当是重要一途。焦循在《西湖四首》（三）云："文澜高阁接天衢，澹澹春风绕四隅。屋外钟声随巷曲，帘前苔色著衣无。行从树杪山俱见，坐对藤阴鸟不呼。万卷琳琅堪借读，客中未与故乡殊。"① 文澜阁风景优美，据《两浙盐法志》卷二《文澜阁图说》记载："阁在孤山之阳，左为白堤，右为西泠桥，地势高敞，揽西湖全胜。外为垂花门，门内为大厅，厅后为大池，池中一峰独耸，名'仙人峰'。东为御碑亭，西为游廊，中为文澜阁。"焦循此诗写出了优美的阅读环境以及自己坐拥书城般的愉悦的阅读心情。可见，焦循在外地的文献环境与在自己家里差别不大。正因为借助这些图书，他才能完成自己的《孟子正义》《易学三书》等重要经学著作，以及重要的戏曲资料汇编《剧说》。

五 《四库全书》戏曲文献价值原因探略

《四库全书》尽管不收录戏曲，但是提供了强大的外围背景知识，成为戏曲学研究的重要资料宝库。主要原因在于戏曲艺术的综合性特征、社会影响的广泛性，并《四库全书》体量巨大而且灵活掌握收录标准有关。

---

① （清）焦循：《雕菰集》卷四，《焦循诗文集》，广陵书社，2009，第71页。

首先，戏曲生产过程复杂，社会影响极为广泛，必然通过文献记载反映出来。中国戏剧是多种艺术因素的结合，包括歌唱、舞蹈、对白、武术等，演员在舞台上表演，是这些艺术因素的综合体现，而这些艺术因素的结合，必须在各方面都有一定艺术积累的基础上才能实现。这些娱乐活动和名目，自然会被记录于文献当中。另外，戏曲是封建社会当之无愧的娱乐之王。我国古代无论民间还是宫廷，娱乐活动都十分兴盛、丰富多彩，并且多伴随戏剧演出。从社会影响角度而言，这些娱乐活动多与游戏、竞技、迎神赛社等有关。在提供娱乐满足人们审美需求、奉献神灵、达到心理满足的同时，也带来一定的社会问题。所以禁毁之声从未消歇。从社会管理角度而言，管理者必须高度重视，必然会以多种形式发布民间，作为史料保存在政书、方志与文集之中。正因为戏曲演出广泛存在于多种场合，其记录也就会随时体现在不同的文献类型当中。

其次，《四库全书》体量庞大，四库馆臣在收录书籍时灵活变通。中国历史资料之丰富，难以尽举。正如翦伯赞所指出的："中国文献学上的史料，真是浩如烟海，学者往往穷毕生之力，而莫测涯际。即以一部廿四史而论，就有三千二百四十二卷，其卷帙之浩繁，已足令人望洋兴叹。而况廿四史尚不过是史部诸史中之所谓正史。在史部中，除正史以外，尚有编年史、纪事本末、别史、杂史、实录、典制、方志、谱牒及笔记等，其数量更百倍千倍于所谓正史。"[①] 史部之外，"六经皆史"，诸子、文集都是社会某种形式的记录，呈现出某一方面的独特史学价值。《四库全书》是清代乾隆年间编纂的一部御敕、官修的大丛书，卷帙浩繁，内容丰富，收入《四库全书》中的有3461种79309卷。这些书基本上包括了乾隆以前中国古代的重要著作，尤其宋代之前的重要典籍几乎搜罗殆尽。正因为借助如此庞大的体量，许多戏曲内容被不经意地记录保存下来。正如苗怀明先生所论："《四库全书总目》不著录通俗文学，但因所收书籍多有涉及，不得不有所评述。该书多处谈及通俗文学，编撰者对其较为熟悉。……也可见通俗文学在当时影响之深广，无法回避。"[②] 既然无法回避，虽有主观的排斥心理，客观上也不得不局部地呈现出来。

再次，这与《四库全书》较为灵活的收录标准密不可分。前文指出，

---

① 翦伯赞：《史料与史学》，北京：北京大学出版社，2004，第19~20页。
② 苗怀明：《浅论〈四库全书总目〉视野中的古代通俗文学》，《长江学术》2015年第2期。

《四库全书》收书有其意识形态标准，但是"通体完善"很难做到，于是在实践中有所变通，使得本受排斥的一些珍贵戏曲资料得以保存。如《乾隆四十年十一月十七日奉上谕》云："至现在纂辑《四库全书》，部帙计盈数万，所采诗文别集既多，自不能必其通体完善，或大端可取，原不妨弃瑕录瑜。如宋《穆修集》有《曹操帐记》，语多称颂，谬于是非大义，在所必删。而全集或录存亦不必因此以废彼，惟当于提要内阐明其故，使去取之义晓然。诸凡相类者，均可照此办理。该总裁等务须详慎决择，使群言悉归雅正，副朕鉴古斥邪之意。"① 唯因如此，四库馆臣对胡祗遹的艺人传记、序跋文章虽然多有批评，但其还是能够幸运地保存下来。

因此，可以说《四库全书》不录成熟时期的戏曲剧本，但是仍然保存了大量的戏曲史料，成为建构中国戏曲史的重要依据，值得充分挖掘和利用。故利用《四库全书》进行戏曲研究，除了《四库全书总目》之外，《四库全书》本身的戏曲学价值同样应该受到重视。

---

① 乾隆：《四十年十一月十七日上谕》，见（清）永瑢等《四库全书》卷首一，影印文渊阁四库全书本，1983，第1册，第6页。

简论《四库全书》及其申遗的可能性

解鑫宇[*]

摘 要:《四库全书》是中国历史上规模最大的一部官修丛书。《四库全书》的编纂处在中国帝制的晚期,也是传统学术自觉总结的关键期。众多一流学者在乾隆皇帝的指导下,开始有意识地进行学术研究,并将其主要成果汇集在《四库全书》中。随着世界各国保护各自文明的步伐不断加快,"四库全书"申请世界记忆遗产的计划也应该提上日程。其申遗的当务之急是要以当今学术眼光,厘清《四库全书》的价值,并在此基础上,总结归纳"四库全书"文化群概念。这是《四库全书》申遗过程中必不可少的两个步骤。

关键词:《四库全书》;"四库全书"文化群;申遗

A Brief Analysis of *Si Ku Quan Shu* and Its Possibility of Application for the Memory of the World

Xie Xinyu

Abstract: As the largest official collection of books in ancient China, *Si Ku Quan Shu* has been compiled in the late imperial China which was a critical period for the traditional scholarship, summarizing its results consciously. Under the guidance of Emperor Qianlong, groups of outstanding scholars started to engage in academic research purposefully, and assembled their major achievement in *Si Ku Quan Shu*. Nowadays, different countries have already sped up efforts in order to

---

[*] 解鑫宇,首都师范大学历史学院硕士研究生。

protect their civilization all over the world. So, the application for the Memory of the World of *Si Ku Quan Shu* should be put on agenda immediately. The first priority is to assess its academic value with the modern insight, and, on this basis, defining the concept of the cultural groups for *Si Ku Quan Shu*. That might be two essential steps in the process of application.

Key words: *Si Ku Quan Shu*; The Cultural Groups of *Si Ku Quan Shu*; The Application for the Memory of the World

毫无疑问，对中国近二百年学术发展影响最大的书籍，自然是清乾隆年间纂修的《四库全书》和《四书全书总目提要》。《四库全书》共收录书籍三千余种，包括经史子集四部六十六属，其编纂规模之宏大，收录类别之丰富，时间跨度之广阔，在全世界都是前所未有的。《四库全书》是中国古代文化的百科全书、中华文化的瑰宝与结晶，是研究中国传统文化的里程碑。随着世界各地文明申请"世界记忆遗产"的脚步不断加快，将"四库全书"① 申请"世界记忆遗产"的计划也应该提上日程，这不仅符合当今中国建设特色社会主义文化的需要，也符合世界文明全球化的要求。在"四库"申遗的过程中，我们首先要明确《四库全书》编纂的意义，还需要对整个"四库全书"文化群有一个全新的定义。本文即是从这两个问题展开的。

一 《四库全书》的价值与意义

众手编书，其成书的质量和每一位参与者息息相关。《四库全书》虽然是官方编修的丛书，但是经过仔细分析修书过程不难发现，《四库全书》修书中存在很多个人思想，所以讨论《四库全书》的意义时，我们不可忽略地要去探讨参与编修人员的学术素养。据张之洞《国朝著述诸家姓名略》记载，参与《四库全书》编纂的馆员就有二十一人。② 这些学者可以说是当时整个清代中期学术的中心人物，谢墉、王念孙精通小学，庄存与长于公羊，姚鼐是文学泰斗，翁方纲是金石学家，等等。汉学家戴震、周

---

① 本文提出"四库全书"文化群概念，在提及申遗环节则统一使用"四库全书"文化群概念，在讨论修书活动的价值与意义时，则指《四库全书》。
② 其中包括朱筠、谢墉、戴震、翁方纲、庄存与、姚鼐、王念孙等人。

永年、邵晋涵、余集、杨昌霖同时进馆,被时人称为"五征君"。① 四部中戴震负责经部,邵晋涵负责史部,周永年负责子部,纪昀负责集部。其中戴震入馆,"天下士闻之,咸喜,以为得发抒所学矣"。② 戴震被誉为"通天地人之儒",③ 一直被奉为清代考据学的领军人物。四库馆开馆时,于敏中、裘曰修、纪昀共荐氏为纂修,戴震是馆内唯一一位以举人任纂修的。全书经、史、水地、天算等类提要,多是由其编纂。戴震最后也因积劳成疾,卒于馆中,年五十五。戴震长于经学,而邵晋涵长于史学。可以说邵晋涵是四库馆中,除戴震之外的又一博雅之人。钱大昕言:"自四库馆开,而士大夫始重经史之学,言经学则推戴吉士震,言史学则推君(邵晋涵)。君于国史当在儒林文苑之列,朝野无间言,而知之最先者,予也。"④ 邵晋涵主要从事史部的编撰工作,史部之书多由其校定,提要也多出其手。仅列举这二人,即可看出当时四库的编纂成员的学术素养。可以说,四库馆汇集了当时学术的主流学者,是集合了学界精英共同编纂的,在此基础上所编纂而成的《四库全书》《四库全书总目提要》都是当时学人思想水平的体现。

(一) 中国古代文化规模的总结与反思

1. 学术思想史意义

《四库全书》收录乾隆以前的历代典籍,那么对历代学术的评价与总结就显得必不可少,《四库全书总目提要》的编纂即有此目的。梁启超曾说:"四库馆就是汉学家的大本营,《四库提要》就是汉学家的思想的结晶体。"⑤ 清初,程朱理学虽是官方哲学,但其所宣扬的心性义理对图书编纂毫无帮助,所以在实事致用的道路上,《四库全书》选择了汉学家。纪昀、朱昀、翁方纲、戴震、邵晋涵、周永年,这些人无一不是汉学家,无一不是清代考据学家。我们可以说《四库全书》的编纂体现的是远离统治者的考据学

---

① 徐珂编《清稗类抄》第一册,中华书局,1984,第301页。
② 卢文弨:《抱经堂文集》卷6《戴氏遗书序》,王文锦点校,中华书局,2006,第75页。
③ 王昶:《春融堂集》卷55《江慎修先生墓志铭》,《续修四库全书》编委会:《续修四库全书》第1438册,上海古籍出版社,1995,第216页。
④ 钱大昕:《潜研堂集》卷43《日讲起居注官翰林院侍讲学士邵君墓志铭》,吕友仁校点,上海古籍出版社,2009,第787页。
⑤ 梁启超:《中国近三百年学术史》,人民出版社,2008,第23页。

家的学术思想。"康熙中叶以来汉宋之争,到开四库馆而汉学派全占胜利。也可以说是:朝廷所提倡的学风,被民间自然发展的学风压倒。"① 它与明末清初以来的学风变迁相适应,一扫明末王学末流的弊端,反对空学,重视考据求真,《四库全书》的编纂即是回归朴学的过程,是强调考据轻视义理的转变。

2. 文献学意义

(1) 目录学的价值。

龚自珍对目录学的流派有过以下总结:"目录之学,始于刘子政氏。嗣后而降,有三支:一曰朝廷官簿,荀勖《中经簿》、宋《崇丈总目》、《馆阁书目》、明《国史经籍志》是也;一曰私家著录,晁公武《郡斋读书志》、陈振孙《书录解题》以下是也;一曰史家著录,则《汉艺丈志》、《隋经籍志》以下是也。三者其例不同,颇相资为用,不能以偏废。三者之中,其例又二:或唯载卷数,或兼条撮书旨。近世好事者,别又胪注某抄本、某椠本、某家藏本。"② 龚自珍按照目录书的编纂者来分类,并言"或唯载卷数,或兼条撮书旨",这是在内容上区分,即相较于《汉志》《隋志》等史志目录均只是著录书目,有小序而无解题,《总目》在有小序的基础上,著录每部书的书名、卷数、著者、版本、解题。这点余嘉锡在《目录学发微》中有所拓展。余嘉锡从内容出发,认为目录之书有三类:一为有小序解题,如《七略》《四库提要》等;二为有小序无解题,如汉《艺文志》、隋《经籍志》等;三为无小序解题,只著录书名,如唐、宋、明《艺文志》《书目答问》等。③ 对于这三种分类,《隋书·经籍志》言:"汉时刘向《别录》、刘歆《七略》,剖析条流,各有其部,推寻事迹,疑则古之制也。自是以后,不能辨其流别,但记书名而已。"④《隋志》的观点,是以刘向、刘歆父子的方法为尊,认为其"剖析条流,各有其部"。对后世只能"记书名"的方法颇为不满。

清代学术对目录学上的总结有迫切需求,《四库全书总目》的编纂应

---

① 梁启超:《中国近三百年学术史》,人民出版社,2008,第 23 页。
② 龚自珍:《上海李氏藏书志序》,《龚自珍全集》,王佩诤校,上海古籍出版社,1999,第 202 页。
③ 余嘉锡:《目录学发微》,中华书局,2007,第 8 页。
④ (唐)魏征等:《隋书》卷 33《经籍志》二,中华书局,1973,第 992 页。

运而生。①《四库全书总目》可以说是中国目录学史上集大成的古典目录学著作。在《总目》编写初期，朱筠建议："臣请皇上诏下儒臣，分任校书之选，或依《七略》，或准四部，每一书上，必校其得失，撮举大旨，叙于本书卷首。"② 乾隆的回复，是想编写一部简单的目录即可，其言："若欲悉仿刘向校书序录成规，未免过于繁冗"，③"将书名摘出，撮取著书大旨，叙列目录进呈"，④ 但因纂修官都过于出色，最终《四库全书总目》还是按照朱筠的建议形式完成了。阮元即夸赞《四库全书总目》："凡六经传注之得失，诸史记载之异同，子集之支分派别，罔不抉奥提纲，溯源彻委。"⑤ 余嘉锡亦言："今《四库提要》叙作者之爵里，详典籍之源流，别白是非，旁通曲证，使瑕瑜不掩，淄渑以别，持比向、歆，殆无多让；至于剖析条流，斟酌今古，辨章学术，高挹群言，尤非王尧臣、晁公武等所能望其项背。故曰自《别录》以来，才有此书，非过论也。"⑥ 由此，可以说《总目》是直接继承了刘向、刘歆的目录学思想。

《四库》编纂中，因不满《永乐大典》以洪武正韵为纲，"朕意从来四库书目，以经史子集为纲领，裒集分储，实古今不易之法。是书既遗编渊海，若准此以采撷所登，用广石渠金匮之藏，较为有益"，⑦ 而采用四部分类法，这也影响理论后世修书分类法的选择。正如周中孚在《郑堂读书记》中所言："窃谓自汉以后，簿录之书，无论官撰私著，凡卷第之繁富，门类之允当，考证之精审，议论之公平，莫有过于是编矣。"⑧《四库全书总目》在目录学上的价值，不仅是纪昀、戴震这些编纂者个人学术能力的体现，也是他们的学术先见。这使得《四库全书总目》等书在目录学之外又有诸多学术史的意义，例如，《四库全书总目》同时也促进了清后期许多学术著作和目录评注的蓬勃发展。

---

① 如《四库全书总目》《四库全书简明目录》。
② 中国历史第一档案馆《纂修四库全书档案》，上海古籍出版社，1997，第 21 页。
③ 中国历史第一档案馆《纂修四库全书档案》，第 55 页。
④ 中国历史第一档案馆《纂修四库全书档案》，第 58 页。
⑤ 阮元：《揅经室集》下《揅经室三集》卷五《纪文达公集序》，邓经元点校，中华书局，1993，第 678 页。
⑥ 余嘉锡：《四库提要辩证》第一册，中华书局，1980，第 48~49 页。
⑦ 中国第一历史档案馆编《纂修四库全书档案》，第 57 页。
⑧ 周中孚：《郑堂读书记》，北京图书馆出版社，2007 年影印本，第 587 页。

(2) 辑佚、校勘、版本的价值。

《四库全书》在编纂过程中对古籍版本的工作是值得肯定的。《四库全书》在编修过程中非常注意版本的选择，择其善者而从之，采用很多之前罕见的宋元刻本和抄本。有些是从大规模的征书活动中发现的，如《太平寰宇记》。《太平寰宇记》是宋代重要的地志著作。"盖地理之书记载，至是书而始详，体例亦至是而大变。"① 但是其传世至清代，原本已有散佚，而在《四库全书》征书活动中则发现善本，《四库全书总目》记："原本二百卷，诸家藏本并多残缺，惟浙江汪氏进本所缺，自一百十三卷至一百十九卷，仅佚七卷，又每卷末附校正一页，不知何人所作，辨析颇详，较诸本最为精善，今据以著录。"② 也有从《永乐大典》中辑录的古书，这其中"五征君"做出了重要贡献。如邵晋涵辑《旧五代史》《东南纪闻》等；戴震辑《水经注》《大戴礼记》等；周永年辑《周官总义》《彭城集》等；余集辑《续吕氏家塾读诗记》等；杨昌霖辑《春秋经解》等。这些辑书，有的使一些散佚已久的古籍重新走进人们的视野中，有的则为一些传世古籍提供互校的版本。

《四库全书》在收书时有其独特的"善本观"，这点当代学者司马朝军在《〈四库全书总目〉研究》中有专章概述，总的来说，以"内容第一，形式第二"为主要标准，③ 这和以往的善本观念是有所不同的。当然产生这一观点，是和其主要编纂者有很大的关系，所以这也是研究有清一代考据学家的版本观的重要史料基础。

3. 知识史的意义

康雍乾是清王朝的顶峰，康熙自称："自古得天下之正莫如我朝。"④ 清政府强调自己的正统性，就需要在文化上加以体现。知识分子和皇权是伴生的关系，在这样一个政治背景下，各方面的总结就显得尤为重要。而此时社会向学的风气又为总结活动添砖加瓦。"文物衣冠之盛，甲于畿辅。人文日盛，弦诵日繁，缙绅之族固多潜心向学。"⑤ 正是在这样的政治社会

---

① 永瑢等：《四库全书总目》卷六八《太平寰宇记》提要，中华书局，1965 年影印本，第 596 页。
② 永瑢等：《四库全书总目》卷六八《太平寰宇记》提要，第 596 页。
③ 详见司马朝军《〈四库全书总目〉研究》，社会科学文献出版社，2004，第 250~264 页。
④ 《清实录》六《圣祖仁皇帝实录》三卷二七五，中华书局，1985 年影印本，第 1985 页。
⑤ 吴翌凤：《逊志堂杂钞》丙集，吴格点校，中华书局，2006，第 41 页。

环境下，知识分子产生了一种自发的愿望，即总结之前所有知识的愿望，向学风气同时也为知识分子提供了大量的材料。《四库》的编纂则是在此基础上诞生的。编纂丛书，是最好定型知识的手段，其在僵化思想活跃性的同时也确实起到了保护学术的作用。这是在学术高度发达的情况下才能进行的知识分子自发的活动，这是知识界对知识体系的总结，是伴随着封建结构凝固的知识体系的定型。《四库全书》广泛搜书，规模宏大，章学诚即言："今兹幸值右文盛治，《四库全书》搜罗，典章大备，遗闻秘册，有数百年博学通儒所未得见而今可借抄于馆阁者，从横浏览，闻见广于前人，亦藉时会乘便利有以致此。"[1] 正是这样巨大的收集量，使《四库全书》自编纂完成后，学者多以其为学术宝藏，尤其是《四库全书总目》的编写，更是有凝固一代学术的作用。"故衣被天下，沾溉靡穷，嘉道以后通儒辈出，莫不资其津逮，奉作指南，功既巨矣，用亦弘矣……自汉、唐目录书尽亡，《提要》之作前所未有，可为读书之门径，学者舍此，莫由问津。"[2] 张之洞亦言："今为诸生指一良师，将《四库全书总目提要》读一过，即略知学问门径矣。析而言之，《四库提要》为读群书之门径。"[3] 当时学人以《总目》为学习门径，这正体现了《四库》编纂对知识的总结意义。这种总结，为后学的学术研究提供了方向，相当于将一代学者的治学经验凝结在其中，供后学探索。

4. 对后世图书编纂事业的影响

《四库全书》的编写对清中期以后的图书编纂事业有巨大的影响。紧随《四库》编纂之后，阮元搜寻《四库全书》未收之书170余种，依《四库全书总目》例，为每书撰写提要，而成《宛委别藏》，其所收书籍，具有极高的版本价值，其弟阮亨在《瀛舟笔谈》中记："兄官学政、巡抚时，留意于东南书，或购之苏州番舶，或借自江南旧家，或得自书坊，或抄自友人。凡宋元以前《四库》所未收，《存目》所未载者，不下百种。为兄访求购借者，浙之鲍以文廷博、何梦华元锡、严厚民杰之力为多。丙寅丁卯间，兄奉讳家居，次第校写，共得六十种。每种皆仿《四库》书式，加

---

[1] 章学诚著、仓修良编注《文史通义新编新注》外篇三《为毕制军与钱辛楣宫詹论续鉴书》，浙江古籍出版社，2005，第653页。
[2] 余嘉锡：《四库提要辨证》第一册，第51页。
[3] 张之洞：《輶轩语》，苑书义等主编《张之洞全集》第十二册，河北人民出版社，1998，第9791页。

以提要一篇。丁卯冬，服阕入觐，进呈乙览，蒙赐披阅，奖赏有加。戊辰己巳复抚浙，续写四十种进呈，亦各位《提要》一篇。"① 而此后丛书的编纂工作十分繁盛。以《四库》四部分类法为基础的丛书就有多种。如张元济所编《四部丛刊》三百五十种，《续编》八十一种，《三编》七十三种；中华书局编《四部备要》三百三十六种一万一千九百八十三卷；季羡林主编《四部全书存目丛书》四千五百零八种；顾延龙主编《续修四库全书》五千一百二十三种；等等。除此之外，也推动了私人编纂丛书的热潮，如清鲍廷博编《知不足斋丛书》二百零七种七百八十一卷。清阮元编《皇清经解》一百七十三种一千四百卷。清毕沅编《经训堂丛书》二十二种一百六十八卷；清孙星衍编《岱南阁丛书》二十三种一百七十三卷；清伍崇曜编《粤雅堂丛书》二百零八种一千二百八十九卷；等等。这些丛书的出版，不仅是文化繁荣的体现，是文化传播扩大化的体现，同时有利于图书的保存。

（二）中国古代官方藏书文化的集大成者

值得注意的是，一直以来，围绕《四库全书》是编书还是毁书一直众说纷纭，对其文化保存作用的评价也是莫衷一是，所以我们有必要先厘清《四库全书》开馆的初衷。

《四库全书》征书工作从乾隆三十七年开始，至乾隆四十三年结束。乾隆三十七年正月初四，乾隆发布第一道征书诏："朕稽古右文，聿资治理，几余典学，日有孜孜……是以御极之初，即诏中外搜访遗书，并命儒臣校勘十三经、二十一史，遍布黉宫，嘉惠后学……今内府藏书插架不为不富，然古今来著作之手，无虑数千百家，或逸在名山，未登柱史。正宜及时采集汇送京师，以彰千古同文之盛。其令直省督抚会同学政等，通饬所属加意购访……从此《四库》、《七略》益昭美备，称朕意焉。钦此。"② 此时，乾隆并未有编写《四库全书》的意图，此次征书工作也并不顺利，"迄今几近匝岁，曾未见一人将书名录奏，饬办殊为推迟"。③ 随后，朱筠上书请校核《永乐大典》，《从游记》记："先生（朱筠）悉心搜访以献。

---

① （清）阮亨：《瀛舟笔谈》卷10，嘉庆十六年刊本，转引自卢仁伟《〈宛委别藏〉编修始末》，《文献》，1990年4月。
② 中国第一历史档案馆编《纂修四库全书档案》，第1~2页。
③ 中国第一历史档案馆编《纂修四库全书档案》，第5页。

因上言：'中秘所贮《永乐大典》，裒集至富，但分析篇次，以四声韵字为部居，割裂破碎，与散佚无异。请旨敕下儒臣，采辑讨论，以还旧观，可得人间未见书数百种。'上览奏嘉许，因开《四库全书》馆，校理各省上进之书及《大典》。"①朱筠的上书，适应了乾隆旨在全国范围内征书的计划，因此乾隆借此将之前失败的征书工作继续进行，并开始了《四库全书》的编修，《永乐大典》的辑佚实际上直接导致了《四库全书》的开馆，其开馆目的是辑佚书籍。

《四库全书》的开馆意图并未有禁毁一说，地方官员也没有查禁的概念。乾隆为了使官员消除顾虑，还特意颁布诏书，"文人著书立说，各抒己见，或传闻互异，或记载失实，固所不免，果其略有可观，原不妨兼收并蓄，即或字义触碍，如南北史之互相诋毁，此乃前人偏见，与近时无涉，又何必过于畏首畏尾耶？朕办事光明正大，可以共信于天下，岂有下诏访求遗籍，顾于书中寻摘瑕疵，罪及藏书之人乎？"②并且保证《四库全书》完成后，会悉数将搜集之书奉还，"所有各家进到之书，俟校办完竣日，仍行给还原献之家"。③此后，各地方大力搜访，征书活动在乾隆三十八年和三十九年达到高潮。乾隆三十八年五月十七日曾下诏指出《四库全书》的宗旨："方今文治光昭，典籍大备，恐名山石室，储蓄尚多，用是广为搜罗，俾无遗佚，冀以阐微补缺。所有进到各书，并交总裁等，同《永乐大典》内现有各种详加核勘，分别刊抄。择其中罕见之书，有益于世道人心者，寿之梨枣，以广流传，余则选派誊录，汇缮成编，陈之册府。其中有俚浅讹谬者，止存书名，汇入总目，以彰右文之盛。此采择《四库全书》本指也。"④乾隆明确给出采择《四库全书》的本旨，并且此时他也并没有禁书的意思。考禁毁书目的介绍，不乏有地方官员赞赏之语。

禁书诏是乾隆三十九年颁布的，至五十七年截止，共进行了十八年。乾隆三十九年后地方才纷纷上呈禁毁书目，所禁内容为明季史料，明朝的野史笔记所记载的事实，网罗遗闻，动涉清朝政府的忌讳，销毁违碍之书。乾隆突然提出"寓禁于征"这一想法，也使得一些官员感到惊讶，李

---

① 李威：《从游记》，钱仪吉：《碑传集》卷四九，清光绪刻本，第6/b页。
② 中国第一历史档案馆编《纂修四库全书档案》，第68页。
③ 中国第一历史档案馆编《纂修四库全书档案》，第117页。
④ 中国第一历史档案馆编《纂修四库全书档案》，第117页。

侍尧言："从前臣等止就其书籍之是否堪备采择，行司照常办理，竟未计及明末稗官私载，或有违碍字句，潜匿流传，即可乘此查缴，以遏邪言，实属愚昧。"①由此可知，从时间上来说，在早期征书的三年内，不存在"寓禁于征"的说法。禁毁书目是在大量书籍上交发现问题后才实行的政治措施。

禁毁书目通常有两种方法，一是焚毁书版，二是销毁书籍。焚毁书版是将版本较厚的刻改他用，不能再用者则作烧柴。销毁书籍的方法是改字（改变字句）、抽毁（削去禁毁字句、撤毁）、全毁（全部销毁）。这里举一个例子，陈垣先生曾在摛藻堂中发现了周亮工的著作，其完全是按照《四库全书》的规格编写，并已装订完成，这说明这些书是在编纂完成后被从中抽毁剔除的。因而，陈氏提出："若周亮工、李清之书，除《诸史同异》有旨销毁外，其他虽经奏毁，实只撤出或扣除，撤出对著录言，扣除对存目言。今故宫此类书善本既残留多种，可为未毁之证，故此等提要，应名《四库撤出书提要》，或《四库扣除书提要》，较为得实。"②"现在通行之《简明目录》，有系乾隆四十七年赵怀玉据四库馆初成稿本录副南归刊刻者，故李清、周亮工之书目俱存。至乾隆五十二年三月始发现李清《诸史同异录》，内有顺治与崇祯相同四事一条，指为悖谬，因而连累他书，同年八月又发见周亮工等书，遂一并撤出。赵本《简目》未及照改，故与库书不符。粤刻《简目》每半页九行，行廿一字，以为常，间有特疏特密者，即撤出填补者。"③由此可知，这些书在编写时并没有禁毁一说，直至编写完成颁布禁书诏后，才又追加禁毁。周亮工著述撤出《四库全书》，属于抽毁之列。

通过以上这两点可以看出，我们不能简单地将《四库全书》的编写目的归于禁毁书目、控制思想。实际上，《四库全书》开馆的初衷确实是"采辑讨论，以还旧观"，这是我国古代一直延续的官方藏书传统。中国古代一直重视官方藏书文化，汉至清历代有中秘、石渠、兰台、东观、麟台、昭文馆、集贤院、史馆等藏书机构，《四库全书》完成后分藏于七阁，

---

① 《李侍尧德保奏拒缴屈大均诗文折》，《清代文字狱档》，上海书店出版社，1986，第198页。
② 陈垣：《四库提要中之周亮工》，陈智超主编《陈垣全集》第7册，安徽大学出版社，2009，第525页。
③ 陈垣：《四库撤出书原委》，陈智超主编《陈垣全集》第7册，第507页。

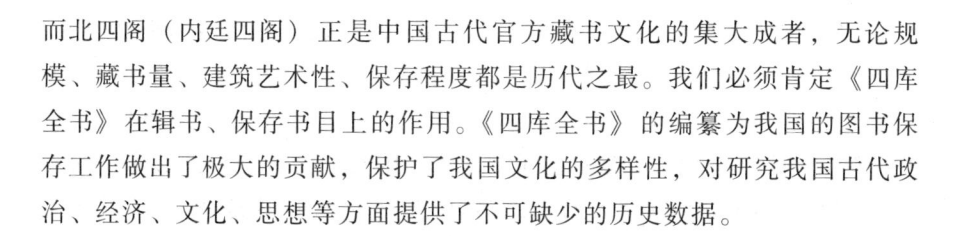

而北四阁（内廷四阁）正是中国古代官方藏书文化的集大成者，无论规模、藏书量、建筑艺术性、保存程度都是历代之最。我们必须肯定《四库全书》在辑书、保存书目上的作用。《四库全书》的编纂为我国的图书保存工作做出了极大的贡献，保护了我国文化的多样性，对研究我国古代政治、经济、文化、思想等方面提供了不可缺少的历史数据。

（三）中国公共图书事业的开端

不论《四库全书》在编修的过程中充满多么严格的审查制度，从朱筠到乾隆皇帝搜集佚书乃至网罗天下图书的初衷还是不能轻易抹杀的。结果是，《四库全书》的编纂为文献的保存以及文献的流通做出了巨大的贡献。现实参与编纂工程的学者们借机会从中抄录珍贵书籍，还有一些珍本的副本被泄露出去从而印刷上市。进而在乾隆晚年，清政府以相应的制度保障鼓励江南的士人利用在扬州文汇阁、镇江文宗阁和杭州文澜阁收藏的藏书。"因思江浙为人文渊薮，允宜广布流传，以光文洽。"①只要经过一定的申请手续，就可以进入三阁进行图书阅览和抄写，使得相当多的之前仍只有部分藏书家才能见到的珍贵图书的流通范围第一次超出了江南的私人领域。这种对于学术研究条件的有力支持也使得许多学术著作得以蓬勃发展。在此之前，从宋到清初，几个世纪之内并没有公共的图书馆制度和设施，印刷术的发展也没有为广大民众甚至士人带来明显的学习条件的改善。凭借血缘、私交和官宦背景获得接近图书的便利仍是最常见的三种方式。然而南三阁的开放，一朝之间解决了几个世纪以来的难题，诚然它有着相应的历史发展作为依托，但当我们看到朱彝尊于康熙二十三年（1684）因为私带抄手进入翰林院而被迫解职的时候，这种变化依然会让我们感到惊奇。南三阁可以说是我国最早的公共图书馆，我们应当肯定《四库全书》在客观上促进了我国公共图书事业的发展。

（四）清代官方图书文化编纂事业组织与操作的模板

《四库》编纂工作由四库馆进行，其提议、组织人员、编纂、誊写、进呈等过程都有严格的规范，也留下了详细的记载，如《办理四库全书档案》

---

① 中国第一历史档案馆编《纂修四库全书档案》，第1590页。

《纂修四库全书档案》《四库采进书目》等,尤其是《纂修四库全书档案》的整理出版,为研究《四库全书》编修提供了大量的材料,其档案始于乾隆三十七年(1772),终于嘉庆九年(1804),跨度三十余年,共1580件,这些材料都是研究古代官方修书的重要范本。晚近学者也有对此做专门的研究,如陈垣《编纂四库全书始末》、郭伯恭《四库全书纂修考》、王重民《办理四库全书档案》、张升《四库全书馆研究》等。对此最具模板意义的纂修工作的研究,无疑对我们深入理解有清一代特别是乾隆一朝广泛开展的官方纂修书籍活动具有重要的指导意义。而合理地利用完善的四库纂修档案材料,也对其他或付阙如文献记载的恢复工作具有参考价值。

(五)《四库全书》是研究清代中期尤其是乾隆帝政治文化心态的窗口

《四库全书》的编纂是乾隆朝一项重大的文化工程,乾隆参与到《四库》编纂的各个环节,我们可以在《四库全书》中去探寻乾隆对文化的态度。《四库全书总目》有记载:"是书卷帙浩博,为亘古所无。然每进一编,必经亲览,宏纲巨目,悉禀天裁。定千载之是非,决百家之疑似……俾共知我皇上稽古右文,功媲删述,悬诸日月,昭示方来,与历代官修之本,泛称御定者迥不相同。"① 由此可见,乾隆确实积极参与了《四库》的编纂。永瑢亦言:"元元本本,总归圣主之持衡;是是非非,尽扫迂儒之胶柱。"② 通过对《四库》的研究,我们可以在其中发现乾隆的正统观、乾隆对东林党的态度、乾隆对理学家的态度、乾隆的华夷之辨等重要思想,所以《四库全书》是研究乾隆帝政治文化心态的数据库。陈晓华《〈四库全书〉与十八世纪的中国知识分子》、张传峰《〈四库全书总目〉学术思想研究》均有专章论述。也有相关论文,如王作华《乾隆皇帝与〈四库全书〉的纂修》等。③

二 "四库全书"与世界记忆遗产的申请

(一)"四库全书"的内涵及申遗的可能性

本文旨在提出一个"四库全书"文化群(以下简称"四库全书")

---

① (清)永瑢等:《四库全书总目》卷首《凡例》,第16页。
② (清)永瑢等:《四库全书总目》卷首《敕编纂四库全书告成表》,第10页。
③ 王作华:《乾隆皇帝与〈四库全书〉的纂修》,硕士学位论文,兰州大学,2006。

的概念,并指出"四库全书"的申遗是对整个文化群的活动,而并非特指现存的《四库全书》丛书。值得注意的是,以整个文化群体作为申遗的对象是申请世界遗产的常用方式。如端午节申遗即是由湖北秭归县的"屈原故里端午习俗"、黄石市的"西塞神舟会"及湖南汨罗市的"汨罗江畔端午习俗"、江苏苏州市的"苏州端午习俗"四部分内容组成;中国传统木结构营造技艺申遗亦是由徽派传统民居营造技艺与北京四合院传统营造技艺、香山帮传统建筑营造技艺、闽南民居营造技艺组成。这种组合式申遗方法有利于更好地全面展现该遗产的内涵以及其亟须保护的独特性。而在对"四库全书"申遗之前,我们也需要明确"四库全书"的内涵。

"四库全书"作为一个文化群的概念,它是众多文献的一个集合。我认为现存五部《四库全书》丛书(含翰林院《四库全书》底本)只是"四库全书"文化群的核心主体部分。此外还应包括《四库全书》附属书籍(《四库全书荟要》《武英殿聚珍版》《四库全书总目提要》《四库全书荟要总目提要》《四库全书简明目录》《四库全书存目丛书》《四库禁毁书丛刊》《四库提要分纂稿》《纪晓岚删定四库全书总目稿本》《纂修四库全书档案史料》《四库采进书目》《办理四库全书档案》等)以及嘉庆朝补修的《宛委别藏》。这些书籍都是以《四库全书》丛书为主体而产生的衍生物,它们与《四库全书》是一脉相承的,所以,将其统一命名为"四库全书"文化群,并对此文化群进行申遗,才能更好地完整展现"四库全书"独立于世的不可替代性。

世界记忆遗产是联合国教科文组织于1992年启动的一个文献保护工程,其目的是保护世界范围内正在逐渐老化、损毁、消失的文献记录。世界记忆遗产关注的是文献遗产,它是世界文化遗产的一种延伸。截至2015年,中国已有10份文献遗产入选《世界记忆遗产名录》,其中《侨批档案》《南京大屠杀档案》也是采用集合的方式,对其相关文献统一申遗。由此可以看出,"四库全书"中的书籍符合世界记忆遗产的定义,"四库全书"申遗是符合联合国教科文组织规定的。

(二)"四库全书"的世界独特性

既然要将"四库全书"申遗,就必须对其具有的"普遍价值"或"独特性"进行阐述。本文上半段已经从中国史角度给出了《四库全书》

的价值，那么下文便从全球史的视角来看整个"四库全书"的价值。首先，不论中国还是世界，在《四库全书》之前都没有产生任何与之相近的作品，因为它是真正站在了帝制时代的顶端来总结前代的历史成就。作为《四库全书》的编纂核心的士大夫们，试图用长期占据中国学术界和思想界的主流视角，概述他们认为一切有价值的文化遗产。从中国学术史的角度来说，对中国书籍进行汇总的成功尝试，使它成为空前的巨著，从世界历史的角度来说，以中国独有的目录分类思想进行的丛书编纂，使它成为中国文化的标志。在一定程度上，它代表着当时整个中国乃至东亚的一个文化成果。从乾隆帝和四库馆臣的维度我们可以看出，他们眼中的《四库全书》无疑是东方文化的代表。《四库全书》指向的是最能代表中国传统主流精英文化，而以如此宏大的财力、物力为支撑，加之最顶尖的学术配置，又有最高权威的督促，由此情形下形成的著作必将是前无古人后无来者的。而事实证明，自《四库全书》成书后，确无有能超过或是与之比肩的作品了。《四库全书》体现了一种权威，标榜了一种由皇权钦定的知识系统和文化格局。说它是巨著，是承认它包举前代网罗宏富的巨大规模。说它是标志，是承认它代表了传统知识界对中国文化自身的定位和看法。它的成绩是既往的成绩，是述往事的成绩，是站在帝制时代顶点的姿态回顾历史的成绩。

其次，《四库全书》及其衍生物构成的庞大文化体系也是世界上绝无仅有的。其构成的完整体系对研究古代官方编纂有着极大的帮助，也为现代图书编纂事业提供了良好的范本。而且，整个"四库全书"文化群具有高度的保存性。目前保存下来的书籍都具有极高的历史价值。正是这样良好的完整度，更好地体现了一个文化群的统一性和协调性。《四库全书》将当时存世的典籍，除去乾隆帝认为含有反清思想的著作，其余区分为著录与存目两大类。著录按四部分类法编成《四库全书》，其收书可以说皆是中华文化的精髓，学术价值之高毋庸置疑。此外《四库全书》中还收录了许多西学著作，如艾儒略的《职方外纪》、利玛窦的《乾坤体义》《几何原本》等，在收入西方天文历算著作的同时，也收入了机械、地理和文化语言等著作。这不仅体现了我国文化的开拓性、包容性，也带有普世性的精神。正如杨家骆所说："世界不是一个国家、一个民族或一种文字、一种思想所统治的世界，在没有以互助与自由的精神演进至世界国、世界族、世界语文、世界思想时……各国、各族以各文字、各思想同时分头编

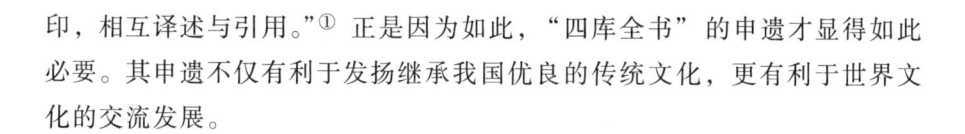

印，相互译述与引用。"① 正是因为如此，"四库全书"的申遗才显得如此必要。其申遗不仅有利于发扬继承我国优良的传统文化，更有利于世界文化的交流发展。

三 结语

费孝通曾提出"文化自觉"概念，指出要重新认识传统，他说："无论是'戊戌'的维新变法，'五四'的新文化运动和解放后的历次政治运动，都是在破旧立新的口号下，把'传统'和'现代化'对立了起来，把中国的文化传统当做了'现代化'的敌人……文化不仅仅是'除旧立新'，而且是'推陈出新'或'温故知新'。'现代化'一方面突破了'传统'，另一方面也同时继续并更新了'传统'。"② 无论是发达国家还是发展中国家都正面临一个的文化转型，而费孝通提出"文化自觉"就是为了唤醒人们对于自身文化的"自知之明"，这是加快文明转型的关键步骤。我们不可能在发展的道路上有传统文化割裂，"我们的日常生活就是由过去和将来的同时性而造成的一个不断持续的前进……这正是我们称之为精神的东西的本质"。③ 所以我们必须正视传统文化，而不是忽视放弃。继承传统文化的最佳方式就是学习利用，"四库全书"是研究传统文化的宝藏，是当今国学研究热潮下还未被充分利用的沃土，是我国古代文化的大本营。所以我们应当对"四库全书"充分研究，取其精华，去其糟粕。将"四库全书"申遗一方面有利于促进国内"四库全书"研究的热潮，另一方面非常符合当今中国发展的需要。一个国家、一个民族的强盛，总是以文化兴盛为支撑的。中华民族创造了源远流长的中华文化，也一定能够创造出中华文化新的辉煌。通过申遗，可以将"四库全书"带入广大人民群众的视野中，在提高学术性专业性研究的同时，也能兼顾文化的普世性，这有利于我们发扬中国博大精深的传统文化，为建设社会主义文化强国添砖加瓦。

---

① 杨家骆：《〈四库全书〉百科大辞典》，中国书店，1987，第108页。
② 费孝通：《关于"文化自觉"的一些告白》，二十一世纪中华文化世界论坛筹备委员会主编《文化自觉与社会发展》，商务印书馆，2005，第4页。
③ 郭宏安等：《二十世纪西方文论研究》，中国社会科学出版社，1997，第90页。

《四库全书》"申遗"价值思考

王瑞崇　陈伟嘉[*]

摘　要：《四库全书》是一部贯穿古今数千年文明的集大成之作。它以规模之巨、辑佚之广、校对之细、考证之严、装帧之精，成为我国至今规模最大的一部丛书。自成书以来的二百多年间，围绕着它的编纂过程和文化价值，在国内外学界掀起了一次又一次的热议，研究者们不断在争议中提高认识，在争议中达成共识。《四库全书》不仅是中华文化的结晶，更是世界文明的重要组成部分。通过申请列入《世界记忆遗产名录》，既可以使这部珍贵的古籍得到更好的保护，又可以使中国优秀的传统文化面向世界进行传播，助力中国文化在国际舞台树立自信。

关键词：《四库全书》；申遗；世界记忆遗产；价值

Insights on the Value of *Si Ku Quan Shu* Applying for "World Memory Heritage"

Wang Ruicong　Chen Weijia

Abstract：*Si Ku Quan Shu* is a master of China civilization of thousands of years to make, its large scale, extensive and detailed textual research, collecting proof rigorous, exquisite design, has become the largest series of China. Since the publication of books in the past more than 200 years, around its compilation process and cultural value, at home and abroad have set off a hot debate again

---

[*] 王瑞崇，西南政法大学法学学士，首都师范大学历史学硕士，现就职于北京市人民政府研究室产业经济处；陈伟嘉，现就职于国网重庆市电力公司黔江区供电分公司。

and again, in the dispute to raise awareness and reach consensus in the dispute. *Si Ku Quan Shu* is not only the crystallization of Chinese culture, is an important part of world civilization. Through the application to join the "World Heritage List", which can make this precious ancient books to get better protection, but also can make China excellent traditional culture oriented world, can also help China culture in the international arena of confidence.

Key words: *Si Ku Quan Shu*; Apply for Memory; World Memory Heritage; Value

1992年，联合国教科文组织针对世界各国正在逐渐老化、损毁、消失的文献记录，提出通过国际合作的方式，使用最适当的技术手段对其进行抢救和保护，将其列入《世界记忆遗产名录》，以达到使人类珍贵的档案资料、重要文献更加完整的目的。世界记忆遗产关注于世界各国的珍贵文献遗产，被列入名录的文献遗产需要具备世界性、独特性和杰出性等特征。首先，在文献真实可信的基础上要具有世界意义，该文献的损失对世界文化有重大影响；其次，文献在所属专业领域内的学术价值或文化价值具有独特性，甚至是唯一性的特点；再次，就文献文本而言，在其所属专业领域内需具备杰出的特性，对于社会发展有重要的影响。凡被列入《世界记忆遗产名录》的文献，首先在其永久价值和重要性方面被国际社会所认可，其次通过入选名录，可以使各国对该文献加深认识和理解，更有利于面向世界传播。我国从1997年《中国传统音乐录音档案》首次入选《世界记忆名录》后，《清代内阁秘本档》《清代科举大金榜》等先后被列入其中，截至2015年我国已经有十项文献、录音档案入选。

由于联合国教科文组织国际咨询委员会每两年召开一次会议，一个国家每次只能申报两项，因此对于各国亟待抢救和保护的文献而言，时间十分紧迫，做好申报文献的论证工作尤为紧迫。另外，从文化传承角度而言，将本国杰出的文献通过申报世界记忆遗产，可以促进文献资料研究的进一步深化，促进国内外对该文献的认识及普及，提升本国文化在国际社会的自信。《钦定四库全书》（以下简称《四库全书》）由于其规模之巨、辑佚之广、校对之细、考证之严、装帧之精，成为我国至今规模最大的一部丛书。在成书后的二百多年历史中，先后经历了数次浩劫以至现存于世的正本弥足珍贵，而且由于其在文化领域的持续影响力，以及在世界文化传播的独特作用，使得《四库全书》申报世界记忆遗产十分必要。笔者有感于此，现就《四库全书》及其价值，以及申遗价值进行简要论述，以期抛砖引玉，促使更多学人参与论证。

一 《四库全书》价值思考

《四库全书》作为丛书的典范，按经、史、子、集四部顺序纂修，从清乾隆三十八年（1773）四库全书馆开馆，到乾隆五十二年（1787）七部《四库全书》全部完成，共收录书籍3461种79309卷。此外，尚有6793种93551卷书籍收存了提要目录。在此基础上清廷还编撰了《四库全书荟要》《四库全书总目提要》《四库全书简明目录》等，这些书是广义"四库"的组成部分。《四库全书荟要》是乾隆帝下令撷取《四库全书》的精华，专供御览，所录之书463种20828卷，其中经部173种3576卷，史部70种6535卷，子部81种2866卷，集部139种7851卷。《四库全书总目提要》共200卷，分经、史、子、集四大类，大类之下有分小类，小类之下有分子目，子目后有按语，简要说明此类著作的源流。《四库全书简明目录》是在《四库全书总目提要》的基础上，另编撰书目20卷，只收3461种"著录书"。作为我国传世古籍中规模最大的一部丛书，《四库全书》收录整理的典籍从先秦至清中叶，涵盖了我国古代所有的学科门类。据《四库全书总目提要》记载，先后参与编纂的馆臣有360多位，此外清廷又组织了3800多人抄写，共抄录七部正本分别藏于北京文渊阁、沈阳文溯阁、承德文津阁、扬州文汇阁、镇江文宗阁、杭州文澜阁，即世人所称的"北四阁""南三阁"。

（一）学界对《四库全书》价值的评价

《四库全书》纂修之初就备受世人瞩目，从遗书的征集到书目的收录，从古籍的辑佚到版本的鉴别，从书籍的装帧到刻制印刷，每一环节都可以称为当时文化工程之最。就学术史方面而言，《四库全书》的纂修是对我国古代典籍进行的系统整理，对传统文化做的全面总结。而且以《四库全书》纂修为契机，清代传统学术进入了一个全面总结整理阶段，许多濒临亡佚之书得以重现于世，残缺脱误之典籍得以梳理校对。因此，《四库全书》的纂修在推动清代考据学和目录学的发展、促进各门学科学术的兴盛方面起了重要的作用。就文化史方面而言,《四库全书》及《四库全书总目》面世的二百三十年间,围绕着征书、禁毁、辑佚、篡改、校补、辨析等方面的讨论,更是扩展了《四库全书》研究的领域,使得围绕着《四库全书》,先后出现了《四库未收书目提要》《四库全书存目丛书》《四库未收书辑刊》《续修四库全书》等大型书籍。可见它的影响深远,故后人将其视为文化史上的一座丰碑。

目前,学界对于《四库全书》,从文献价值、历史价值和学术价值方面均有论著,主要形成三种观点:第一种观点认为《四库全书》的编纂对中华文化有着多方面的积极意义;第二种观点认为《四库全书》的编纂是对中华文化的毁坏;第三种观点认为《四库全书》的编纂既有巨大的历史功绩,也有不可宽宥的人为过恶,功过参半。①

以上三种观点是从不同维度对《四库全书》进行的评判。第一种观点是就《四库全书》本身的价值而言,摒弃了政治因素,考量典籍自身存世价值,以及其经历二百多年的文化传播,对中国乃至世界产生的影响。由于四库馆臣按照乾隆谕旨在征书之后对大量不利于清廷统治的典籍进行了销毁,并且对于文献中如实记录满人入关前的历史进行了篡改,致使我国古代珍贵文献遭此厄运,这是第二种观点的来源,此观点着眼于对《四库全书》编纂过程的评价。由于清廷以少数民族身份入主中原的特性,致使其在文化方面既仰慕中国传统文化的博大精深,又悲叹自身民族文化短板,通过高压文化政策,甚至以多次大兴文字狱的方式来维护其统治。同时,清廷实行严格的文化管控政策,致使私人修史偃旗息鼓,官方每编一书必注钦定字样,《四库全书》的编纂亦是如此,留下了清代官修典籍的烙印。第三种观点从《四库全书》编纂过程和文化贡献两个维度考察,编纂过程的评价与第二种观点一致,同时也注意到了《四库全书》本身在文化传播中所起到的重要作用。以上三种观点均有可取之处,无论是从《四库全书》本身的价值而言,还是从其编纂过程和文化贡献而言,对当今世界的文化典籍的保护与传播都有积极的借鉴意义。

---

① 杨淑珍:《从编纂过程解读〈四库全书〉的文化意义》,《兰台世界》2013 年第 6 期,第 53 页。

(二)《四库全书》本身所蕴含的价值

从文化创新方面而言,《四库全书》及《四库全书总目》的纂修对于清代中后期目录学和考据学影响至关重要。其完备的目录四部分类体系可称为目录学的集大成之作,致使清代中后期大型图书的编纂均以此为范例。清人周中孚曾盛赞道:"窃谓自汉以后,簿录之书,无论官撰私著,凡卷第之繁富,门类之允当,考证之精审,议论之公平,莫有过于是编矣。"① 由此可以看出,《四库全书》的纂修也是我国目录学工作的一次大总结,也是对学术文化进行的一次大规模总结。在编纂《四库全书》的过程中,汉学学风成为时代主流学风,其精致细微的校对、考据开乾嘉学派之先河。

从古籍保护方面而言,《四库全书》保护了古籍,又亟待保护。乾隆帝在决定组织纂修《四库全书》之前,曾经致力于《永乐大典》的辑佚工作。随后四库馆开馆,四库馆臣从《永乐大典》中辑佚出失传的古书380余种,保护了失传的古籍。然而,就其自身而言也亟待保护。众所周知,七阁《四库全书》先后经历了太平天国运动、英法联军火烧圆明园、八国联军侵华、日本帝国主义侵华等历史劫难,文源阁、文汇阁、文宗阁本《四库全书》均已焚于战火,现存于世的仅有文渊阁、文津阁、文溯阁、文澜阁四阁《四库全书》,因此正本保护工作迫在眉睫。

从历史文化方面而言,《四库全书》成书至今的二百多年历史中,对于学术史有过贡献,也存在着争议,伴随着清朝的覆灭,越来越多的学者参与到《四库全书》的研究之中,这二百多年来围绕着《四库全书》形成的学术争议本身就是十分重要的学术史,期间周中孚、余嘉锡、陈垣、金毓黻、郭伯恭等学者对四库研究的突出贡献扩展了《四库全书》的研究领域,形成了以《四库全书》为核心,涵盖经、史、子、集所有古籍的"四库学"。

从文化传播方面而言,1860年英法联军火烧圆明园,文源阁本《四库全书》多数被焚毁,残余部分被法国侵略者带回法国,现藏于枫丹白露宫,这间接促成了文化的播迁。中华民国时期法国总理班乐卫、国内各界

---

① (清)周中孚:《郑堂读书记》卷 32《钦定四库全书总目》,商务印书馆,1959,第 587 页。

人士戮力影印《四库全书》，以及二战期间日本、苏联欲占有文溯阁《四库全书》，21世纪初大陆再掀影印浪潮，无论兴衰沉浮，《四库全书》始终以其"典籍之汇，文化之渊薮"的巨大魅力赢得世界的关注，始终以代表着中华民族文化的伟大与辉煌屹立在人类文明前进的大道，俯瞰着人类的风云，鉴示着人类的未来，成为世界文化史上的绝唱。① 由此可见，《四库全书》是中国自文字记载以来所存文献最大规模的系统性整理，保存传承了中国文化，是中国古代文化集大成之作，具有极其宝贵的价值，世界地位独一无二，是全世界的一份珍贵的记忆遗产。

二 "四库"申遗的价值考量

2007年，国务院办公厅发布了《关于进一步加强古籍保护工作的意见》，要求要充分认识古籍保护工作的重要性和紧迫性。我国古代文明典籍是中华民族在数千年历史发展过程中创造的重要文明成果，蕴含着中华民族特有的精神价值、思维方式和想象力、创造力，是中华文明绵延数千年、一脉相承的历史见证，也是人类文明的瑰宝。古籍具有不可再生性，因此保护好这些古籍，对促进文化传承、联结民族感情、弘扬民族精神、维护国家统一及社会稳定具有重要的作用。因此，为珍贵文献申请世界记忆遗产不仅是一种保护，更是一种责任。《四库全书》是中华文化的魅力瑰宝，更是世界的文化硕果。它具有杰出的思想内涵，是中华文明的集大成之作，具有举世瞩目的地位，被纳入《世界记忆遗产名录》，更有利于中国传统文化面向世界普及。

（一）杰出的巅峰绝唱——"四库"的根本之义

《四库全书》汇集了古代中华文明的思想文化的精华，凝聚了中华民族的精神财富，影响中华文化数个世纪之久，历史意义无可比拟。《四库全书》收录及存目的书籍达10254种172860卷之巨，分为两个部分：一是收录的书籍，有3461种79309卷；二是并未收录书籍本身而只收存该书提要的目录，有6793种93551卷。其体例清晰统一，规模宏大、收罗万象、

---

① 陈晓华：《〈四库全书〉与十八世纪的中国知识分子》，社会科学文献出版社，2009，第177页。

资料丰沛,几乎收集了从上古至清中叶所有的典籍文献,有了它,几乎无须再阅读其他文献,就可以对中国历史和文化有一个全面而细致的了解。《四库全书》是中国古代封建社会发展的巅峰之时应运而生的巅峰之作,可以说是中华传统文化的花魁,是人类历史所罕见且无与伦比的杰出文化宝库。

(二)世界性与民族性交融——"四库"的必然之义

《四库全书》是中华民族的珍贵文化遗产,也是全人类共同拥有的精神财富。在18世纪,中华文化的土壤不仅限于中国本土范围内,还植根于日本、越南、朝鲜半岛,中华文化影响辐射着整个东亚、东南亚,甚至世界。正如陈晓华教授所论,《四库全书》代表了18世纪中国中心的东方知识世界,狄德罗等的《百科全书》代表了18世纪法国中心的西方知识世界。晚于《四库全书》的英国《大英百科全书》、日本《世界大百科事典》都有专门条目介绍《四库全书》。《四库全书》被纳入了世界文化体系,获得国际学术界赋予的"中国文化的万里长城""东方文化的金字塔"等美誉。① 这意味着中华文化立足东方、傲视全球。在整个世界历史进程中,中华文化发挥了极其重要的作用,其与世界其他文化相互碰撞、相互影响的过程中共同推动世界文明向前发展。在这里,《四库全书》可以说是中华文化核心之宝,也必然成为世界文化的核心之宝。

(三)"凤凰涅槃"的价值回归——"四库"的发展之义

《四库全书》具有很高的历史文化价值,但在现代社会中,《四库全书》普及度非常低,其价值不仅没有被充分利用,反而处在被社会所埋没,被遗忘甚至被抛弃的地步。这其中既有《四库全书》自身的原因——篇幅浩繁,古文艰涩难懂,也有社会氛围的原因——社会风气浮躁,世人讲究"效率",一味求快,醉心于"一口吃个胖子",妄图快速成功。对此,《四库全书》申请世界记忆遗产,既是《四库全书》一次吸引关注、扩大影响、展现魅力、挖掘现代社会价值,与现代社会接轨的机遇,更是中华传统文化唤醒大众关注,回归社会主流视线,甚至是一个通过《四库

---

① 陈晓华:《论〈四库全书〉的文化与遗产价值》,《首都师范大学学报》2017年第3期,第15页。

全书》的舆论引领、带动中华传统元素重塑中国现代文化的契机。

（四）凝聚世界目光，中华文化金名片——"四库"的时代之义

在信息爆炸的时代，信息已不再是财富，大众的注意力才是财富，谁能抓住社会关注，谁就赢得了财富。《四库全书》申请世界记忆遗产，不仅关乎《四库全书》自身，关乎中华传统文化，更是关乎中国软实力，打造中华文明世界辐射圈的大事。具体来说，以《四库全书》成功申遗为契机，加大国际宣传推广，力促在世界范围内引起中华文化热潮，小则扩大中国文化影响力，彰显中国形象，提高中国文化软实力，大则形成多骨诺米牌效应，引起东亚国家共鸣，掀起儒家文化复兴浪潮，重构中华东亚文化圈，进而打造中华文明世界辐射圈。

三 "四库"申遗的充分必要性

（一）"四库"申遗的必要性

习近平总书记在《习近平关于实现中华民族伟大复兴的中国梦论述摘编》中提到，中国一定要实现中华民族的伟大复兴。中华民族的伟大复兴中不能缺少中华文化的伟大复兴，中华文化在世界范围内复兴既要彰显中华现代文化的光芒，也要凸显中华传统文化的魅力，只有这样才能体现文化"复兴"的意义。2013年，习近平总书记在中央政治局第十三次集体学习时讲到，提高国家文化软实力，要努力展示中华文化的独特魅力。在五千多年文明发展进程中，中华民族创造了博大精深的灿烂文化，要使中华民族最基本的文化基因与当代相适应、与现代社会相协调，以人们喜闻乐见、具有广泛参与性的方式推广开来，把跨越时空、超越国度、富有永恒魅力、具有当代价值的文化精神弘扬起来，把传承优秀文化弘扬时代精神、立足本国又面向世界的当代中国文化创新成果传播出去。在世界范围内宣传中华传统文化必须要有一个"代表作"或者说是中华文化的"拳头产品"，这个"代表作"即《四库全书》，《四库全书》自身的价值足以成为中华传统文化的代表。

（二）《四库全书》申遗的充分性

《四库全书》申遗不仅是必要的，也是完全有把握的。一是《四库全

书》具有极高的文化价值。仅《四库全书》就收录及存目的书籍达 10254 种 172860 卷之巨,这收录的每一本书籍都可以说是中华文化之银河的一颗璀璨之星。二是《四库全书》彰显着民族特色。《四库全书》对中华民族古代社会的各方面都有涉及,处处体现着中华民族特色,其包罗万象,既有古代社会的硬件,如建筑、器物、技术等方面,也有软件,如语言、风俗、思想、政治制度等方面。三是"四库"是世界文化不可或缺的重要部分。中国是四大文明古国之一,中国文化深刻影响并塑造东亚文明、东南亚文明,并在五千年的历史长河中不断向世界其他地区传播文化,影响着世界文明的进程,中国文化在世界文明中具有举足轻重的地位,所以"四库"在世界文化中同样具有重要地位,不可或缺。

综上所述,《四库全书》作为历代儒家经典汇聚的宝库,作为历代史学家心血结晶的汇聚,作为集中国数千年以来各家思想、成果的渊薮,虽然经历了二百多年的洗礼,满目疮痍亟待保护,但是其所蕴含的文化价值,在当代弘扬中华优秀传统文化的阵地上,仍然发挥着重要的作用。提倡《四库全书》申请世界记忆遗产,在寻求国际社会共同参与保护我国这部珍贵的文献遗产的同时,也是我们向世界传播中华优秀传统文化的必然举措,中国文化要与国际接轨,中国文化要走向世界,向全世界展示我们的文化自信,这就需要国际社会了解我国的文化,认可我国优秀文化中蕴含的真谛对世界产生的重要影响。《四库全书》承载着中华五千年的灿烂文明,具备列入《世界记忆遗产名录》所必须的世界性、独特性、杰出性的特征,它是中国封建社会巅峰时期的巅峰之作,它是带动中华传统元素重塑中国现代文化的一个契点,它是中西互动中彰显中华文化自信的一座宝库,它是中华文化参与世界文明构建的一张金名片。

《四库全书总目》研究

纪昀笔记体小说及其写作思想的再认识

吴兆路[*]

摘 要：《四库全书》的总纂官纪昀，晚年主要集中于《阅微草堂笔记》的写作。他对笔记体小说有独特的理解，他继承了晋宋志怪小说的写作理念，重在"表彰风教"，有益于世道人心；同时要求笔记体小说只应记录那些奇异非常之事，不能"诬谩失真"，不能以个人的主观好恶或恩怨私情去颠倒事实，否则就是"为例不纯"。在纪昀看来，笔记体小说同样离不开真情实感的表现，他非常强调情感表现在志怪小说人物事件中的重要性。《阅微草堂笔记》那种只是搜奇志异、以记狐鬼神怪故事为主的特点，真正体现了纪氏对笔记体小说的一种文学解读。

关键词：纪昀；《阅微草堂笔记》；笔记体小说；写作思想

The Novel of Ji Yun and the Reacquaintance of Its Writing Thought

Wu Zhaolu

Abstract：Ji Yun, the chief editor of the *Si Ku Quan Shu*, focuses on the writing of the *Yue Wei Cao Tang Bi Ji* in his old age. He has a unique understanding of the notebook, and he has inherited the writing philosophy of the jin song and his strange novels, which is beneficial to the people of the world, at the same time asked on the matter of the novel should only record the bizarre, cannot "falsely distortion", not on personal subjective preferences or grudges af-

---

[*] 吴兆路，复旦大学中文系教授。

fair to reverse the facts, otherwise it is not pure. In Ji yun's view, the writing fiction is also inseparable from the expression of genuine feelings. He emphasizes the importance of emotional expression in the events of the novel characters. The characteristics of *yueweicaotangbiji*, which are mainly about the strange and strange stories of the fox, really embody the literary interpretation of Ji yun's novels.

Key words: Ji Yun; *Yue Wei Cao Tang Bi Ji*; The Writing Fiction; Writing Ideas

一

《阅微草堂笔记》是纪晓岚晚年精神世界的集中体现。纪昀（1724～1805），字晓岚，又字春帆，又名观奕道人。直隶河间府（今河北沧州）献县崔尔庄人，乾隆年间进士，官至礼部尚书、协办大学士，加太子太保，死后追谥为文达，《四库全书》的总纂官。纪晓岚思想中那种儒家正统观念与开明的治学态度之间的矛盾冲突，生动折射出乾隆时期错综复杂的文化风貌。由于纪晓岚当时特殊的身份，加之为人正直而通达，学识渊博且诙谐，另外他在叙述故事时采用了"追录见闻，忆及即书，都无体例"（《滦阳消夏录·序》）的写实手法，所以，小说对清代中期社会生活的许多方面都有较为深刻的反映。其故事，既有上层社会的故老遗闻、官场百态、人情翻覆、典章考证，也有下层百姓的闾巷琐谈、奇事异闻、医卜星相、神鬼狐魅。这些或雅或俗、亦正亦奇的故事，纵横上下各个角度，反映了当时的社会生活和社会的种种矛盾，也揭示出不同阶层人物的众生相。在文字狱泛滥的清代中期，文人稍有疏忽，动辄得咎。纪昀的《阅微草堂笔记》一书，用直接或间接的办法，暴露社会的阴暗面，指斥道学家的虚伪害人，揭发官场黑暗，抨击不合理现象。这种勇气和胆量，在当时社会形态下实属不易。《阅微草堂笔记》在艺术上形成了自己独特的风格，所以自问世以来，一大批文人墨客争相仿效，如许元仲的《三异笔谈》、俞鸿渐的《印雪轩随笔》、俞樾的《右台仙馆笔记》等，大有淹没《聊斋志异》之势。

《阅微草堂笔记》共24卷1196则，约40万字。该书写于乾隆五十四年（1789）至嘉庆三年（1798）。每一则书前均有作者写的小序，说明各书的写作宗旨、过程和成书时间。《阅微草堂笔记》是纪晓岚十年心血的结晶，又是纪晓岚晚年心灵世界的反映，也从某一个侧面显现出清代中期纷繁复杂的时代文化风貌。嘉庆五年（1800），由纪昀门人盛时彦合刊印行。《阅微草堂笔记》的取材，一是来自纪晓岚本人的亲身经历和耳闻目睹，二是来自他人提供或转述的材料。向他提供素材的，上自达官贵人，下至贩夫走卒，应有尽有，这在书中每一条内都有记载。

纪昀在《槐西杂志》（四）的"倪温，武清人，年未三十而寡"一则中曾有过一段这样的议论："念古来潜德，往往借稗官小说以发幽光。因撮厥大凡，附诸琐录。虽书原志怪，未免为例不纯；于表彰风教之旨，则未始不一耳。"意即：这里之所以要记录一老媪"青年矢志、白首完贞"的普通故事，完全是为了借小说这种形式来宣扬人所未知的功德。其故事内容虽与《阅微草堂笔记》搜奇志异的整体特色不相吻合，但在"表彰风教"的意旨上则完全一致。从中可以得到如下启示：其一，纪氏作如此申述，自然表明他在一般情况下还是比较注重小说的写作要求按"例"写作的；其二，所谓"书原志怪，未免为例不纯"，就不仅揭示了《阅微草堂笔记》以事志怪（异）为主的特色，也道出了这里所谓"例"的具体要求，这就是笔记体小说只应记录那些奇异非常之事。因此在纪氏思想观念中，小说所记录的事情无论多么博杂，通常都必定是奇异的，不奇不异，就"为例不纯"了。由此看出，《阅微草堂笔记》的那种只是搜奇志异、以记狐鬼神怪事体为主的特点，无疑体现了纪氏的这样一种文学观念。

二

纪昀对笔记体小说特性所持的这种认识，在《四库全书总目提要》中也有类似表述。他把小说分为三派，而所论列则袭其旧志。所谓三派："其一叙述杂事，其一记录异闻，其一缀缉琐语也。唐宋而后，作者弥繁，中间诬谩失真，妖妄荧听者，固为不少，然寓劝戒、广见闻、资考证者亦错出其中。班固称'小说家流盖出于稗官'，如淳注谓'王者欲知闾巷风俗，故立稗官，使称说之'。然则博采旁搜，是亦古制，固不必以冗杂废矣。今甄录其近雅驯者，以广见闻，惟猥鄙荒诞，徒乱耳目者，则黜不载焉。"其子部小说类之所以不收《聊斋志异》等书，主要就是他认为该书"猥鄙荒诞，徒乱耳目"，不符合"古制"。正因为如此，纪昀在《阅微草堂笔记》中为使自己的每个故事、事件都给读者真实的印象，于是他的很多笔记中有明确的时间、地点、人物和事件，有时还会在笔记前写上"某某言""某某又言""某先生言""某某为余言"之类，以示真实可靠，是遵循了"实录"原则的。

纪氏所遵循的不"失真"，无非就是要求所记材料的凿然有据和对奇闻逸事的不加任何夸饰的机械复述。《滦阳续录》（六）有一则记录："嗟乎！所见异词，所闻异词，所传闻异词，鲁史且然，况稗官小说？他人记吾家之事，其异同吾知之，他人不能知也。然则吾记他人家之事，据其见闻，或虚或实或漏，他人得而知之，吾亦不得知。""……惟不失忠厚之意，稍存劝惩之旨，不颠倒是非如《碧云骒》，不怀挟恩怨如《周秦行记》，不描摹才子佳人如《会真记》，不绘画横陈如《秘辛》。"这段话充分表明了纪氏对笔记体小说真实性问题的认识。《阅微草堂笔记》所记，尽管有些或许是"虚"的东西，甚至"诬谩失真"，但他自己"不得知"，因为他主观上是本着"真"的原则去记述的。而这个原则也就是对所述故事不作任何的浮夸虚饰和过细描绘，不以个人的主观好恶去颠倒事实，更不允许杂有丝毫的恩怨私情，即所谓"不颠倒是非""不怀挟恩怨""不描摹才子佳人""不绘画横陈"。其实这是纪昀对笔记体小说特性的一种独特理解。

纪晓岚真正追慕的是晋宋时期志怪小说的简洁淡远的风格，是"著书者"的一种情怀，反对滥用"才子之笔"。道光年间的郑开禧在《阅微草堂笔记·序》中就说道："河间纪文达公，久在馆阁，鸿文巨制，称一代手笔。或言公喜诙谐，嬉笑怒骂，皆成文章。今观公所著笔记，词意忠厚，体例谨严，而大旨悉归劝惩，殆所谓是非不谬于圣人者欤！"盛时彦在《姑妄听之》跋文中也曾转引纪氏的这么一段话："小说既述见闻，即属叙事，不比戏场关目，随意装点。……今（《聊斋志异》中）燕昵之词，媟狎之态，细微曲折，摹写如生。使出自言，似无此理，使出作者代言，则何从而闻见之？又所未解也。"纪昀认为《聊斋志异》体例不纯，既有志怪，又有传奇，他对这种体例不纯正小说非常不满。他在《四库全书总目》中声明自己佩服文辞古雅、简淡妙远的陶渊明、刘敬叔、刘义庆，同时他又推崇《论衡》《风俗通义》等杂说，而他的喜好明显地表现在《阅微草堂笔记》的创作上，既有模仿《世说新语》的杂事笔记，又有模仿《续齐谐记》的异闻笔记，还有模仿《论衡》《风俗通义》的杂说笔记，可谓兼收并蓄，如此一来，其实《阅微草堂笔记》也并不是一部体例纯正的文言小说。诚如《四库全书总目》卷一百二十《杂说》云："杂说之源，出于《论衡》。其说或抒己意，或订俗讹，或述近闻，或综古义。后人沿破，笔记作焉。大抵随意录载，不限卷帙之多寡，不分次第之先后。兴之所至，即可成编。"这一表述，仿佛说明纪氏很拘泥于生活事实而极力反对想象、虚构，但事实上，《阅微草堂笔记》所记录的那些狐妖幻化神鬼显形之事，绝对不是现实中能有的。

如果用纪氏的这种近乎生活之真的真实观作标尺来衡量的话，显然不"真"。这样说来，纪氏的创作实践与他的理论主张似乎是矛盾的。其实纪晓岚是就志怪小说而言的，志怪小说是"述见闻"的，又称之为笔记体小说。他认为志怪小说重在叙事，不能"随意装点"；而志人小说是"传记类"，传记类的作品"随意装点"、把人物情景写得生动逼真是可以理解的。其实纪晓岚对志怪小说的认识，在某种程度上也继承了干宝《搜神记·序》中关于"神道之不诬"的观点。我们虽不敢妄言作者笃信鬼神，但在《阅微草堂笔记》中却是有许多事实表明纪氏是持鬼神之论的。所谓"鬼既不虚，神自不妄"[《姑妄听之》（四）]，"案轮回之说，儒者所辟而实则往往有之，前因后果，理自不诬"[《滦阳消夏录》（四）]，等等，均可为据。而且纪氏认为，持神鬼之论对劝善惩恶、巩固社会秩序也是极为有益的。人们只有相信鬼神的存在，才能接受"暗室亏心、神目如电"之类的说教，才会有所畏惧和忌惮。

从《阅微草堂笔记》中我们可以看出，纪氏一方面极力反对小说的"诬漫失真"，另一方面又不得不承认古来一切"稗官杂说"，"大都伪者十八九、真者十一二"；一方面强调所记必须真实有据，另一方面又提出了"稍近事理"的问题；一方面反对"虚妄"，另一方面又叫人们明知其妄言的故事而不要视为"荒诞"，其实纪氏对笔记体小说功用的认识，主要就包含在"寓劝诫、广见闻、资考证、补史缺"之中。虽然在《阅微草堂笔记》中他并没有作过这样明确的归纳，但《阅微草堂笔记》所收录的1196则故事，其用意不外乎这四个方面。

从《阅微草堂笔记》的写作中，我们甚至还可以看出，有时作者济世情怀或"劝诫"之心甚切，往往边叙事边"敷宣妙义"，直接向人们进行说教。如在《滦阳消夏录》（四）的"六合之外，圣人存而不论"一则中，纪氏就大发宏论，告诫人们"祸福有命，死生有数，虽圣贤不能与造物争"。《姑妄听之》(二)中开篇亦有"天下事情,理而已,然情理有时而互妨"等,这诚如其学生盛时彦在《姑妄听之·跋》中所说:"先生诸书,虽托诸小说,而义存劝诫。"《阅微草堂笔记》有"好议论"的特点,其原因正在于此。这也诚如鲁迅先生所言,纪昀是"不安于仅为小说,更欲有益于人心",他"尚质黜华,追踪晋宋……然较以晋宋人书,则《阅微草堂笔记》又过偏于论议"(《中国小说史略》)。相对而言,"广见闻""资考证""补史缺"等作用就不显得那么突出、那么重要了。不过即便处于从属的地位,"广见闻"、"资考证"与"补史缺"也还是纪氏笔记体小说观不可忽视的方面。《阅微草堂笔记》中的许多小故事,也的确起到了拓人眼界、广人见闻、充实学问、启人敏悟、提供考据和补充史料等作用。

三

纪昀不仅在诗文领域重视情感表现,他在笔记小说中也很重视人生真实情怀的抒写。其《冰瓯诗草·序》中曾有"诗本性情者也……夫在天为道,在人为性,性动为情。情之至,由于性之至;至性至情,不过本天而动。而天下之凡有性情者,相与感发于不自知,咏叹于不容已"。其实他在笔记小说中也非常强调情感表现在描写事件人物中的重要性。他在《阅微草堂笔记》中对假道学的抨击和讽刺是不遗余力的。众所周知,纪昀与戴震是肝胆与共的朋友,其实他反对宋明理学家的"存天理、去人欲"的思想就受到戴氏的影响。

《滦阳续录》(五)"饮食男女"条:"饮食男女,人生之大欲存焉。……若痴儿騃女,情有所钟,实非大悖于礼者,似不必苛以深文。余幼闻某公在郎署时,以气节严正自任。尝指小婢配小奴,非一年矣,往来出入,不相避也。一日相遇于庭,某公亦适至,见二人笑容犹未敛,怒曰:'是淫奔也!于律奸未婚妻者,杖!'"这位道学家最后竟然把这一对痴情男女活活折磨而死。纪昀对此深不以为然,他说:"是二人之越礼,实主人有意成之。乃操之以蹙,处置过当,死者之心能干乎?冤魂为厉,犹以于礼不可为词,其斯以为讲学家乎?"

近人情,这是纪昀人生处世和文学写作的归结点。鲁迅在《中国小说史略》中谈及《阅微草堂笔记》时曾指出,纪昀"其处世贵宽,论人欲恕，故于宋儒之苛察，特有违言。书中有触即发，与见于《四库总目提要》中者正等。且于不情之论，世间习而不察者，亦每设疑难，揭其拘迂。此先后诸作家所未有者也"。其《阅微草堂笔记》的确是每每以是否通情达理作为评论人物事件的标准。《如是我闻》（四）"任子田言"条便说道："圣人通幽明之礼，故能以人情知鬼神之情也。不近人情，又乌知《礼》意哉！"纪昀还公开肯定人们正常的情感欲望，《槐西杂志》（一）曾有这样一则记载：

> 交河一节妇建坊，亲串毕集。有表姊妹自幼相谑者，戏问曰："汝今白首完贞矣，不知此四十余年中，花朝月夕，曾一动心否乎？"节妇曰："人非草木，岂得无情？但觉礼不可逾，义不可贞，能自制不得耳。"……梅序论之曰："佛戒意恶，是铲除根本工夫，非上流人不能也。常人胶胶扰扰，何念不生？但有所畏而不敢为……其言光明磊落，如白日青天，所谓皎然不自欺也，又何必讳之！"

很显然，纪昀对王梅的序是持肯定态度的。其理由就是他道出了一切常人情欲，说出了一般人心中的真实。同卷中还有一则很有意思的故事，说的是一少妇先后死了两个丈夫，后决定不再改嫁，其原因乃是为真情所感：

> 沧州医者张作霖言，其乡有少妇，夫死未周岁辄嫁。越两岁，后夫又死，乃誓不再适，竟守志终身。尝闻一邻妇病，邻妇忽瞑目作其前夫语曰："尔甘为某守，不为我守何也？"少妇毅然对曰："尔不以结发视我，三年曾无一肝鬲语，我安得为尔守？彼不以再醮轻我，两载之中，恩深义重，我安得不为彼守？尔不自反，乃敢咎人耶？"鬼竟语塞而退。（《槐西杂志》（一）首则）

这当然不是在宣扬少妇为丈夫守节，而讲的是真情相待在夫妻生活中的重要性。与前夫相处三年"曾无一肝鬲语"，与后夫"两载之中"却"恩深义重"，所以她要为第二个丈夫守节。可见这位少妇把"情"看得多么重要！当然，这同时也说明纪晓岚对"人情"的格外重视，从而与那些假道学所谓的"饿死事小、失节事大"形成了鲜明对比。

纪昀重视抒写真情的文学思想，这在其不少散文创作中也有深刻表现。其《祭四叔母文》中便生动地记叙了他与叔母之间的深厚亲情。作品通过生活中一些具体场景的描述,真切而生动地塑造了一位可亲可敬的叔母形象,抒发了作者对叔母的无限眷念之真情。在如泣如诉的叙谈中,纪昀的一片真情跃然纸上。

四

《阅微草堂笔记》涉及的社会生活领域很广,从文人学士、妓女乞丐,到三教九流、花妖狐魅几乎无所不包。丰富的生活素材,为作家提供了广阔的思维空间。书中有些怪异奇谲的故事,虽然充满了因果报应、祸福天定的迷信思想和忠孝节义的封建伦理道德观念,但也客观而真实地反映了一些清代中叶的人生实相和社会面貌,并触及当时的某些弊端,不仅具有重要的认识价值,而且真实表现了纪昀的一腔济世情怀,也是其笔记体小说思想理论的具体实践。

《阅微草堂笔记》首先涉及的是揭露了封建社会官场的腐朽和黑暗,对社会中某些丑恶现象的辛辣嘲讽和讥刺,如官吏的营私舞弊、贪赃枉法、草菅人命;豪强恶霸横行乡里,无恶不作,为所欲为;有的貌似正人君子,道貌岸然,其实一肚子男盗女娼,卑鄙下流。诸如此类,或直接或间接地反映了那个光怪陆离的时代。卷六《滦阳消夏录》(六) 第十则,就写一个宋某人值薄暮时分在深山岩洞避雨遇鬼的故事。宋某问那鬼"何以居此"时,那鬼回答说:

> 吾神宗时为县令,恶仕宦者货利相攘,进取相轧,乃弃职归田。殁而祈于阎罗,勿轮回人世。遂以来生禄秩,改注阴官。不虞幽冥之中,相攘相轧,亦复如此,又弃职归墓。墓居群鬼之间,往来嚣杂,不胜其烦,不得已避居于此。虽凄风苦雨,萧索难堪,较诸宦海风波,世途机阱,则如生忉利天矣。寂历空山,都忘甲子。与鬼相隔者,不知几年;与人相隔者,更不知几年。自喜解脱万缘,冥心造化。不意又通人迹,明朝当即移居。

这里假借山中那个"鬼隐士"之口,生动地描绘出幽冥世界亦如人间世道,充满了相互倾轧和追名逐利。这反过来正是揭露现实社会群魔乱舞,抨击官场的黑暗腐朽。同卷第二则又云:

其最为民害者，一曰吏，一曰役，一曰官之亲属，一曰官之仆隶。是四种人，无官之责，有官之权。官或自顾考成，彼则惟知牟利，依草附木，怙势作威，足使人敲髓洒膏，吞声泣血。四大洲内，惟此四种恶业至多。

其实，"吏""役""亲属""仆隶"这四类人之所以敢横行不法，为所欲为，完全是狗仗人势，狐假虎威，要么就是受为官之人的纵容唆使，而那些骄横恣肆、飞扬跋扈、欺压百姓的大小官吏才是真正的罪魁祸首。卷十八第二十三则假借冥司官吏之口一针见血地道出官场判案时的秘诀："救生不救死，救官不救民，救大不救小，救旧不救新。"所谓"救生不救死"，最后以至"死者衔冤与否则非所计也"；所谓"救官不救民"，至于"官之枉断与否则非所计也"；所谓"救大不救小"，若"罪归上官"，则"牵累必多"；若"罪归微官"，则"归结较易"。此"而小官之当罪与否则非所计也"；所谓"救旧不救新"，因旧官"有所未了"，关系复杂，而"新官方来"，可以"委卸"，至于"其新官之能堪与否则非所计也"。凡此种种，归结为尽量袒护有权有势的人，而黎民百姓的生死冤苦则可以束之高阁。这里没有公平和正义！没有道德和良心的谴责！对此，《阅微草堂笔记》还有不少生动具体的描绘。

卷十八《姑妄听之》（四）第九则，即写了一个奸猾好色的县吏接到一宗案子：某一人在乡民家被打，原因是"由私调其妇"所致。县吏此时不是秉公办案，而是想入非非，"意其妇必美"，企图以威胁利诱手段达到其奸淫的目的。于是示意说："须其妇潜身自来，方可授方略。"乡民之妻无奈之下想出一计：花钱雇了一名妓女顶替。"越两三日，吏家有人夜叩门。"县吏开门一看，眼前原来是一"鲜妆华服艳妇也"，"问之不答，且行且解衫与帕"。"吏喜过望，引入内室"，"遂相燕婉"。"潜留数日，大为妇所蛊惑，神志颠倒，惟恐不得当妇意"，并为她在城里租了房子，以便朝夕往来。狱解之后，方知此女子原是一名新来的妓女。"呼妓问之，妓乃言吏初欲挟污乡民妻，妻念从则失身，不从则夫死，值妓新来。乃尽脱簪珥赂妓。冒名往，故与吏狎识。"

事实上，官场奸猾好色者有之，贪赃枉法者有之，损人利己、取人之财者亦有之，碌碌无为者更是数不胜数。卷一《滦阳消夏录》（一）第十则就假借冥府来暗喻人世：阎王在点录名单时之所以会对殿前的一个老太婆"改容拱手、赐以杯茗",正为"是媪一生无利己损人心"。"然利己者必损人,种种机械,因是而生;种种冤愆,因是而造;甚至遗臭万年,流毒四海。"及至有一冥吏辩称自己为官时"虽无功,亦无罪",阎罗王明确说道:"公一生处处求自全,某狱某狱,避嫌疑而不言,非负民乎?某事某事,畏烦重而不举,非负国乎?三载考绩之谓何?无功即有罪矣。"在同卷第十八则,纪晓岚还讲到他家乡有一个县吏王某,特"善巧取人财","人计其平生所取,可屈指数者,约三四万金"。《滦阳续录》(二)第二十四则,记述了一个富室的奸巧劣行。一天,富室看到乡里有一新妇长得很漂亮,遂起了邪念,于是"阴遣一媪","百计游说,厚赂其公婆,使以不孝出其妇,约勿使其子知;又别遣一媪与妇家素往来者,以厚赂游说其父母"。"于是买休卖休",两家"俱无迹可寻"。他不久便把新妇骗娶到手。其夫迫于父母,无罪弃妇,怏怏成疾,不久抑郁而死。在这则故事中,作者对富室的机巧奸诈和钱能通神的魔力做了相当深刻的描绘。当然故事本身也宣扬了一定的因果报应思想:这个富室可谓用尽了心计,机关算尽,但没过半年,竟得病不治身亡。正所谓:"恃其钱神,至能驱鬼,心计可谓巧矣,而卒不能逃幽冥之业镜。"卷二十二《滦阳续录》(四)第十九则记载的故事与此相似:河南一巨宦,告老归里,年近古稀,仍好色不减,平时蓄养了多名幼妾。有一老友密叩其虚实,殊不自讳,他说:"吾血气尚盛,不能绝嗜欲。"这正是"直恃其多财,法外纵淫耳"。

《阅微草堂笔记》中还有不少篇章揭示了处于社会下层普通百姓的生活状况及悲惨境遇。作为乾隆皇帝的一个文学侍臣,纪晓岚虽缺乏直面惨淡人生的勇气,但他忠实记录传闻的写作精神及其正义感,在某种程度上也透露了他的是非观念和善恶标准,表现出对社会人生一定的关注情怀。

《滦阳消夏录》(二)第十九则记载了这样一件事:在景城偏西有几个荒坟,看到这几个荒坟便让人想起过去的一件事情。明崇祯末年,河南、山东一带,大旱之年又逢蝗灾,"草根木皮皆尽,乃以人为粮,官吏弗能禁。妇女幼孩,反接鬻于市,谓之菜人。屠者买去,如刲羊豕"。正是荒家之下的这个周姓商人,一天做生意回家,在路上一个餐馆用餐时,正赶上店主人要杀害两个刚买来的女子,"周恻然心动,并出资赎之"。他也因此得到了善报。人们无不盛赞他的善举。卷八《如是我闻》(二)第三十则也有一段类似的记述:"明季,河北五省皆大饥,至屠人鬻肉,官弗能禁。有客在德州、景州间,入逆旅午餐,见少妇裸体伏俎上,绷其手足,方汲水洗涤。其恐怖战悚之状，不可忍视。客心悯恻，倍价赎之。"这类悲惨情景的记载，恐怕并不只是小说家言和明代的事情，实际也是作者所生活的清代社会中普遍存在的社会现实。纪晓岚显然是有意在借古说今，当然这里也表现了纪晓岚对社会下层百姓生活命运的高度关切。在《阅微草堂笔记》中，还有一些是写拐卖妇女的篇章。那些被拐卖的妇女，其悲惨的境遇并不亚于刀俎之下的被宰割者。如卷十二《槐西杂志》（二）第二十五则，便写了一个侍郎夫人对待婢女的残忍暴行："凡买女奴，成券入门后，必引使长跪，先告戒数百语，谓之教导；教导后，即褫衣反接，挞耳鞭，谓之试刑。或转侧，或呼号，挞弥甚。挞至不言不动，格格然如击木石，始谓之知畏，然后驱使。"在那些达官贵人眼里，婢女的地位竟是如此卑下，甚至失去了做人的基本权利。就是在这段记载后面，作者还附了自己的一则见闻，事情就发生在纪昀常去的一个亲戚家："入其内室，见门左右悬二鞭，穗皆有血迹，柄皆光泽可鉴。闻其每将就寝，诸婢一一缚于凳，然后覆之以衾，防其私遁或自戕也。"字里行间，我们深切感受到纪昀对这种虐待婢女的行为是极不赞同的。这与他一向较为通脱、近人情的生活态度不无关系。尤其是晚年的纪晓岚，他一再告诫家人，平时不要盛气凌人，不要浮靡奢华，不要鞭打婢女，等等。作为乾隆年间一位威名显赫的文化大臣，能做到这些确实很不容易。

该书卷二十三《滦阳续录》（五）还讲到过一件既令人心酸又使人深思的事情。河北沧州有一个叫董华的人，穷得无立锥之地。他以卖药卜卦为生，"一母一妻，以缝纫浣濯佐之，犹日不举火"。适逢某年又发生了大饥荒，更使董家雪上加霜，全家人奄奄待毙。就在这时：

> 闻邻村富翁方买妾，乃谋于母，将鬻妇以求活。妇初不从。（董）华告以失节事大，致母饿死事尤大，乃涕泗屈从，惟约以倘得生还，乞仍为夫妇。（董）华亦诺之。妇故有姿，富翁颇宠眷，然枕席时有泪痕。……适岁再饥，（董）华与母并为饿殍。富翁虑有变，匿不使知。有一邻妪偶地之，妇殊不哭，痴坐良久，告其婢媪曰："吾所以隐忍受玷者，一以活姑与夫之故，一以主人年已七十余，度不数年，即当就木；吾年尚少，计其子必不留我，我犹冀缺月再圆也。今则已矣！"突起开楼窗，踊身倒坠而死。

在这则故事里，作者对那名"万不得已而失身"的女子不仅没有丝毫指责之意，反而增添几分同情和理解，真切地揭示了生活在水深火热之中普通百姓的痛苦和煎熬，展现出现实社会民不聊生的惨状。

普通百姓不仅经济生活如此艰难，他们政治上同样也没有地位。就拿打官司来说，若是民告官，即便再有理，也只是枉然。卷九《如是我闻》（三）"从伯君章公言"就讲到这样一件事：一位姓张的人，"尝与邑人约，联名讼县吏。乘马而往，经祖墓前，有旋风扑马首，惊而坠"，回家之后便生了病。迷迷糊糊多天，恍惚中似看到了鬼物。于是请了女巫来禳解。只见此人忽然坐起来，以其亡父的口气说："凡讼无益。使理曲，何可讼？使理直，公论具在，人人为扼腕，是即胜也，何必讼？且讼役讼吏，为患尤大：讼不胜，患在目前；幸而胜，官有来去，此辈长子孙必相报复，患在后日。"老百姓无理自然也不敢去闹公堂，即使有理，也是抱着一种息事宁人的态度，因为不管官司胜负，都潜伏着隐患。所以他们有了冤屈也不敢去申诉，也就是甘心受人奴役。这诚如鲁迅早已说过的，哀莫过于心死。残酷的专制统治和政治压迫，混淆了是非善恶的标准，也摧毁了人们的心灵世界。

《阅微草堂笔记》中还有不少篇章鼓励世人多做善事，莫问前程，行善必有善报。如《滦阳消夏录》（四）：献县史某，佚其名，为人不拘小节，而落落有直气，视龌龊者蔑如也。偶从博场归，见村民夫妇子母相抱泣。其邻人曰："为欠豪家债，鬻妇以偿。夫妇故相得，子又未离乳，当弃之去，故悲耳。"史问："所欠几何？"曰："三十金。""所鬻几何？"曰："五十金，与人为妾。"问："可赎乎？"曰："券甫成，金尚未付，何不可赎！"即出博场所得七十金授之，曰："三十金偿债，四十金持以谋生，勿再鬻也。"夫妇德史甚，烹鸡留饮。酒酣，夫抱儿出，以目示妇，意令荐枕以报。妇颔之，语稍狎。史正色曰："史某半世为盗，半世为捕役，杀人曾不眨眼。若危急中污人妇女，则实不能为。"饮啖讫，掉臂径去，不更一言。半月后，所居村夜火。时秋获方毕，家家屋上屋下，柴草皆满，茅檐秋篱，斯须四面皆烈焰，度不能出，与妻子瞑坐待死。恍惚闻屋上遥呼曰："东岳有急牒，史某一家并除名。"骁然有声，后壁半圮。乃左挈妻，右抱子，一跃而出，若有翼之者。火熄后，计一村之中，爇死者九。邻里皆合掌曰："昨尚窃笑汝痴，不意七十金乃赎三命。"余谓此事见佑于司命，捐金之功十之四，拒色之功十之六。

五　结语

纵观《阅微草堂笔记》，虽然全书所记都是一些篇幅短小的奇异故事，但涉及的内容却相当博杂。这里，既有对人鬼转世的记录，也有对神狐幻化的载述；既有对内地奇闻的引叙，也有对边疆异俗的展示；既有对古代文化和历史遗迹的考证，也有对历史事实的拾缀补充。如此种种，真可谓包罗万象，纵览古今。

《阅微草堂笔记》的这些特色，自然一定程度地反映和体现了纪昀的文学思想主张。在《如是我闻》《槐西杂志》《姑妄听之》以及《滦阳续录》等自序中，纪氏也反复谈到自己"准时拈纸墨，追录旧闻"，"或时有异闻，偶题片纸；或忽忆旧事，拟补前编"，等等。这些谈话也都反映了纪氏对于小说内容之广博与庞杂的孜孜以求。纪氏门人盛时彦对纪氏追求"博""杂"也是看得很清楚的，所以他在《阅微草堂笔记·序》中称其"俶诡奇谲，无所不载；洸洋恣肆，无所不言"。这就不只是对《阅微》特色的一个思想总结，也明确地道出了纪氏在小说内容上是力求其博采旁搜、摭拾繁复的。但也并不是说，纪氏所致力以求的"博"与"杂"就是漫无边际、无所约束的。在纪氏看来，笔记小说所记，除了必须赋予一定社会功能之外，同时又是应该受到一定"例"外限制的。这个"例"，其实就是指笔记体小说所应有的特性。而纪昀小说思想的出发点正是针对笔记体小说，即志怪小说，而不包含志人小说，更不包括其他类型的小说。其实纪晓岚的《阅微草堂笔记》，正是这一文学思想观念的具体实践。

义理与宋学：《四库全书总目》的经世取向

曾圣益[*]

摘　要：清乾隆帝雅好儒学，稽古右文，下诏纂修《四库全书》，意在彰显传统文化之光采丰盛，亦借以劝导士人钻研学术，修身养性，以为教化百姓、经世济民之用。

清初学术以程朱理学为主，康熙朝纂修的典籍展现理学著述在社会伦理的纲纪意义，此教化伦常的学术思潮促使清初社会趋于和谐稳定，奠定康乾盛世的基础。乾隆帝纂修《四库全书》，一方面强调评议汉宋，一方面则推崇汉学，其汉学以考据训诂为主，强调考据为义理之基础。

历来论述纂修《四库全书》及《四库全书总目》者，大抵同意《四库》馆臣虽倡言评议汉宋，实为扬汉抑宋之观点。本文所欲陈述者，在于：《四库》馆臣所论述的宋学，乃义理学之转称，以经世致用为主要内容，实即西汉讲授《五经》大义，用以辅政教化之经学，而非宋儒以道器、理气及心性为主要探讨对象之理学。虽《四库》馆臣赞扬理学加之气节及立身行事之道，但仍全面否定宋明理学之价值。据此，可进一步理解乾隆帝纂修《四库全书》之宗旨，训诂考据虽为治学基础，但经世致用方为其主要目的。

关键词：《四库全书》；汉学；宋学；考据

The Thought and Song Studies: the Goal of Governing the Country in *Si Ku Quan Shu*

Zeng Shengyi

Abstract: Qing Emperor Qianlong liked Confucianism and edited the "*Si

---

[*] 曾圣益，台湾辅仁大学中文系副教授。

Ku Quan Shu", which was used to show the richness of traditional culture. It also persuaded scholars to study academic and self-cultivation and educate the people and govern the country. The classics of Kangxi Dynasty show the meaning of Neo-confucianism in social ethics, and the academic thoughts of this period have made the society tend to be harmonious and stable in the early Qing Dynasty and laid the foundation of Kangxi and Qianlong. In the past, the compilation of the "*Si Ku Quan Shu*" and the "*Si Ku Quan Shu Zhong Mu*", most of the consent of the "four treasuries" library minister, although the recommendations of the Han studies and Song studies.

This article is intended to be stated, is: "Siku" discussed by the Song studies, is the thought of the transfer, to govern the country as the main content, that is, the Western Han studies taught the "Five Classics" righteousness, Rather than Song studies Confucianism to Road, qi and mind as the main object of the study of science. Although the "Si Ku" praised the scholar with the integrity, but still fully denied the value of Song Ming Neo-confucianism. According to this, we can understand the purpose of Qianlong compilation "*Si Ku Quan Shu*", exegesis, although the basis for the study, but the use of the party for its main purpose.

Key words: *Si Ku Quan Shu*; Han Thought; Song Thought; Textual Research

一　前言

乾隆帝下诏纂修《四库全书》，对传统学术的评价，呈现在《四库全书总目》（下略作"四库总目"）中的，是不断地申明"平议汉宋"，以此彰显其兼容并蓄的学术主张。

汉学与宋学、考据学与义理学的差异，《四库总目》在论述中，不时显露其评价。据《四库总目》经部论述，则能显见乾隆帝及四库馆臣借《四库全书》之修纂以贬抑义理崇扬考据，实为推助考据学发展的主要关键。

今人论及经学，常取法《四库总目》，将其简易划分为汉、宋学。汉学以名物制度的考释为主，即所谓考据学；宋学则注重思想的诠释与阐发，申明思想观点，亦即所谓的理学。然细究汉学，西汉注重经典大义，讲究致用，与东汉注重名物训诂究有差异。理学虽为宋明学术特色之总称，但程朱意在阐明事理，以格物致知为修养途径，与陆王强调外物在心而重诚意正心的修养方法，亦有所不同。然此汉分西东，宋分理心的汉宋之学，总归其目的，仍是上辅朝政，下育庶众的经世济民之学。

清代学术的发展，乃以清初顾炎武、孙奇逢等人的学术风格作为代表，亦以顾、孙等人朴实的学术行谊影响清代学术，逐步发展出清代严谨的考据学特色。然顾、孙之经世理念，虽出于理学，但其理想则近于西汉的经世致用之学，注重经济民生及礼乐教化，故非独善其身而已矣。

《四库总目》借评议学术以推阐其价值观念，考据固然是其中要义，而在学术论著之外，特为表彰者，则是士大夫的人品与操守。四库馆臣称赞明清学者之学行时，多推崇其由义理践履而至，则又为宋学无法贬抑之价值所在。

二 义理与考据：《四库总目》论述的基准

汉、宋代学术分途，然治经之要，在于"讲明大义，得立教之精意"，非特名物训诂及考察时地事迹，虽后者为前者之基础，然非可为互为短长者。

清初学术承袭明代，以经学而言，主要承续朱熹学术，朱熹及其门人或后学阐释之经旨，悬为考科者，学者自然依循；朱熹未释而尊崇郑注孔疏者，学者亦循以为据依。① 然《四书》学，启自朱熹，其学延续北宋五子，以阐发天道理气性情为要，非以名物制度之考据为先。与名物制度诠

---

① 《四库全书总目》（影印乾隆六十年浙江杭州本，以下征引，均此版本），于《周礼注疏删翼》提要云："《周礼》一书，得郑《注》而训诂明，得贾《疏》而名物制度考究大备。后有作者，弗能越也。周、张、程、朱诸儒，自度征实之学必不能出汉唐上，故虽盛称《周礼》，而皆无笺注之专书。其传于今者，王安石、王昭禹始推寻于文句之间；王与之始脱略旧文，多集新说；叶时、郑伯谦始别立标题，借《经》以抒议。其于《经》义，盖在离合之间。于是考证之学渐变为论辨之学，而郑、贾几乎从桃矣。志长此书，亦多采宋以后说，浮文妨要，盖所不免。而能以《注》、《疏》为根柢，尚变而不离其宗。且自朱申以后，苟趋简易，以《叙官》为无用而删之，《经》遂有目无纲。俞庭椿、邱葵以后，又多骋臆见，窜乱五官，以补《冬官》之亡，《经》遂更无完简。沿及明代，弥逐颓波，破碎支离，益非其旧。"中华书局，1987。

释之汉儒截然有别,《四库总目》于《诗童子问》提要称:"盖义理之学与考证之学分途久矣。广作是书,意自有在,固不以引经据古为长也。"① 既义理、考据二分,各有所用,则互为褒贬,实为无义。然经学传自秦汉,多古语古事古地,非考据难以辨明,故《四库总目》又明显以考据为义理之先基,《经稗》提要:

> 汉代传经,专门授受,自师承以外,罕肯旁征。故治此经者,不通诸别经。即一经之中,此师之训故,亦不通诸别师之训故。专而不杂,故得精通。自郑玄淹贯六艺,参互钩稽,旁及纬书,亦多采摭。言考证之学者自是始。
>
> 宋代诸儒,惟朱子穷究典籍,其余研求经义者,大抵断之以理,不甚观书。故其时博学之徒,多从而探索旧文,网罗遗佚,举古义以补其阙。于是汉儒考证之学,遂散见杂家笔记之内。宋洪迈、王应麟诸人,明杨慎、焦竑诸人,国朝顾炎武、阎若璩诸人,其尤著者也。
>
> 夫穷经之要在于讲明大义,得立教之精意,原不以搜求奇秘为长。然有时名物训诂之不明,事迹时地之不考,遂有凭臆空谈,乖圣人之本旨者。②

《四库总目》明显以汉学为主,汉学包含西汉的今文经学,以师说家法为主要传授的方式,重视微言大义及政治运用,及东汉参互勾稽,以为考订证实的解经方式。《总目》所推崇的汉学,专指郑玄"淹贯六艺,参互钩稽"的考证之学。

《总目》所称的宋学,包含宋以后元、明及清之学,主要在于肯定朱熹之穷究典籍,③ 兼有义理、考据之长,既为宋学代表学者,亦有汉儒之风。学风近似之学者,则以洪迈、王应麟、杨慎、焦竑、顾炎武、阎若璩等为代表。余则以理论断,不甚观书;不观书自无勾稽采摭、征实考证之可能。自元代科举考试以朱熹经注作为主要依据,元明至清初学者读书论述,很难超出程朱之说,故明代多有专为程试而编撰之论著,④ 此被四库

---

① 《四库全书总目》卷15,第125页。
② 《四库全书总目》卷33,第278页。
③ 《近思录》提要云:"然朱子之学,大旨主于格物穷理,由博反约,根株《六经》,而参观百氏,原未暖暖姝姝守一先生之言。"卷92,第780页。
④ 《尚书义疏提要》:"是编亦高头讲章之类,抄本缀以圈点,其体段皆类时文。"

馆臣视为经学衰弊的根本原因。①

《四库总目》虽崇汉抑宋，但尊崇朱熹学术，《易经蒙引提要》云：

> 是书专以发明朱子《本义》为主，故其体例以《本义》与《经》文并书。但于《本义》每条之首加一圈以示别，盖尊之亚于《经》也。然实多与《本义》异同。……其他不肯委曲附和，大率类此。朱子不全从程《传》，而能发明程《传》者莫若朱子。清不全从《本义》，而能发明《本义》者莫若清。醇儒心得之学，所由与争门户者异欤！②

又仍续蔡清之学，阐发朱熹说，林希元《易经存疑》，《总目》云：

> 其解经一以朱子《本义》为主，多引用蔡清《蒙引》。故杨时乔《周易古今文》谓其继《蒙引》而作，微有异同。其曰《存疑》者，洪朝选《序》谓其存朱子之疑以羽翼程、朱之《传》、《义》也。……盖其书本为科举之学，故主于挑汉而尊宋。然研究义理，持论谨严，比古经师则不足，要犹愈于剽窃庸肤为时文弋获之术者。盖正、嘉以前儒者犹近笃实也。③

《四库总目》标榜汉学，强调"诂训不明而欲义理之不谬，无是事矣。"然又推崇朱熹，以其兼有汉宋学风之故，其后发明朱熹学，羽翼程朱，研究义理者，则多赞扬。以此则可知四库馆臣所贬抑之"宋学"，一则以理解经，歧出朱熹学之外，所谓自出胸臆者，二则以天道心性释理，即所谓玄虚之风。

三 宋学与《四库总目》经部义理之学

儒学与经学，在学术上本不分家，司马谈《论六家要旨》称儒者"以六艺为法"。六艺经传以千万数，累世不能通其学，当年不能究其礼，故曰"博而寡要，劳而少功。若夫列君臣父子之礼，序夫妇长幼之别，虽百家弗能易也。"④意即研读六经载籍者为儒者，亦即儒家，此观点承续庄

---

① 《诗经正义提要》："是书不载《经》文，但标章名节目，附以己说，颇为舛陋。……全为时文言之也，经学至是而弊极矣。"
② 《四库全书总目》卷5，第28页。
③ 《四库全书总目》卷5，第29页。
④ （汉）司马迁：《史记》卷130，中华书局，1965，第3290页。

子、荀子、韩非子各家说法，即经学、儒学为一。经学家与儒家之分，在于刘歆《七略》及班固《汉书·艺文志》将图籍分为《六艺略》及《诸子略》，《诸子略·儒家类》称：

> 儒家者流，盖出于司徒之官，助人君顺阴阳明教化者也。游文于六经之中，留意于仁义之际，祖述尧舜，宪章文武，宗师仲尼，以重其言，于道最为高。孔子曰："如有所誉，其有所试。"唐虞之隆，殷周之盛，仲尼之业，已试之效者也。然惑者既失精微，而辟者又随时抑扬，违离道本，苟以哗众取宠。后进循之，是以五经乖析，儒学浸衰，此辟儒之患。①

非常清楚地说明儒家与《六经》之关系，而儒家著录之书，不入于《六艺》而入于儒家者，在于"失其精微""远离道本"，亦即因其论述，重在阐发所见，自抒所得者为儒家，故称之为"六艺之支与流裔"。然其传记，则经学家仍入于《儒林传》，可见经、儒二者本未可确分。其后各家书录大抵据此著录图籍，而儒家之学遂为经学之末流。

宋代经学经历六朝玄学、隋唐佛学之后，远续六朝义疏之学，其释经方式，在名物训诂制度之外，特重视心性义理之阐发，于是有"道学"之称，《宋史·道学传》论云：

> "道学"之名，古无是也。三代盛时，天子以是道为政教，大臣百官有司以是道为职业，党、庠、术、序师弟子以是道为讲习，四方百姓日用是道而不知。是故盈覆载之间，无一民一物不被是道之泽，以遂其性。于斯时也，道学之名，何自而立哉！
>
> 文王、周公既没，孔子有德无位，既不能使是道之用渐被斯世，退而与其徒定礼乐，明宪章，删《诗》，修《春秋》，赞《易象》，讨论《坟》、《典》，期使五三圣人之道昭明于无穷。故曰："夫子贤于尧、舜远矣。"孔子没，曾子独得其传，传之子思，以及孟子，孟子没而无传。两汉而下，儒者之论大道，察焉而弗精，语焉而弗详，异端邪说起而乘之，几至大坏。
>
> 千有余载，至宋中叶，周敦颐出于舂陵，乃得圣贤不传之学，作

---

① （汉）班固：《汉书》卷30，中华书局，1965，第1728页。

《太极图说》、《通书》，推明阴阳五行之理，命于天而性于人者，了如指掌。张载作《西铭》，又极言理一分殊之旨，然后道之大原出于天者，灼然而无疑焉。仁宗明道初年，程颢及弟颐实生，及长，受业周氏，已乃扩大其所闻，表章《大学》、《中庸》二篇，与《语》、《孟》并行，于是上自帝王傅心之奥，下至初学入德之门。融会贯通，无复余蕴。①

道学以孔子、曾子、子思与孟子为宗，其学出自孔子删述之经，阐述性命天道之理，用于政教有司，实即儒学，其谓"于是上自帝王傅心之奥，下至初学入德之门。融会贯通，无复余蕴"。评价不可谓不高，而道学家之著述，释经为主著录于经部各类，阐发性理者，则著录于《子部·儒家类》中。②如此显然，《宋史·艺文志》儒家类中著录之性理著作，并非如《汉书·艺文志》儒家类所谓"失其精微"之书，反而是得其精微者。

"心性义理"的阐发，既然是宋代儒学的特色，则称义理学为宋学诚属合宜，《四库全书总目》中涉及的宋学均可以如此理解。《四库总目》各类叙中虽不断强调"平议汉宋"，③然其内涵为推崇汉学，贬抑宋学，几乎为今日学术界评论《四库总目》之定论。④

《四库全书》总纂纪昀，于其《阅微草堂笔记·滦阳消夏录》于汉宋学之评价云：

夫汉儒以训诂专门，宋儒以义理相尚，似汉学粗而宋学精。然不明训诂，义理何由而知？概用诋排，视犹土苴，未免既成大辂，追斥椎轮，得济迷川，遽焚宝筏。于是攻宋儒者，又纷纷而起故。余撰

---

① （元）脱脱：《宋史》卷427，中华书局，1977，第12709~12710页。
② 如张载《正蒙书》十卷又《杂述》一卷，《程颐遗书》二十五卷，《语录》二卷，《近思录》十四卷（朱熹、吕祖谦编类周敦颐、程颐、程颢、张载等书），《外书》十二卷（程颢、程颐讲学），邵雍《渔樵问对》一卷，祝禹圭《东西铭解》一卷。见《宋史》卷205。
③ 《四库全书总目·经部总叙》："要其归宿，则不过汉学、宋学两家互为胜负。夫汉学具有根柢，讲学者以浅陋轻之，不足服汉儒也。宋学具有精微，读书者以空疏薄之，亦不足服宋儒也。消融门户之见而各取所长，则私心袪而公理出，公理出而经义明矣。盖经者非他，即天下之公理而已。今参稽众说，务取持平，各明去取之故。"中华书局，1987，第1页。
④ 详见夏长朴《〈四库全书总目〉与汉宋之学的关系》，《故宫学术季刊》卷23，第2期。

《四库全书·诗部总叙》，有曰："宋儒之攻汉儒，非为说经起见也，特求胜于汉儒而已。后人之攻宋儒，亦非为说经起见也，特不平宋儒之诋汉儒而已。"韦苏州诗曰："水性自云静，石中亦无声。如何两相激，雷转空山惊。"此之谓矣。

　　平心而论，《易》自王弼始变旧说，为宋学之萌芽，宋儒不攻；《孝经》词义明显，宋儒所争，只今文古字句，亦无关宏旨，均姑置勿议；至《尚书》、三礼、三传、《毛诗》、《尔雅》诸注疏，皆根据古义，断非宋儒所能；《论语》、《孟子》，宋儒积一生精力，字斟句酌，亦断非汉儒所及。

　　盖汉儒重师傅，渊源有自；宋儒尚心悟，研索易深。汉儒或执旧文，过于信传；宋儒或凭臆断，勇于改经。计其得失，亦复相当。

　　唯汉儒之学，非读书稽古，不能下一语；宋儒之学，则人人皆可以空谈。其间兰艾同生，诚有不厌餍人心者，是嗤点之所自来。此种虚构之词，亦非无因而作也。①

考纪昀之意，经义阐发，《周易》《孝经》，汉宋并无争胜，《尚书》《三礼》《三传》《尔雅》则汉儒胜，《论语》《孟子》则宋儒胜，而其释解，各有所限，故"计其得失，亦复相当"。总结而言则谓："汉儒之学，非读书稽古，不能下一语；宋儒之学，则人人皆可以空谈。"此结论实非关经说学术之可信，在于治学态度耳。盖汉儒不信古文经，非其空谈，而在于非传自孔门。汉末学者讥言秦恭，在于其牵援轇轕，遂失本旨，而与空言无异。

《四库总目》于各经著述之评价，确如前揭纪昀之观点，《易》以义理为主，语多赞同，如《童溪易传提要》云：

　　盖弼《易》祖尚玄虚以阐发义理，汉学至是而始变。宋儒扫除古法，实从是萌芽。然胡、程祖其义理，而归诸人事，故似浅近而醇实。②

胡为胡瑗，程即程颐，《四库总目》称其阐发义理，而不祖尚玄虚，显见易学为正，综观《四库总目》评论易学著述，涉及义理者，大抵据此

---

① 见《阅微草堂笔记·滦阳消夏录》，《纪晓岚文集》第 2 册，河北教育出版社，1995，第 11 页。
② 《四库全书总目》卷 3，第 15 页。

原则。所谓汉学者,乾嘉学术中吴派代表惠栋《易汉学》,《提要》云:

> 夫《易》本为卜筮作,而汉儒多参以占候,未必尽合周、孔之法。然其时去古未远,要必有所受之。栋采辑遗闻,钩稽考证,使学者得略见汉儒之门径,于《易》亦不为无功矣。孟、京两家之学,当归术数。然费氏为象数之正传,郑氏之学亦兼用京、费之说,有未可尽目为谶纬者,故仍列之《经部》焉。

《总目》称《易》虽为卜筮之作,然汉儒之占候不尽合于周孔之道,价值在于借以考见汉儒象数易学门径。

《四库总目》所论述之义理,盖即日用伦常之理,即胡瑗、程颐论《易》之方式,而非宋儒理气、心性之道,其于《楚蒙山房易经解提要》论云:

> 不废象数而不为方技、术数之曲说,不废义理而不为理气、心性之空谈,在近日说《易》之家,犹可云笃实近理焉。①

将义理与理气、心性分别,显示其对经说主实用之立场,而以道学家所阐发之理气心性,视为无谓也。其于经学著述,据此评骘其得失,《礼记义疏提要》云:

> 《周官》、《仪礼》皆言礼制,《礼记》则兼言礼意。礼制非考证不明,礼意则可推求以义理,故宋儒之所阐发,亦往往得别嫌明微之旨。此编广摭群言,于郊社、乐舞、裘冕、车旗、尊彝、圭瓒、燕饮、飨食以及《月令》、《内则》诸名物,皆一一辨订。即诸子轶闻、百家杂说可以参考古制者,亦详征博引,曲证旁通。而辨说则颇采宋儒,以补郑《注》所未备。其《中庸》、《大学》二篇,陈澔《集说》以朱子编入《四书》,遂删除不载,殊为妄削古经。今仍录前文,以存旧本。惟章句改从朱子,不立异同,以消门户之争。盖言各有当,义各有取,不拘守于一端,而后见衡鉴之至精也。
>
> 至于御纂诸经,《易》不全用程《传》、《本义》,而仍以程《传》、《本义》居先。《书》不全用蔡《传》,而仍以蔡《传》居先;

---

① 《四库全书总目》卷6,第43页。

《诗》不全用朱《传》,而仍以朱《传》居先;《春秋》于胡《传》尤多所驳正刊除,而尚以胡《传》标题,列三《传》之次。惟《礼记》一经,于陈浩《集说》仅弃瑕录瑜,杂列诸儒之中,不以冠首。仰见睿裁精审,务协是非之公。尤足正胡广等《礼记大全》依附门墙,随声标榜之谬矣。①

《提要》中说明《礼记义疏》之编辑要旨,可以显名物制度之考据,以汉儒为主,而经义阐发,则颇采宋儒之说,以乾隆朝纂修之《七经义疏》为例,更说明所谓义理学(即宋学)在官修经解中之地位。

《四库总目》重汉学,其观念在于"先有汉儒之训诂,乃能有宋儒之义理,相因而入,故愈密愈深"。②且"诂训不明而欲义理之不谬,无是事也",③而经学既以经济为宗旨,则其人伦义理之阐发,则又不能弃而不论。

以《四库总目》评议之义理学,要之有显见之缺失:

1. 祖尚玄虚。王宗传《童溪易传》,提要:
宗传及简祖其玄虚,而索诸性天,故似高深而幻眇。④
2. 专言心性,疏离事物。《日讲易经解义》,提要:
大旨在即阴阳往来、刚柔进退,明治乱之倚伏、君子小人之消长,以示人事之宜,于帝王之学,最为切要。儒者拘泥章句,株守一隅,非但占验机祥,渐失其本,即推奇偶者言天而不言人,阐义理者言心而不言事,圣人立教,岂为是无用之空言乎?⑤
3. 妄意牵和。《易问笺》,提要:
大抵以意推衍,泛言义理,而多有牵合之病。⑥
4. 失之蔓衍。《四书讲义》,提要:
其说皆随文阐意,义理异同之处亦间有论辨。持论颇醇,而不免

---

① 《四库全书总目》卷21,第172页。
② 《四库全书总目·六家诗名物疏提要》,卷16,第129页。
③ 《四库全书总目·四书参注提要》,卷37,第318页。
④ 《四库全书总目》卷3,第15页。
⑤ 《四库全书总目》卷6,第34页。
⑥ 《四库全书总目》卷7,第52页。

失之曼衍。①

5. 苛责推求。此以《春秋》著述为甚。王樵《春秋辑传》，提要论云：

> 明人之说《春秋》，大抵范围于胡《传》。其为科举之计者，庸滥固不足言。其好持议论者，又因仍苟说，弥用推求，巧诋深文，争为刻酷，尤失笔削之微旨。②

《四库总目》经部以汉宋学粗分经学大概，而崇汉学，议宋学，可谓明显，然汉、宋学虽分途而治，其最终目的，在于"讲明大义，得立教之精意"，并据以立身行事，则汉、宋学者所不能去。宋明学者治经本为诚正修齐之践履而作，于名物制度之训诂，一如西汉学者，求其大义耳。而其学行，则于学思语录中呈现，故欲考察宋明以后之学术，至于清代学者儒学，若以经部义理相关著作为主要对象，则不易窥见其全貌。盖其言行语录，多著录于《子部·儒家类》及相关文集中。

四 晚明空疏玄虚之义理

明代学术以义理学为主，然明代历二百八十余年，学术风气自非一成不变，《四库总目》大致以隆庆、万历为界，前多承袭宋元征实之风，后则沦为蹈空虚无。何楷《古周易订诂》，《总目》云：

> 楷之学，虽博而不精。然取材宏富，汉晋以来之旧说，杂采并陈，不株守一家之言。又辞必有据，亦不为悬空臆断、穿凿附会之说，每可以见先儒之余绪。明人经解，空疏者多，弃短取长，不得已而思其次，楷书犹足备采择者，正不可以驳杂废矣。③

朱善《诗解颐》提要：

> 《明史》载其引据往史，驳律禁姑舅、两姨为婚之说，极为典核。知其研思典籍，具有发明。盖元儒笃实之风，明初尤有存焉，非后来

---

① 《四库全书总目》卷37，第310页。
② 《四库全书总目》卷28，第231页。
③ 《四库全书总目》卷5，第33页。

空谈高论者比也。①

又如王樵《春秋辑传》，《总目》云：

> 其《辑传》以朱子为宗，博采诸家，附以论断，未免或失之冗，然大旨犹为醇正。其《凡例》则比类推求，不涉穿凿，较他家特为明简。明人之说《春秋》，大抵范围于胡《传》。其为科举之计者，庸滥固不足言。其好持议论者，又因仍苛说，弥用推求，巧诋深文，争为刻酷，尤失笔削之微旨。樵作此书，差为笃实。其在当日，亦可云不移于俗学者矣。②

《四库总目》评议宋元以后学者之著作，并非全以考据学为标准，故对于明代征实之著作，亦多予肯定者。且宋元学者亦为多依循汉代经说，如明代李先芳《读诗私记》，《总目》云：

> 所释大抵多从毛、郑，毛、郑有所难通，则参之吕氏《读诗记》、严氏《诗缉》诸书。……盖不专主一家者，故其议论平和，绝无区分门户之见。……虽援据不广，时有阙略，要其大纲，则与凿空臆撰者殊矣。③

汉宋学评价方式之差异既已分辨，《四库总目》对明代学术之非议者，主要在于晚明，即万历以后，阳明学盛行后之晚明学术，其论者或拘于文句，或为蹈空之说，前者受制于科举，后者主要为阳明学术之影响。李塨《周易传注》提要：

> 然明自隆、万以后，言理者以心学窜入《易》学，率持禅偈以诂《经》，言数者奇偶与黑白递相推衍，图日积而日多，反置象占辞变，吉凶悔吝于不问。其蠹蚀经术，实弊不胜穷。④

又《易义古象通提要》云：

---

① 《四库全书总目》卷16，第128页。
② 《四库全书总目》卷28，第228页。
③ 《四库全书总目》卷16，第129页。
④ 《四库全书总目》卷6，第40页。

> 明自万历以后经学弥荒，笃实者局于文句，无所发明；高明者骛于玄虚，流为恣肆。①

又如《广易筌》，《总目》云：

> 自宋李光、杨万里以来，多以史事证《易》义，瑞钟是书，盖亦是意。然逐卦逐爻务求比例，牵强既所不免，且于当代时事概行阑入，尤为驳杂。造语遣词，亦多涉明季纤佻之习。盖沿李氏、杨氏之余波而失之泛滥者也。②

明末学风，自为四库馆臣所不取，纤佻之习、心学横流皆为其要者，《总目》称"明末心学横流，大抵以狂禅解《易》"，③而此所涉及者不仅是经学论述，还有社会情况及文化风尚的整体反应，如《诗经偶笺提要》云：

> 然《诗》道至大而至深，未可以才士聪明测其涯际，况于以竟陵之门径掉弄笔墨，以一知半解训诂古经……盖钟惺、谭元春诗派盛于明末，流弊所极，乃至以其法解经。《诗归》之贻害于学者，可谓酷矣。④

此风至清初仍有延续者，如王承烈《复庵诗说》，《总目》评其书曰：

> 是书奉朱子《诗集传》为主，以攻击毛、郑。其菲薄汉儒无所不至，惟淫诗数篇稍与朱子为异耳。盖扬辅广诸人之余波，而又加甚焉者也……是又岐入钟、谭论《诗》之门径矣。⑤

此类著述，仅见于晚明，为明代学术思想及文学环境影响经学之特例，至清代则有所转变。

若以宋学立身论明代学术，则另有可观之处，如章懋《枫山语录》，《总目》云：

---

① 《四库全书总目》卷5，第31页。
② 《四库全书总目》卷8，第65页。
③ 陈际泰：《周易翼简捷解》提要语，《四库全书总目》卷8，第66页。
④ 《四库全书总目》卷17，第143页。
⑤ 《四库全书总目》卷18，第146页。

其学术政治虽人人习见之理，而明白醇正，不失为儒者之言。艺文诸条，持论亦极平允，不似讲学家动以载道为词。其评骘人物，于陈献章独有微词。则懋之学主笃实，而献章或入玄虚也。然献章出处之间，稍有遗议。而懋人品高洁，始终负一代重望，则笃实鲜失之明验矣。又谓胡居仁不适于用，似亦有见。惟推尊吴与弼太过，则颇有所不可解耳。①

此类评论，亦见于刘宗周，《圣学宗要》提要云：

宗周生于山阴，守其乡先生之传，故讲学大旨，多渊源于王守仁。盖目染耳濡，其来有渐。然明以来讲姚江之学者，如王畿、周汝登、陶望龄、陶奭龄诸人，大抵高明之过，纯涉禅机。奭龄讲学白马山，至全以佛氏因果为说，去守仁本旨益远。宗周独深鉴狂禅之弊，筑证人书院，集同志讲肆，务以诚意为主，而归功于慎独。其临没时，犹语门人曰：为学之要，一诚尽之，而主敬其功也云云。盖为良知末流深砭痼疾，故其平生造诣，能尽得王学所长，而去其所短。卒之大节炳然，始终无玷，为一代人伦之表。虽祖紫阳而攻金溪者，亦断不能以门户之殊，并诋宗周也。知儒者立身之本末，惟其人，不惟其言矣。②

可见《四库总目》之汉学、宋学仅是对经学之阐释方式而言，并非对传统学术的综合评论方式，对朱熹学、王守仁之学术，及学者之立身与人品道德，均为推重，③ 此于清初儒学论述，更见其观点。

五 清初学风与征实根柢之转变

明代学术既无足堪取，然清初学术，系承续明代逐步转化，故其学术仍多纷乱不经，且多无根柢高论之说，其又以经学论述为甚，此观《四库

---

① 《四库全书总目》卷93，第791页。
② 《四库全书总目》卷93，第794页。
③ 相近之论述，尚见于黄道周《榕坛问业提要》卷九三："其大旨以致知明善为宗，大约左袒考亭而益加骏厉。书内所论，凡天文、地志、经史、百家之说，无不随问阐发，不尽作性命空谈。盖由其博洽精研，靡所不究，故能有叩必竭，回应不穷。虽词意间涉深奥，而指归可识，不同于禅门机栝，幻眚无归。先儒语录，每以陈因迂腐为博学之士所轻，道周此编，可以一雪斯消矣。"第794页。

《全书总目》各经存目所录书,均有半数属于清人著述,其中不乏"以意推求"之书,① 可见清初学术其非如乾嘉考据所论云之严谨征实,兹举《四库总目》对《诗》《礼》《春秋》各类数家著作之评论以为论:

孙承泽《诗经朱传翼》,《总目》云:

> 承泽有《尚书集解》,已著录。承泽初附东林,继降闯贼,终乃入于国朝。自知为当代所轻,故末年讲学,惟假借朱子以为重。独此编说《诗》则以《小序》、《集传》并列,而又杂引诸说之异同。窥其大意,似以《集传》为未惬,而又不肯讼言,故颟顸模棱,不置论断;纷纭糅乱,究莫名其指归。首鼠两端,斯之谓矣。

阎若璩《毛朱诗说》,《总目》云:

> 若璩有《古文尚书疏证》,已著录。是书论《小序》为不可尽信,而朱子以《诗》说《诗》为矫枉过正,皆泛论两家得失,非章句训诂也。所引《尚书》、《左传》以为《诗》之本《序》,诚为确凿,其余则多悬揣臆断之词,不类若璩他著作。未喻其故也。

叶酉《诗经拾遗》,《总目》云:

> 是书专以《诗》之次第立说,分《正编》、《附编》、《余编》,不取《小序》,并不取《左传》。以季札观乐所列诸国不足信,而断以"左氏失之诬"一语。以《木瓜》美齐桓为穿凿悖谬,而断以"五尺童子羞称五霸"一语。又以《雅》、《颂》分什为毛、郑之可笑,而分合其数篇,别为编次。盖汉以来相传之古《经》,自酉而一变其例矣。

黄宗羲《深衣考》,《总目》云:

> 其说大抵排斥前人,务生新义……宗羲经学淹贯,著述多有可传。而此书则变乱旧诂,多所乖谬。以其名颇重,恐或贻误后来,故

---

① 如:《书经参义》,提要称其书:"考蔡《传》自南宋以来,即多异议,原非一字不刊之典。然兆锡所改,大抵推求字句,以意窜定,未能确有考证也。"《书经提要》卷一四:"是书体例亦不录《经》文,但标举字句,杂采诸家之说而以己意融贯。然大抵推求文义之学。"第117页。

摘其误而存录之，庶读者知所决择焉。

方苞《礼记析疑》，《总目》云：

　　苞有《周官集注》，已著录。是书亦融会旧说，断以己意。……朱子改《大学》、刊《孝经》，后儒且有异同。王柏、吴澄窜乱古经，则至今为世诟厉矣。苞在近时，号为学者，此书亦颇有可采。惟此一节，则不效宋儒之所长，而效其所短，殊病乖方。今录存其书，而附辨其谬于此，为后来之炯戒焉。

方苞《周官析疑提要》，《总目》云：

　　苞乃力诋《经》文，亦为勇于自信。盖苞徒见王莽、王安石之假借《经》义以行私，故鳃鳃然预杜其源，其立意不为不善，而不知弊在后人之依托，不在圣人之制作。曹操复古九州岛以自广其封域，可因以议《禹贡》冀州失之过广乎！

刘青芝《周礼质疑》，《总目》云：

　　国朝撰。青芝有《学诗阙疑》，已著录。是书摘《周礼》旧注及前人经训互相参证，间亦取后代之事以引伸其义，颇与郑、贾为难，然臆断多而考证少。宋儒事事排汉儒，独三《礼》注疏不敢轻诋，知礼不可以空言说也。青芝视之太易矣。

毛奇龄《丧礼吾说篇》，《总目》云：

　　奇龄说经，好立异义，而颠舛乖谬，则莫过于是书。大旨以子夏《丧服传》为战国以后人伪作，故逐条攻击，务反其说。其叛经之尤者，如谓丧服有齐衰无斩衰。……今奇龄谓禫后服缦冠素端者凡十月，与《经》义无一相合。岂先王制礼之意乎？其他若谓父在为母不当期年，父母不当为长子三年，皆据律以议《经》。至谓本生父母不当降在期服，传重者不必嫡孙，则不特叛《经》，且背律矣。岂非恃其博洽，违心巧辨哉？

孙自务《读礼窃注》，《总目》云：

自务甚推此说，亦轻信也。观其篇首叙所见礼家诸书，寥寥无几。盖皆据理推测，而以意断制之耳。

万斯大《学春秋随笔》，《总目》云：

其学根柢于三《礼》，故其释《春秋》也，亦多以《礼》经为据，较宋元以后诸家空谈书法者有殊。然斯大之说《经》，以新见长，亦以凿见短。……至以仲子为惠公嫡配，孟任为庄公元妃，以叔姬归于纪为归于纪季，则尤不根之论，全凭意揣者矣。

以上各家，包含清初黄宗羲、万斯大、方苞、阎若璩、毛奇龄等清代经学代表人物，然其说均有臆测不根，以意断制之弊。然此学风在清初经历学者之体察省思，逐渐有所转变，《四库总目》于此特为推崇，如陈启源《毛诗稽古编》，《总目》论云：

启源此编，则训诂一准诸《尔雅》，篇义一准诸《小序》，而诠释《经》旨，则一准诸毛《传》，而郑《笺》佐之。……其间坚持汉学，不容一语之出入，虽未免或有所偏。然引据赅博，疏证详明，一一皆有本之谈。盖明代说经，喜骋虚辨。国朝诸家，始变为征实之学，以挽颓波。古义彬彬，于斯为盛。此编尤其最著也。

此征实之学，与乾嘉盛行之酊饾考据不同，仍以义理致用为主，此特为《四库总目》所推崇者，如刁包《易酌》，《总目》云：

是书用注疏本，以程《传》、《本义》为主。虽亦偶言象数，然皆陈抟、李之才之学，非汉以来相传之法也。……考包在国初，与诸儒往来讲学，其著书一本于义理，惟以明道为主，绝不为程试之计。是书推阐《易》理，亦大抵明白正大，足以羽翼程、朱，于宋学之中实深有所得。以为科举之书，则失包之本意多矣。

又晏斯盛《楚蒙山房易经解》，《总目》论云：

然不废象数而不为方技、术数之曲说，不废义理而不为理气、心性之空谈，在近日说《易》之家，犹可云笃实近理焉。

此将"象数"与"方技""术数""义理"与"理气""心性"相对照，则知《四库总目》对宋学内涵，与后世探讨之理学，实有不同，其所谓义理学，殆指西汉应世实用之学，故其于李光地《周易观彖》之提要称其：

> 盖尊信古经，不敢窜乱，犹有汉儒笃守之遗。其大旨虽与程、朱二家颇有出入，而理足相明，有异同而无背触也。

此类均清初经学之重要著作所极力推崇之征实之学，一方面推崇其以阐明道理为主，另一方面则将理气及心性排除于义理之外。

盖清初学术风气，重朱熹，顺治、康熙、雍正至乾隆年间，前后颁布《御定资政要览》《圣谕广训》《庭训格言》《御制日知荟说》《御定孝经衍义》《御纂性理精义》《御纂朱子全书》《御定执中成宪》《御览经史讲义》各书，其宗旨则强调"圣人之道统，惟圣人能传之；圣人之治法，亦惟圣人能述之，非可以强而及"及张载"为天地立心，为生民立命，为往圣继绝学，为万世开太平"之学。

以《四库总目》考察清初学术，限于经部，则为乾嘉学风及四库馆臣所限，无法得见全貌，盖清初学术乃朱学与王学并行，朱学悬布官廷，为学者所宗，儒者亦多为朱学，如陆世仪之《思辨录辑要》，《四库总目》云：

> 是书乃其札记师友问答，及平生闻见而成。仪殁封张伯行为汰其繁冗，分类编次，故题曰辑要，明非世仪之完本也。凡分小学、大学、立志、居敬、格致、诚正、修齐、治平、天道、人道、诸儒异学、经、子、史籍十四门。世仪之学主于敦守礼法，不虚谈诚敬之旨，主于施行实政，不空为心性之功。于近代讲学诸家，最为笃实。……今所当学者，正不止六艺，如天文地理、河渠兵法之类，皆切于用世，不可不讲。俗儒不知内圣外王之学，徒高谈性命，无补于世。所以来迂拙之诮也。其言皆深切着明，足砭虚憍之弊。[①]

又如周召《双桥随笔》，《四库总目》云：

---

① 《四库全书总目》卷94，第798页。

> 所言皆崇礼教，斥异端，于明末士大夫阳儒阴释、空谈性命之弊，尤为言之深切，于人心风俗，颇有所裨。

又如其《三鱼堂剩言》，《四库总目》云：

> 昔朱子博览群书，于古今之事，一一穷究原委，而别白其是非，故凡所考论，率有根据。陇其传朱子之学，为国朝醇儒第一。是书乃其绪余，而于名物训诂，典章度数，一一精核乃如此。凡汉注、唐疏为讲学诸家所不道者，亦皆研思探索，多所取裁。可知一代通儒，其持论具有本末，必不空言诚敬，屏弃诗书，自谓得圣贤之心法。其于朱、陆异同，非不委曲详明，剖析疑似。而词气和平，使人自领，亦未尝坚分壁垒，以诟厉相争。盖诸儒所得者浅，故争其名而不足；陇其所得者深，故务其实而有余。观于是编，可以见其造诣矣。①

其评论陆陇其，以朱学为宗，而称其"名物训诂，典章度数，一一精核"，所谓"名物训诂，典章度数"，则是汉学之根本，亦即陆氏以宋学为本，而兼通汉学，此《四库总目》对汉、宋学之评价，出于平议汉宋之外，其高低亦应重为估评。

向来学者探讨清代学术以乾嘉考据学为主，连带将清代学术之视角局限在经学，而忽略掉清代学术，不仅考据学与清朝相始终，理学亦与清朝相始终，清初由阳明学回归朱学，清末则有阳明学复振之现象。

清初朱学之特色，在于由心学末流回归朱学之论理，与刁包、李光地等经学相呼应，而最终回归到切用之实政，亦即经世之学，此即孙奇逢、顾炎武等所提倡，而内容则包含舆地沿革、水利交通及天文历法等实学，蔚为清代学术大观。

六 宋学与义理学：以《四库总目》儒家类考察

《四库总目·儒家类》著录四卷收录一百一十二部、存目四卷三百〇七部。《子部总叙》云：

---

① 《四库全书总目》卷94，第799页。

夫学者研理于经，可以正天下之是非；征事于史，可以明古今之成败；余皆杂学也。然儒家本六艺之支流，虽其间依草附木，不能免门户之私。而数大儒明道立言，炳然具在，要可与经史旁参。其余虽真伪相杂，醇疵互见，然凡能自名一家者，必有一节之足以自立，即其不合于圣人者，存之亦可为鉴戒。虽有丝麻，无弃菅蒯；狂夫之言，圣人择焉。在博收而慎取之尔。①

《儒家类叙》进一步说明其收录原则：

古之儒者，立身行己，诵法先王，务以通经适用而已，无敢自命圣贤者。王通教授河汾，始摹拟尼山，递相标榜，此亦世变之渐矣。迨托克托等修《宋史》，以《道学》、《儒林》分为两传。而当时所谓道学者，又自分二派，笔舌交攻。自时厥后，天下惟朱、陆是争，门户别而朋党起，恩仇报复，蔓延者垂数百年。明之末叶，其祸遂及于宗社。惟好名好胜之私心不能自克，故相激而至是也。圣门设教之意，其果若是乎？

今所录者，大旨以濂、洛、关、闽为宗。而依附门墙，藉词卫道者，则仅存其目。金溪、姚江之派，亦不废所长。惟显然以佛语解经者，则斥入杂家。凡以风示儒者无植党，无近名，无大言而不惭，无空谈而鲜用。则庶几孔、孟之正传矣。②

叙文所论以宋明学者为主，与其著录符合，儒家类四卷百十二部中，著录宋代以前著作，仅十八部，③余均为宋元明及清代乾隆以前之著作。显见其著录以宋明学者为要，而其内容，"以濂、洛、关、闽为宗"，则主要为理学相关论题。

其著录以时代论，清代仅十七部，且其中十部为官修，故清初学者之著述，仅收录七部。若以存目所载考察，则清代著作达一百二十二部，超过存目的1/3。

《四库总目》于儒家类虽以"濂、洛、关、闽为宗"，然其于所重之义理，仍以修己治人之日用伦常为要，《儒志篇提要》后案语：

---

① 《四库总目》卷91，第769页。
② 《四库总目》卷91，第770页。
③ 加司马光《家范》、范祖禹《帝学》及王开祖《儒志篇》，则为21部。

> 以上诸儒，皆在濂、洛未出以前。其学在于修己治人，无所谓理气心性之微妙也。其说不过诵法圣人，未尝别尊一先生，号召天下也。中惟王通师弟，私相标榜，而亦尚无门户相攻之事。今并录之，以见儒家之初轨，与其渐变之萌蘖焉。①

以此案语，显见其对宋元学者宗派流别之痛恶。而推崇修己治人者，如唐张弧《素履子》，提要称：

> 盖其词义平近，出于后代，不能与汉、魏诸子抗衡，故自宋以来，不甚显于世。宋濂作《诸子辨》，亦未之及。然其援引经史，根据理道，要皆本圣贤垂训之旨，而归之于正，盖亦儒家者流也。②

又如刘敞《公是先生记》，提要云：

> 是其发明正学，又在程、朱之前。其或谓仁义礼智不若道之全一条，谓道固仁义礼智之名，仁义礼智弗在焉，安用道。亦预杜后来狂禅之弊，所见甚正。徒以独抱遗经，澹于声誉，未与伊、洛诸人倾意周旋，故讲学家视为异党，抑之不称耳。实则元丰、熙宁间卓然一醇儒也。③

此数者特为《四库总目》所称道者，若濂、洛、关、闽之著述，如《二程粹言》《延平答问》《近思录》《朱子语类》等著述之内容无所评论。

宋、明儒者，以理学为依据，大抵出处进退之际，均以立身谨严为要，故其论述中，亦多阐发此义，如谢良佐以穷理居敬自持，胡宏立言正大，颇为《四库》馆臣所誉。《上蔡语录》，《提要》：

> 良佐之学，以切问近思为要。其言论闳肆，足以启发后进。惟才高意广，不无过中之弊。故《语录》云：看道理不可不仔细。程门高弟如谢上蔡、游定夫、杨龟山，下梢皆入禅学去。又云：上蔡《观复斋记》中说道理皆是禅底意思。又云：程子诸门人，上蔡有上蔡之病，龟山有龟山之病，和靖有和靖之病，也是合下见得不周偏，差

---

① 《四库总目》卷92，第776页。
② 《四库总目》卷91，第775页。
③ 《四库总目》卷92，第778页。

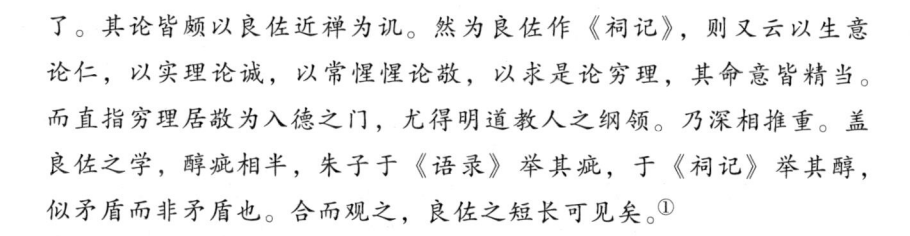

了。其论皆颇以良佐近禅为讥。然为良佐作《祠记》，则又云以生意论仁，以实理论诚，以常惺惺论敬，以求是论穷理，其命意皆精当。而直指穷理居敬为入德之门，尤得明道教人之纲领。乃深相推重。盖良佐之学，醇疵相半，朱子于《语录》举其疵，于《祠记》举其醇，似矛盾而非矛盾也。合而观之，良佐之短长可见矣。①

胡宏《知言》，提要：

> 宏之学本其父安国，安国之学虽出于杨时，而又兼出于东林常总。总尝谓本然之性不与恶对言。安国沿习其说，遂以本然者与善恶相对者分成两性。宏作此书，亦仍守其家传。其所谓性无善恶，心以成性。天理人欲，同体异用，同行异情，指名其体曰性，指名其用曰心，性不能不动，动则心矣云云。朱子力诋其非，至作《知言疑义》与吕祖谦及宏门人张栻互相论辨，即栻亦不敢尽以其师说为然。其论治道，以井田封建为必不可废，亦泥古而流于迂谬。然其他实多明白正大，足以阐正学而辟异端。朱子亦尝称其思索精到处殊不可及，固未以一二瑕疵尽废其书也。②

心性理气之学，《四库》馆臣所抨击者，然学者以心性义理出发，时自省察，而行为多明白正大，如前述之胡宏，再如明代章懋，《枫山语录提要》云：

> 其学术政治虽人人习见之理，而明白醇正，不失为儒者之言。艺文诸条，持论亦极平允，不似讲学家动以载道为词。其评骘人物，于陈献章独有微词。则懋之学主笃实，而献章或入玄虚也。然献章出处之间，稍有遗议。而懋人品高洁，始终负一代重望，则笃实鲜失之明验矣。又谓胡居仁不适于用，似亦有见。惟推尊吴与弼太过，则颇有所不可解耳。③

明代中叶以前，学者循守程朱之学，而立身行事，讲学论道，重明白

---

① 《四库总目》卷92，第779页。
② 《四库总目》卷92，第782页。
③ 《四库总目》卷93，第791页。

易行,即《四库》特重之人伦义理,故称其不以载道为词,概以履践为要务者,他如周琦、罗钦顺、吕柟、刘宗周及黄道周等人,或以厚重端直,或以躬行实践,然诚意笃实,周琦《东溪日谈录》,提要论云:

> 琦为人以端直谨厚,见重乡里,其书亦一本濂、洛之说。不失醇正。盖河东之学虽或失之拘谨,而笃实近理,故数传之后,尚能恪守师说,不至放言无忌也。①

罗钦顺《困知记》,提要:

> 其学由积渐体验而得,故专以躬行实践为务,而深斥姚江良知之非。尝与王守仁书,辨朱子晚年定论,于守仁颠倒年月之处,考证极详。此书明白笃实,亦深有裨于后学。盖其学初从禅入,久而尽知其利弊,故于疑似之介,剖析尤精,非泛相诃斥,不中窾要者比。高攀龙尝称自来排斥佛氏未有若是之明且悉者,可谓知言矣。②

吕柟《泾野子内篇》,提要:

> 柟为学在格物以穷理,先知而后行。其所谓穷理,不是泛常不切于身,只在语默作止处验之。所谓知者,即从闻见之知以通德性之知,但事事不肯放过。其践履最为笃实。尝斥王守仁言良知之非,以为圣人教人,未尝规规一方。今不论资禀造诣,刻数字以必人之从,不亦偏乎?观于所言,可谓不失河津之渊源矣。③

刘宗周之学出自王守仁,然能慎防堕入禅机,以诚意、慎独及主敬为主,加上其于明亡入清之际,大节无亏,"一代人伦之表",最为《四库》馆臣所赞。

理学以心性义理探求为主,宋元儒者,讲学乡里,多促成一代一地之风气,若王守仁又以事功见称于世,故后学者虽抨击其说之末流颇涉禅机,离其本旨,然于王学则多无疑义。

《四库》馆臣,重视人伦日用,以程朱之学为理学正宗,于陆王心学,

---

① 《四库总目》卷93,第791页。
② 《四库总目》卷93,第792页。
③ 《四库总目》卷93,第792页。

则严斥不已,湛若水《杨子折衷》,提要:

> 宋儒之学,至陆九渊始以超悟为宗。诸弟子中最号得传者莫如杨简。然推衍九渊之说,变本加厉,遂至全入于禅。所著《慈湖遗书》,以心之精神是谓圣一语,为道之主宰。而以不起一意,使此心虚明洞照,为学之功夫。其极至于斥《大学》非圣言,而谓子思、孟子同一病源,开后来心学之宗。至于窅冥恍惚,以为独得真传,其弊实成于简。若水因当时有梓其书者,乃即其所言,条析而辨之。凡书中低一格者简之说,平格者若水之论也。①

尤时熙《拟学小记》,提要:

> 《明史》称时熙议论切于日用,不为空虚隐怪之谈。今观其书,大抵以心为宗。即董仲舒道之大原出于天语,亦以为舍心言天,即为义外。而《中庸》之中,直训为中外之中,以与心学相比附。又谓《中庸》论道理多分两截,具两景,不如《孟子》之直截。又谓子夏、子游之言,皆主务本,皆有支离之病。又谓危行言逊及文质彬彬,皆非圣人之言。犹是姚江末派,敢为高论者也。②

于《杨子折衷》《拟学小记》之提要不难看出《四库》馆臣对陆王心学之评价,而其所谓义理,亦非宋明之心性义理学,而是专指日用伦常之阐发。

七 清初理学家之撰述与学行

儒者重在修己,宋明理学家亦多能持身自爱,风气所尚,见诸其著述中,《四库总目》于此亦特为赞颂,且从义理出发,于博物学行,无所不可,如黄道周《榕坛问业》,提要:

> 道周复各缀以题识。其大旨以致知明善为宗,大约左袒考亭而益加骏厉。书内所论,凡天文、地志、经史、百家之说,无不随问阐

---
① 《四库总目》卷96,第810页。
② 《四库总目》卷96,第812页。

发，不尽作性命空谈。盖由其博洽精研，靡所不究，故能有叩必竭，回应不穷。虽词意间涉深奥，而指归可识，不同于禅门机栝，幻窅无归。先儒语录，每以陈因迂腐为博学之士所轻，道周此编，可以一雪斯诮矣。①

黄道周之博洽精审，与晚明清初之顾炎武等颇有类同之处，而其宗朱熹，博洽精研亦似，盖有别于专论心性之宋学家，为《四库》馆臣所赞许者。

以清初著名理学家之著作而论，其经说及义理主要见于《四库全书》"四书类"及"儒家类"中，余则收录于集部，《四库总目》则多推崇其学行，孙奇逢《四书近指》，提要：

> 奇逢之学，兼采朱、陆，而大本主于穷则励行，出则经世，故其说如此。虽不一一皆合于经义，而读其书者知反身以求实行实用，于学者亦不为无益也。

明遗民入清，而名重当时者，首推顾炎武及孙奇逢，顾炎武主张"经学即理学"，崇尚实学。孙奇逢则提倡修身躬行。清初著名程朱学者，多出其门下，行仪亦名重一时，要如汤斌。

《四库总目》虽重汉学而议宋学，然于清初理学家，陆世仪、汤斌、李光地及陆陇其等人之学行，多所赞誉，以醇儒视之。如前所列陆世仪《思辨录辑要》，提要称"世仪之学主于敦守礼法，不虚谈诚敬之旨，主于施行实政，不空为心性之功。于近代讲学诸家，最为笃实"。以礼法实政为宗，虚谈诚敬之心性为末，此为《四库》馆臣一贯立场，其称汤斌之学，亦以此为尚，《汤子遗书》，提要云：

> 斌在国初，与陆陇其俱号醇儒。陇其之学，笃守程、朱，其攻击陆、王，不遗余力。斌之学源出容城孙奇逢，其根柢在姚江，而能持新安、金溪之平。大旨主于刻励实行，以讲求实用，无王学杳冥放荡之弊。故二人异趣而同归。今集中所载语录，可以见其所得力。又斌虽平生讲学，而康熙己未召试，实以词科入翰林。故集中诗赋杂文，

---

① 《四库总目》卷93，第794页。

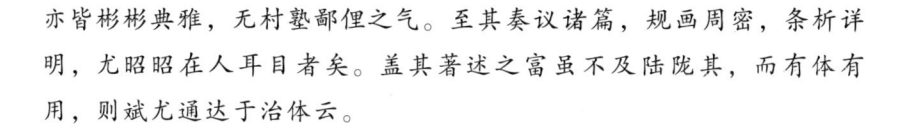

亦皆彬彬典雅，无村塾鄙俚之气。至其奏议诸篇，规画周密，条析详明，尤昭昭在人耳目者矣。盖其著述之富虽不及陆陇其，而有体有用，则斌尤通达于治体云。

李光地《榕村语录》，提要：

光地之学源于朱子，而能心知其意，得所变通，故不拘墟于门户之见。其诂经兼取汉、唐之说，其讲学亦酌采陆、王之义，而于其是非得失，毫厘千里之介，则辨之甚明，往往一语而决疑似。以视党同伐异之流，斥姚江者无一字不加排诋，攻紫阳者无一语不生讪笑，其相去不可道里计。盖学问既深，则识自定而心自平，固宜与循声佐斗者迥乎异矣。

《榕村集》，提要：

光地所长在于理学、经术，文章非所究心。然即以文章而论，亦大抵宏深肃括，不雕琢而自工。盖有物之言，固与鏧悦悦目者异矣。数十年来，屹然为儒林巨擘，实以学问胜，不以词华胜也。

陆陇其《松阳讲义》，提要：

陇其之学，期于潜修自得，不甚以争辨为事。惟于姚江一派，则异同如分白黑，不肯假借一词。时黄宗羲之学盛于南，孙奇逢之学盛于北，李颙之学盛于西，陇其皆不以为然。故此编于学术醇疵，再三致意。其间融贯旧说，亦多深切着明，剖析精密。盖朱子一生之精力尽于《四书》，陇其一生之精力尽于《章句集注》。故此编虽得诸簿书之余，而抒所心得以启导后生，剀切详明，有古循吏之遗意。较聚生徒、刻语录、以博讲学之名者，其识趣固殊焉。

《读朱随笔》，提要：

陇其之学，一以朱子为宗，在近儒中最称醇正。是编大意，尤在于辟异说以羽翼紫阳。故于儒释出入之辨，金溪、姚江蒙混之弊，凡朱子书中有涉此义者，无不节取而发明之。其剖析疑似，分别异同，颇为亲切。其他一字一句，亦多潜心体察，而深识其用意之所以然。盖于朱子之书，诚能融会贯彻，而非徒以口耳占毕为事者。虽不过一时简端题识之语，本非有意著书，而生平得力所在，亦概可见矣。

《三鱼堂文集》，提要：

> 陇其学问深醇，操履醇正，即率尔操觚之作，其不合于道者固已鲜矣。惟是陇其一生，非徒以讲明心性为一室之坐谈。其两为县尹，一为谏官，政绩亦卓卓可纪。盖体用兼优之学，而铨等乃以奏议、公牍确然见诸行事者别为《外集》。夫诗歌非陇其所长，列之《外集》可也。至于圣贤之道，本末同原，心法治法，理归一贯。

就以上各家清初理学名臣，可知《四库》馆臣所赞誉之义理学者，乃"可知一代通儒，其持论具有本末，必不空言诚敬，屏弃诗书，自谓得圣贤之心法"，是"体用兼优"，而非高谈心性者。

八　结语

清代学者，以义理、考据、辞章三者合而为经济之学，而其先后，则自以考据文为首，义理其次，辞章以辅助焉，吕祖谦《丽泽论说集录》，提要：

> 夫儒者穷研经义，始可断理之是非，亦必博览史书，始可明事之得失。古云"博学反约"，不云"未博而先约"。

儒者借"穷研经义""博览史书"而通晓义理，以此为学之途径，隐约指宋儒以理气心性探究天道之无用。故前引李光地、陆陇其等名儒，或著《周易》，或释《四书》，均以经义为先。五经涵盖周徧，其义明则物理相通，自有助于体悟天道人伦之事理，《大学衍义提要》于此论云：

> （宋）理宗虽浮慕道学之名，而内实多欲，权臣外戚，交煽为奸，率之元气凋歝，阅五十余年而宋以亡。德秀此书，成于绍定二年，而进于端平元年。皆阴切时事以立言，先去其有妨于治平者以为治平之基，故《大学》八条目仅举其六。然自古帝王正本澄源之道，实亦不

外于此。若夫宰驭百职，综理万端，常变经权，因机而应，利弊情伪，随事而求。其理虽相贯通，而为之有节次，行之有实际，非空谈心性即可坐而致者。

颜元称晚明学者"无事袖手谈心性，临危一死报君王"，其《四存篇》载录于《四库全书》之"儒家类"存目中，《提要》云：

> 大旨谓圣贤立教所以别于异端者，以异端之学空谈心性，而圣贤之学则事事征诸实用，原无相近之处。自儒者失其本原，亦以心性为宗，一切视为末务，其学遂于异端近，而异端亦得而杂之。其说于程、朱、陆、王皆深有不满。盖元生于国初，目击明季诸儒崇尚心学，放诞纵恣之失，故力矫其弊，务以实用为宗。

《四库》馆臣虽视其书既多偏激之谈，于大雅有乖，然其实用之旨，则为《四库》所宗许。

《四库》馆臣，不仅反对晚明空疏之心学，宋儒所精研辨析之理、气、道及心、性、情等议题，亦以其无用于民生，亦在驳斥之列，如此显与其所谓一本公心，评议汉宋者，全然不应。而究其所谓义理者，着重生活言行，立身行事，为政治国，礼教伦理之一环，乃汉儒之义理，西汉今文经学家之微言大义及两汉诸子所阐发者，而非宋儒之义理学。

《四库全书总目》与民族文化品格
——以《尚书》学研究为例

陈良中[*]

摘 要:《四库全书总目》以图书分类和提要构成了中国特色的学术史,以四部总叙和每部各类小叙为骨架,以专书提要为血肉,呈现了中国学术鲜明的自身特色。提要撰写是一次民族文化全方位的总结,提要绝大多数结论是建立在坚实的文本基础上,具有严谨的考据功夫,揭示了中国学术科学的精神。在全球化时代和学科分化越来越精细化的今天,《四库总目》建立起的知识体系有助于我们重新处理旧有的知识门类,反思以西方学科标准来切割自己文化传统的弊端,以新的视野、新的方法重建一个民族知识体系,确立民族的文化认同。

关键词:《四库全书总目》;考据功夫;知识体系

Si Ku Quan Shu Zong Mu and the Academic Characteristics of Chinese——Based on the Analysis of *the Book of History* Research

Chen Liangzhong

Abstract:The four traditional divisions of a Chinese library and the abstract of every book constitutes the academic characteristics of Chinese. The intro-

---

[*] 陈良中,重庆师范大学文学院教授,文学博士,研究方向为经学文献与学术史。从事《尚书》研究十余年,主持国家社会科学课题"宋代《尚书》学研究""元明《尚书》学研究"两项,古委会规划项目"林之奇《尚书全解》整理",参研多项有关《尚书》的课题。出版专著《朱子〈尚书〉学研究》(人民出版社,2013)一部。

ductions of Jing – shi – zi – ji and each all kinds of small Syria are skeleton of *Si Ku Quan Shu Zong Mu*, and the abstract of every book is the substance of *Si Ku Quan Shu Zong Mu*. These presente Chinese academic characteristic. The *Si Ku Quan Shu Zong Mu* writing is a comprehensive summary of national culture. The most of the conclusion of introductions about *Si Ku Quan Shu Zong Mu* is based on solid text, which reveals the science spirit of Chinese academic. In age of globalization, science discipline branch is more and more sophisticated. The knowledge system which builded by *Si Ku Quan Shu Zong Mu* can help us to deal with the old knowledge and reflect to the disadvantages of using western academic standards to deal with our traditional knowledge. We request a new vision and a new method to rebuild our nation knowledge system, and establish the national cultural identity.

Key words: *Si Ku Quan Shu Zong Mu*; Textual Research Effort; The knowledge System; Cultural Identity

《四库全书》是乾隆时期宏大的文化工程，收罗历代著述汇而成编，首先收觅者乃有益于世的传世典籍，所谓"历代流传旧书，内有阐明性学治法，关系世道人心者"，其次为有实用的"发挥传注、考核典章、旁暨九流百家之言"，再次为"历代名人洎本朝士林宿望向有诗文专集"。选编之书其用在两途："其巨者羽翼经训，垂范方来，固足称千秋法鉴。即在识小之徒，专门撰述，细及名物象数，兼综条贯，各自成家，亦莫不有所发明，可为游艺养心之一助。"① 采书取境甚高。不采"坊肆所售举业时文及民间无用之族谱、尺牍、屏幛、寿言等类"、无实学者之酬唱诗文。四库全书撰有总目，分隶我国图书为经、史、子、集四部，部类之首各冠以总叙以为纲领，四部之下又分四十四小类，亦各冠以小叙，阐释各类之分并变迁。每小类隶书若干，俱撰有提要以详著书人世次、爵里，并撮举一书原委大凡，使读者一览了然。《总目提要》梳理了中华民族学术两千余年之变迁，斟酌古今，剖析条流，辨章学术，考镜源流，成为对中国传统学术最系统、最权威的总结，合总叙与小叙并观，可以见中国学术之纲要，传统学问之门类及其流变，各门类之要著及其在学术史上的价值。提要之于学者

---

① （清）永瑢等：《四库全书总目》卷首，中华书局，1965，第1页。

及著述评述的学术史视野和价值得失之判断多称精当，亦有微瑕，甚或错误，但瑕不掩瑜，《四库全书》及其提要实为世界学术之瑰宝。仅就学术本身而言，《四库总目》小如一书之价值、一人之学问，大如专门之学问、一代之学术、民族学术之门类及流变，一一指示明白，无疑是治古代中国学之门径。大而言之，《四库总目》则体现民族文化之精神气质。

一　中国学术的基本架构

《四库总目》可以当作以图书分类和提要构成的中国特色的学术史，四部总叙和每部各类小叙是骨架，专书提要是血肉，丰富多彩地呈现了数千年中国学术的特色及积累的成果，提要撰写是一次民族文化的全方位总结。四库馆臣皆是一时之选，所撰各门类叙及专著提要皆能高瞻远瞩，读《四库总目》可养成学者学术史视野。五经之学各成专门，欲治专经则需先明经学之流变，《四库总目》经部总叙清晰呈现了数千年经学的概况，如浓缩的经学小史，云：

> 经禀圣裁，垂型万世，删定之旨，如日中天，无所容其赞述。所论次者，诂经之说而已，自汉京以后垂二千年，儒者沿波，学凡六变。其初专门授受，递禀师承，非惟诂训相传莫敢同异，即篇章字句亦恪守所闻，其学笃实谨严，及其弊也拘。王弼、王肃稍持异议，流风所扇，或信或疑，越孔、贾、啖、赵，以及北宋孙复、刘敞等，各自论说，不相统摄，及其弊也杂。洛、闽继起，道学大昌，摆落汉唐，独研义理，凡经师旧说俱排斥以为不足信，其学务别是非，及其弊也悍（如王柏、吴澄攻驳经文，动辄删改之类）。学脉旁分，攀缘日众，驱除异己，务定一尊，自宋末以逮明初，其学见异不迁，及其弊也党。（如《论语集注》误引包咸夏瑚商琏之说，张存中《四书通证》即阙此一条以讳其误。又如王柏删《国风》三十二篇，许谦疑之，吴师道反以为非之类。）主持太过，势有所偏，才辨聪明，激而横决，自明正德、嘉靖以后，其学各抒心得，及其弊也肆。（如王守仁之末派皆以狂禅解经之类。）空谈臆断，考证必疏，于是博雅之儒引古义以抵其隙，国初诸家其学征实不诬，及其弊也琐。（如一字音训动辨数百言之类。）①

---

①　（清）永瑢等：《四库全书总目》卷1，第1页。

该叙先叙经书的形成及价值,"经禀圣裁,垂型万世",孔子删定六经为后世立法。再论经学之演变"学凡六变",学者研究经学之方法及态度、经学之门类。览此总叙则明经学之流变、中国学术之流变,汉学重师法家法,篇章字句训诂皆恪守师授,其长在严谨笃实,其短在拘执不变。六朝至北宋中期,学问无所主,学者各逞己说。程颐、朱熹出而倡道学,义理解经,遍疑经传,以至于末流如王柏类随意改易经书以就己意。朱子之学定为一尊,学界维护朱子及其后学,即使错误也极力维护。阳明之学出,心学之徒各抒心得,至以狂禅解经,悖离经旨。至清初则反宋学空谈臆断,崇尚考证,其短在烦琐。最后总结数千年民族学术之方法为"汉学、宋学两家互为胜负",各有所长,"汉学具有根柢","宋学具有精微",概括精当,比如朱子以二典、三谟、《洪范》建立其心性论、修养论和道统观,以"天理"训"道心","人欲"训"人心",要求以道心驭人心,实现人自我的完善。以"君"训"皇"、"标准"训"极",要求君王道德模范作用。以"人心惟危,道心惟微;惟精惟一,允执厥中"为历圣相传之道。朱子对《尚书》的新解奠定了理学的基本观念,是宋学精微的典范。四库馆臣下语精当,读者览此可把握民族学术演变之纲要。由此提出治经当"消融门户之见,而各取所长",确立了学术研究的基本精神。

  小类叙往往要言不烦地阐明专门之学的要点及学术流变,能把具体学术问题放在历时和共时的视野下考察研究。比如《书》类叙,"《书》以道政事"数言以明《尚书》之性质,又概论《尚书》学之公案:《小序》之依托,《五行传》之附会,已成定论;《今文》《古文》之辨,经书错简,《禹贡》山水,《洪范》畴数,为学者点明研究必须关注的基本问题。关于《古文尚书》,阎若璩已辨明其伪,如何对待《古文尚书》?四库馆臣以为:其久颁于学官,其言多缀辑逸经而成,无悖于理,举而删之,则非可行之道。大禹治水大抵在中原,《禹贡》所载南方山川有难辨明者,如三江之说历代聚讼,终无定解。《尚书》脱简,刘向所记《酒诰》《召诰》脱简仅三,但宋以来儒者动称错夺数十,如王柏《书疑》臆断改窜,经书面目全非。又宋儒以《洛书》《河图》而解《洪范》,象数大行,淆乱经义。[①] 查考蔡沈《洪范皇极内篇》可详此说不污,蔡沈以《河图》、《洛书》之数解《洪范》,

---

① (清)永瑢等:《四库全书总目》卷11,第89页。

开启了以数演《范》的门径。以九九之数演绎天地万物，推占人事吉凶。《洪范皇极内篇》分八十一畴数图为内篇，论三篇为外篇。论三篇乃理论阐述，《上篇》阐数之理论，《中篇》《下篇》论十二图及八十一畴的内涵和数占之方法原则。书首有所谓黑白子《洛书》，此为《洪范》之根本。其后有《九九圆数图》《九九方数图》《九九行数图》《九九积数图》《五行植物属图》《五行动物属图》《五行用物属图》《五行事类吉图》《五行事类凶图》《五行干支图》《五行人体性情图》十一图，是结合阴阳五行之学对《洛书》的推衍，附会刘歆《河图》《洛书》相为表里，《八卦》《九章》相为经纬之说，借《书》之文以拟《易》之貌。演《洪范》九畴为八十一畴，仿《易》卦八八变六十四之例。又取《月令》节气分配八十一畴，阴用孟喜解《易》卦气值日之术。其揲蓍以三为纲，积数为六千五百六十一，阴用焦赣六十四卦各变六十四卦之法也。《三论》以理学思想阐释了《数》八十一章、十一图的理论内涵，把"理→气→五行→万物"的宇宙生成论，理一分殊的本体论，天理人欲的心性论融入"皇极九畴"之中，结合《洛书》之数建立起一个包罗万象的宇宙模式，并力图以数来解释宇宙万象。又仿卦气值日，以一一至九九八十一数为一岁之运，每一数当四点四三天。又分二十四节气于其间，九数之重为八节之分。一一，阳之始，为冬至。五五，阴之萌，为夏至。三三，阳之中，为春分。七七，阴之中，为秋分。二二，阳之长，为立春。四四，阳之壮，为立夏。五则阳极。六六，阴之长，为立秋。八八，阴之壮，为立冬。合一一与九九于冬至，以九数之演变反映宇宙变化规律。蔡沈认为数始于一，参于三，究于九，成于八十一，备于六千五百六十一。八十一者，数之小成也。乃一岁之终始。八十一之八十一为六千五百六十一，数变之极，乃数之大成。天地之变化，人事之始终，古今之因革，莫不著明于数，数凡九变而穷变化之极。① 此实仿《易》之作，与《洪范》无关。

---

① 按九变之说乃释《九九积数图》，曰"一九而九，九九而八十一，八十一而七百二十九。"此为一变，始之始。"二九十八，十八而百六十二，百六十二而一千四百五十八。"此乃二变，始之中。"三九二十七，二十七而二百四十三，二百四十三而二千一百八十七。"此三变，始之终。"四九三十六，三十六而三百二十四，三百二十四而二千九百一十六。"此四变，中之始。"五九四十五，四十五而四百有五，四百有五而三千六百四十五。"此五变，中之中。"六九五十四，五十四而四百八十六，四百八十六而四千三百七十四。"此六变，中之终。"七九六十三，六十三而五百六十七，五百六十七而五千一百有三。"此七变，终之始。"八九七十二，七十二而六百四十八，六百四十八而五千八百三十二。"此八变，终之中。"九九八十一，八十一而七百二十九，七百二十九而六千五百六十一。"此九变，终之终。

《洪范》之文本以明理,至宋而图书之说大兴,遂以为《洪范》确属《洛书》戴九履一等九数,于是圣人叙彝伦之书一变而为术家谈奇偶之书,四库馆臣以为"非解经之正轨",所论允当。《易》类小序云:"《易》之为书,推天道以明人事者也。《左传》所记诸占,盖犹太卜之遗法。汉儒言象数,去古未远也。一变而为京、焦,入于禨祥,再变而为陈、邵,务穷造化,《易》遂不切于民用。王弼尽黜象数,说以老庄。一变而胡瑗、程子,始阐明儒理,再变而李光、杨万里,又参证史事,《易》遂曰启其论端。"① 分《易》为两派六宗,高度概括了数千年《易》学流变。疏通专经之学便可以深明四库馆臣深厚的学养和卓越的识见,《四库总目》无疑具有历史的高度和思维的深度,阅读"提要"深有助学者学养的养成,避免一孔之见的狭隘。

专书提要不是简单的内容概括,而总是在学术史视野下的评述,其学术精神之严谨,立论之笃实,眼界之高远,迥出于同类提要之上。比如《七经小传提要》论刘敞(1019~1068)"好以己意改经,变先儒淳实之风者,实自敞始。……谓敞之说经开南宋臆断之弊,敞不得辞"。②《春秋传提要》亦云:"宋代改经之弊,敞导其先,宜其视改传为固然矣。"③ 以刘敞为宋代疑经之发端,汉宋学术之转关,比观刘氏著述,可知四库馆臣之论深中肯綮,其遍疑《尚书》《毛诗》《周礼》《仪礼》《礼记》《公羊传》《论语》等经书,于《诗经》订《伐木》《小旻》《北山》《小明》《假乐》分章之非。疑《常棣》"烝也无戎",戎当作戍,戍亦御也,字既相类,传写误也。解《论语》"乘桴浮于海",谓夫子周流列国,如桴之在海流转不定。④ 谓《周礼》"诛以驭其过"当作"诛以驭其祸",⑤ 谓《礼记·丧服小记》"礼不王不禘"当在前文"王者禘其祖之所自出"之上。在《尚书》一域或改易经文,或订正文序,或称脱简,如谓《九共》九篇,共当作丘,古文丘与共相近。⑥ 谓《无逸》"此厥不听,人乃训之","此厥不听,人乃或诪张为幻",此两"听"字,皆当作德字,字形

---

① (清)永瑢等:《四库全书总目》卷1,第1页。
② (清)永瑢等:《四库全书总目》卷33,第270页。
③ (清)永瑢等:《四库全书总目》卷26,第215页。
④ (宋)刘敞:《公是七经小传》卷下,《通志堂经解》第16册,广陵书社,2007,第523页。
⑤ (宋)刘敞:《公是七经小传》卷中,第517页。
⑥ (宋)刘敞:《公是先生七经小传》,第513页。

相似，故误尔。① 又如以《舜典》之末"夔曰：于！予击石拊石，百兽率舞"为《益稷》之文，② 重订《武成》一篇篇序。刘敞治经开启了风气的转变，有宋一代疑经成风，吴曾于《能改斋漫录》云："庆历以前，学者尚文辞，多守章句注疏之学，至刘原甫为《七经小传》，始异诸儒之说。"③ 在《尚书》一域，宋代学者有大量怀疑，王安石、刘敞、苏轼、程颐、朱熹、蔡沈、王柏等皆疑经改经。王柏《书疑》则完全以一己逻辑改易经文，或改易篇序、篇名，或挪移经文，以甲篇补乙篇，支离经典，不可为法。如谓《尧典》之后当次《禹贡》，谓《泰誓》上篇"当名曰《周诰》"，《泰誓》中篇"当曰《河誓》"，《泰誓》下篇"当曰《明誓》"，④ 一凭私心改易篇名。又有移易改动经文之处，这一点危害最甚。王氏于《尧典》《皋陶谟》《说命》《武成》《洪范》《康诰》《多士》《多方》《立政》九篇，则纯以私意移易。移《皋陶谟》"允迪厥德，谟明弼谐"太简，故移"曰慎厥身，修思永，惇叙九族，庶明励翼，迩可远在兹"二十字补其后，又移"禹拜昌言曰俞"于"皋陶曰都在知人……敬哉有土"后。⑤ 以为《多方》称多士者为《多士》之错简。王柏割裂《尚书》各篇而重新补缀，随意移动经文，没有任何文献证据。王柏疑经已严重威胁到经典的存在，四库馆臣批评宋学云："其学务别是非，及其弊也悍。"⑥ 极精确地道出了宋学末流之弊。《四库全书》编撰之前的各类书目或罗列著者书名，或简述其内容，或录诸家序跋，《四库总目》有的虽有借鉴，但多为编修官自撰提要，抄刻和存目之书皆叙作者生平学术、书之内容及其创获与缺点，要言不烦，提纲挈领，其学术价值要宏大得多。

合各部总叙，可见我国知识的故有分类及基本特点，经部凡十类：曰《易》，曰《书》，曰《诗》，曰《礼》，曰《春秋》，曰《孝经》，曰五经总义，曰《四书》，曰乐，曰小学。经部以专经为主体，辅以小学。史部分十五类：正史、编年、别史、杂史、诏令奏议、传记、史抄、载记、时令、地理、职官、政书、目录、史评、谱牒。以正史为大纲。子部凡十四

---

① （宋）刘敞：《公是先生七经小传》，第514页。
② （宋）刘敞：《公是七经小传》卷上，第513页。
③ （宋）吴曾：《能改斋漫录》卷2，中华书局，1960，第28页。
④ （宋）王柏：《书疑》卷4，纳兰性德《通志堂经解》第6册，广陵书社，2007，第163页。
⑤ （宋）王柏：《书疑》卷2，第154页。
⑥ （清）永瑢等：《四库全书总目》卷1，第1页。

类：儒家、兵家、法家、农家、医家、天文算法、术数、艺术、谱录、杂家、类书、小说家、释家、道家。以儒家为正统。集部凡五类：楚辞、别集、总集、诗文评、词曲。四部之学各有轻重，经部为首，史部次之，子部又次之，集部最后，世道人心是中国古代学术关注的焦点，经部是价值源泉，史部是现实的鉴戒，学术具有鲜明致用价值，所谓"学者研理于经，可以正天下之是非；征事于史，可以明古今之成败，余皆杂学"。① 四部之中，经、史、子三部皆关价值建构，直接影响现实政治，所谓"讲学者必辨是非，辨是非必及时政，其事与权势相连，故其患大。文人词翰，所争者名誉而已，与朝廷无预，故其患小也"。② 中国学术对人文价值的关注远远重于工具价值，作为科学类的有农家、医家、天文、算法、术数、艺术，只为子部之一部分，艺术技入子部、集部，可见传统学术经世致用之价值取向及重道轻技之品性。四库馆臣借《四库总目》对几千年中国学术进行了全面总结，以四部、四十四小类为框架，以专书提要为核心内容，各部总叙、各类小序和专书提要一同构成三级架构，宏观和微观相结合构成中国学术史的基本框架，充分地展示了中国学术自身的品性。在世界文化史上，这种文化自觉是罕有的。

二 学问功夫与民族精神

四库馆臣皆一时之选，其提要所论大多信而可征，有对原始文献研读的笃实功夫，其宏观论断建立在坚实的微观文献基础之上，学有专攻，论必有据，这不仅可以养成士子笃实的学风，也可以养成士子笃实的作风，由此可知中国学术之真精神。如论胡瑗《洪范口义》"深得圣人立训之要，非谶纬术数者流所可同日语"。③ 宋代《洪范》学形成了义理派、图像派，胡瑗不采汉代以来象数之学，如解"天乃锡禹洪范九畴"云："天帝称之者，尊贵之也。夫禹既兴起，则反乎父业之所为，乃导江浚川，水患大息。尧善禹治水之故，乃与禹大法九章。"④ 否定神龟负文之瑞。以"五行"为"圣人为国之大端"，"五事"为"人君之所为"，乃人君"体天而

---

① （清）永瑢等：《四库全书总目》卷11，第89页。
② （清）永瑢等：《四库全书总目》卷91，第769页。
③ （清）永瑢等：《四库全书总目》卷11，第90页。
④ （宋）胡瑗：《洪范口义》卷上，《丛书集成》初编，商务印书馆，1935，第5页。

御邦"之事。以"三德"为"圣人之权",解"稽疑"一畴认为圣人无疑而用卜,可见"圣人不专任其断,而思与天下同"。而论"庶征"则重在阐释"王者作一事必念一事之应,行一政必念一政之报,事谨则休征至焉,事悖则咎征至焉,人君敢不恭承天而谨于御国乎!"① 没有过多关注汉人感应之论,而是重在对君王行事的儆诫之上,认为君王能与众同欲则"君臣上下无相夺伦,蛮夷戎狄莫不宁谧",进而五行遂性,天地昭感,则休征荐臻,如果君王不能与众同欲则"君子小人各反乎所为,远近大小罔有宁谧",进而五行失性,阴阳失和而咎征毕至。圣人"法天地以为德"则"彝伦叙而政教成"。圣人"治天下,建立万事"当用"皇极"大中之道,"皇极"行则"五行不相侵,五事不相徇,八政以之成,五纪以之明,三德以之平,卜筮以之灵,庶征以之顺,五福来臻,六极不至"。② 胡氏以"皇极"为九畴之核心,"皇极建"则余八畴得以顺行。胡瑗阐释《洪范》基本上消解了由《洪范五行传》带来的神秘感应模式,把注意力放在了经世致用精神的发掘上。不辨《洛书》本文之多寡,自抒心得。定皇极为九畴之本,其要皆归于建中出治。核之原著,四库馆臣所论深中肯綮。对《洪范口义》的评述是立基于对这一文本及历代《洪范》文本的研读之上。

又如史浩《尚书讲义》,四库馆臣云:"当张浚用兵中原,时浩方为右仆射,独持异论。论者责其沮恢复之谋。今观其解《文侯之命》一篇,亦极美宣王之勤政复仇,而伤平王之无志恢复,则其意原不以用兵为非,殆以浚未能度力量时,故不欲侥幸尝试耶?"③ 以坚实的文献证据对时人由于政见的不同做出的偏颇评述加以矫正,展示了学者之公心,对于政治人物的学术评价就直接和政治是非的价值判断相连,公心出论就可以杜绝党同伐异,随意臧否古人,无疑具有重要的现实警示意义。观以史实,隆兴元年正月孝宗以张浚用兵中原,时浩方为右仆射,倡自治为先,反对轻率用兵,云:"为今之计,莫若戒敕宣抚司以大兵及舟师固守江淮,控制要害,为不可动之计。俟有余力,方可遴选骁勇有纪律之将,使之以奇制胜,若徐、郓、宋、亳等以次抚定之。"④ 又云:"自陛下即位以

---

① (宋)胡瑗:《洪范口义》卷上,第14页。
② (宋)胡瑗:《洪范口义》卷上,第10页。
③ (清)永瑢等:《四库全书总目》卷11,第91页。
④ (宋)史浩:《鄮峰真隐漫录》卷7《论未可用兵山东札子》,影印文渊阁《四库全书》第1141册,台湾商务印书馆,1986,第588页。

来，凡臣之建议莫不以自治为先，深恐好名之士但持正论以挠初谋，锐意之士不恤大计以成轻脱。"① 对主战之说独持异论，其解《舜典》"柔远能迩，惇德允元而难任人，蛮夷率服"借经典详细地论述了如何对待夷狄的政见，史浩认为：

> 夫蛮夷不可以礼义化，不可以恩惠服，使吾自治，国势日强，自然畏而怀之，此攘夷狄之法也。……吾不能务农重谷而夺其时，安得家给人足乎？吾不能抚宁近者使之胥悦，安得远者闻风而慕义乎？吾不能崇尚有德，信用其善，则任人进矣。……君子小人趋操不同，使有德者进，必能为国远谋，无贪功喜杀之心，敌人亦必知我国有人而不敢犯。至于任人则狃于时论，不知上策在于自治，逞一人之私意，掠忠义之美名，动干戈，兴徭役，誓不与贼俱生，不知彼己者，往往从而和之，以为当然。及其败事，忧在国家，吾奉身而退，官职犹昔也，名誉犹昔也，何惮而不为是说哉！其弊在于时尚高论，眩于名实而信用之过也。②

详味此段文字，史氏无疑是借《舜典》对待蛮夷之方批评当时主战派逞私意，掠忠义之美名，动干戈，兴徭役而危害国家的行为。史浩倡导"吾自治，国势日强，自然畏而怀之"的对待蛮夷的办法，遭到当时主战派猛烈抨击，王十朋弹劾他说："首进寝兵之言，专主和议，以沮大计。盖欲踵秦桧之态，为固宠之身谋，此怀奸之大罪。"③ 严厉指责其沮恢复之谋。史浩对于轻言战事深有儆诫，《尚书讲义》中对时人批评有所辩驳，如解《大禹谟》"帝乃诞敷文德，舞干羽于两阶，七旬有苗格"一节云：

> 人主当以修德为先务，德既格天，岂有人而不能化乎？三代而下士不知学，置德于无用之地，或以兵武导其君，或以财利蛊其君，或以谀谄面谀逢其君，使其君从事于征伐，从事于聚敛，不信忠良，吝于改过者，皆伯益之罪人也。……伯益惟德动天之一语，实万世人臣

---

① （宋）史浩：《鄮峰真隐漫录》卷7《再论山东札子》，第589页。
② （宋）史浩：《尚书讲义》卷2，第510页。
③ （宋）王十朋：《王十朋文集》卷3，《梅溪集》重刊委员会编，王十朋纪念馆修订《王十朋全集》，上海古籍出版社，2012，第612页。

事君之定法。①

史浩解释重心不在经文训诂，而在于导君修德以来远夷，此与上文自治以攘夷狄的思想是一致的。解《甘誓》"今予惟恭行天之罚"云："三王应天率由此道，后之搂诸侯以伐诸侯者私也，故为三王之罪人。以土地之故糜烂其民者，又私也，故为五霸之罪人。至于黩武穷兵不能自戢，使无辜生灵肝脑涂地者，抑又私也，故未免为诸侯之罪人。"② 此解由启征讨有扈氏而阐发"黩武穷兵"之戒，对于战争带来的"无辜生灵肝脑涂地"的灾害性后果深有警惕。又如《费誓》篇末议论云：

> 观鲁公治军备之先具如此，则非驱市人而战也。嗟乎！后世不知彼己，不恤备之未具，哓哓然惟以杀伐为说，昧者何知？第闻其语，莫不以为正论，一人唱之，众人和之，及一败涂地则钳口结舌，不复言兵，闻鲁公之风亦可少愧矣！向非鲁公得乃父之绪余，何以有此。读书者知其成功自有所本，则思过半矣！③

史浩赞美鲁公战前先治军备而反对驱市人而战，由此而对当时高谈恢复之士痛加批评，认为畅言杀伐者而不知彼己，不恤战备未具，徒尚高言，战败则"钳口结舌，不复言兵"而缺乏担当精神，这是对国家不负责任的行为。其解《文侯之命》云：

> 惜乎平王不能侧身修行，勤于政事以自治，修车备器，薄伐猃狁以复仇，如宣王之中兴。是以《黍离》降而为《国风》也。孔子曰："如有用我者，吾其为东周乎？"盖伤平王无志于恢复，而又无仲山甫、方、召之徒为之宣力也。④

史浩赞美周宣王用仲山甫、方叔、召伯虎而勤政复仇，中兴周室之功，从而批评平王无志恢复，由不得良佐。考此可知史氏之意原不以用兵为非，殆以张浚未能度力量时而欲行侥幸。史氏主张自治为先，渐次

---

① （宋）史浩：《尚书讲义》卷3，四明丛书约园刊本，1934，第522页。
② （宋）史浩：《尚书讲义》卷5，第543页。
③ （宋）史浩：《尚书讲义》卷20，第693～694页。
④ （宋）史浩：《尚书讲义》卷20，第692页。

恢复，而反对盲目冒进，宿州失利，丧士马甚重，主战之声渐寝，应当说史浩是比较持重的朝臣。四库馆臣所谓"其意原不以用兵为非，殆以浚未能度力量时，故不欲侥幸尝试耶！"① 评价是中肯的。又如其解《盘庚序》"盘庚五迁，将治亳殷，民咨胥怨"对恢复祖宗基业深有寄托，云：

> 夫王者创业垂统为可继也，是故其所向背，子孙趋之而不敢忘，此家法也。商自成汤从先王居而都亳，作《帝告》、《厘沃》之书以遗后世，商之子孙知先王之居不可不念，虽河患屡扰而终不敢远去，卒之盘庚复有都亳之心，家法使之然也。然则创业垂统之君施为措置其可顷刻不为后世法乎？②

史氏由盘庚迁殷上联汤从先王居而都亳，汤创业垂统，其施为措置皆可为后世法，盘庚"将治亳殷"乃复先王旧制，由迁都而发掘出商代"家法"，赞美盘庚光大祖宗之功，这里应当含有微讽君王恢复中原之微言大义，此实"春秋笔法"之流亚。此上诸条，史浩对当时主战派有所批评，于时人对自己主和固位的批评有所辩护，亦寄托着自己恢复中原之志，可证史浩当是务实的政治家，不尚空谈，但绝非"沮恢复之谋"，王十朋斥其怀奸似为太过。四库馆臣又谓史浩《尚书讲义》"盖本当时经进之本，故其说皆顺文演绎，颇近经幄讲章之体"。③ 我们必须了解其解《书》有为古人曲为维护之处，对于世所诟病之暴君桀、纣，而史浩对此少有置评，以伐桀为伊尹强迫商汤所为，伐纣为太公之谋，坚信商汤、文、武为忠臣。朱子批评云："今人说经多是恁地回互说去，如史丞相说《书》多是如此。说祖伊恐，奔告于受处，亦以纣为好人而不杀祖伊，若他人则杀之矣。"④ 对于暴君的维护，于义理稍有欠缺。学术是非曲直之评判展示为学者心术之曲直，此则可以矫治浇薄之世道人心。

经学直接关乎世道人心，也关乎时代思潮的建构，宋代象山学派对《尚书》的训释成为他们建构心学思想的重要方式，杨简《五诰解》、袁燮《絜斋家塾书钞》、钱时《融堂书解》是这一流派的重要著述。今以

---

① （清）永瑢等：《四库全书总目》卷11，第91页。
② （宋）史浩：《尚书讲义》卷9，第577页。
③ （清）永瑢等：《四库全书总目》卷11，第91页。
④ （宋）朱熹《朱子语类》卷81，第2772页。

袁燮《絜斋家塾书钞》为例可观其大略额，四库馆臣谓"燮之学出陆九渊，是编大旨在于发明本心，反复引申，颇能畅其师说"。这一评说需征实于原著，袁燮解《书》以开物成务为宗旨，尝云："见象山先生读《康诰》有所感悟，反己切责，若无所容；读《吕刑》叹曰：从肺腑中流出。"① 陆九渊这种读书反求诸己的方式无疑对袁燮产生了深远影响，故袁氏于《尚书》一经发明本心，以圣人为职志，《书钞》中反复致意，随处发掘本心善性。袁燮解《书》其大要有二：心即天，天理物欲之辨。倡发明本心，兼综体用。如解《汤诰》"惟皇上帝，降衷于下民"云："衷之义与中同，皆只是人心，天下之至中者，人心也。是中也，天得之而为天，人得之而为人，初非是两个。……天道降而在人，初不曾分。孟子所以谓人皆可以为尧舜，所以谓人之性善，只缘见得这个道理分明。成汤诞告之首发为此言，所以使万方有众咸知良心善性吾所固有，咸知吾心之衷与上帝一般，其警人也切矣。"② 人得"中"而具良心善性，即天赋与人善性，阐明了人的类本质及根源。天人同得此"中"，"初非是两个"，阐明了天人具有同构性，在人心得以完全展现的时候便"吾心之衷与上帝一般"，此即是陆九渊"吾心即宇宙"思想，这个与天为一的心无疑带有本体性质。心体又呈现为道，《韶州重修学记》所谓"上帝降衷，有自然之粹精，保而勿失，大本立矣，万善皆由是出。……天下无心外之道，安有不根于心而可以言道者乎?"③ 自然之道只有通过人的认识把握才能具有现实价值，在现实世界作为一种合规律合目的的呈现，从这一点上说"天下无心外之道"是完全正确的。人得天地之中以为性，"中"不偏不倚，无一毫欠缺，决定了人心的纯然之善。其解《皋陶谟》"宽而栗，柔而立，愿而恭，乱而敬，扰而毅，直而温，简而廉，刚而塞，强而义"一节，经义主要阐明如何矫正人个性的偏失，袁燮本其心学思想阐释云：

> 民受天地之中以生，所谓命也。天之所以为天，中而已矣。天得此中而为天，人得此中而为人，天以此中降人，人受此中而生焉。故

---

① （宋）袁燮：《絜斋家塾书钞序》，《丛书集成》续编，上海书店，1994，第695页。
② （宋）袁燮：《絜斋家塾书钞》卷5，第793页。
③ （宋）袁燮：《絜斋集》卷10《韶州重修学记》，影印文渊阁《四库全书》集部第114册，台湾商务印书馆，1986，第119~120页。

曰："中也者，天下之大本。"大本者，人心也。人心者，中也。人之本心固至中而不偏。①

上天赋予人的"本心固至中而不偏"，袁氏认为人性是没有丝毫缺陷的。不管是程朱理学，还是陆王心学，都对人性的同构性有相同认识，人禀天地之中而得良心善性，这是人的类本质。人"至中不偏"之本心乃现实价值之根源，是明识道理的关键。"本心"又是一切人间秩序的根源，《皋陶谟》"天叙有典，敕我五典五惇哉！天秩有礼，自我五礼有庸哉！"解云："所谓天叙者，天理自然有此次叙也。天秩者，天理自然之品秩也。所谓天者，吾心以为当然者是已，吾心即天也。"②袁燮"吾心即天"之说乃心学主旨，这里以天的恒常性阐明了人间秩序、伦理的永恒性。

人的类本质是同一的，但现实的个体却是千差万别的，这种差异来自何处？陆九渊指出"人生天地间，气有清浊，心有智愚，行有贤不肖。必以二涂总之，则宜贤者心必智，气必清；不肖者心必愚，气必浊。"③陆九渊以气之清浊解释了现实人性的差别。袁燮秉承师说，以气禀说阐释了个体之差别，如解《皋陶谟》"宽而栗，柔而立，愿而恭，乱而敬，扰而毅，直而温，简而廉，刚而塞，强而义"一节，经义主要阐明如何矫正人个性的偏失，袁燮云：

人之本心固至中而不偏。然广谷大川异制，民生其间者异俗，刚柔轻重迟速异齐，禀山川之气要不能无偏者。④

气禀不同而导致了人性格的差异，但气禀说更多的是出生环境决定的，带有与生俱来的特性，个体无法选择。气禀不同之外，陆九渊还阐明了人之善恶不同来自物欲（利欲）、个人思想及所接受学说等后天因素，其与邓文范书云："愚不肖者之蔽在于物欲，贤者智者之蔽在于意见，高下污洁虽不同，其为蔽理溺心而不得其正则一也。"⑤"物欲""意见"是

---

① （宋）袁燮：《絜斋家塾书钞》卷3，第747页。
② （宋）袁燮：《絜斋家塾书钞》卷3，第751页。
③ （宋）陆九渊：《陆九渊集》卷6《与包祥道》，中华书局，1980，第80页。
④ （宋）袁燮：《絜斋家塾书钞》卷3，第747页。
⑤ （宋）陆九渊：《陆九渊集》卷1《与邓文范》，第11页。

遮蔽人善性的重要因素。解《说命中》"惟天聪明，惟圣时宪"云："人之聪明有时而不聪明，天之聪明则无时而不聪明，利欲昏之，外物夺之，人固有时而不聪明矣。"①"本心"易被利欲外物遮蔽，这是导致不明事理的关键，去除物欲之蔽就成为复性的一大关键，其解《大禹谟》"惟精惟一，允执厥中"云：

> 只是道心隐微不著，人心既危，道心又微，然则当如之何？惟精惟一者，此圣人之所以用功也。精是精细，一是纯一。十分仔细，不敢一毫忽略，是之谓精。圣贤工夫直是精密，今人所以有过，不精故也。……所谓一者，有一毫之私意，有一毫之人欲，便不是一。惟精惟一，则人心必不至于危，道心亦不至于微。②

以精一为复性工夫，就是要做到无"一毫之私意"、无"一毫之人欲"，精诚专一。"方其喜怒之萌，反而以道理观之，其当喜耶？不当喜耶？当怒耶？不当怒耶？方其声色之接，反而以道理观之，其当好耶？不当好耶？"③ 以"道心"体察是非美恶，不敢有一毫懈怠，此乃圣人用功处。袁燮完全接受了陆九渊思想，在《书》解中随处呈现。

在经学世界里，经学的阐释成为个人思想、学派思想确立的重要途径，解经以优入圣域，经学阐释成为士人自我成就的媒介，这一思想建构的途径是具有鲜明的民族特色的，《四库总目》对这一问题有鲜明的揭示。经学阐释和时代思潮形成一种深层的互动，建构着士子精神的同时建构着民族精神。

三　时代的阈限

毋庸讳言，《四库全书总目》无疑是有错误的，前贤多有研究，有的错误是可以理解的，如学术价值取向不同，如未见原书而必须做判断。站在今天的学术视野来看，提要中有的评述需要重新审视。比如薛季宣《书古文训》以古文奇字摹写《尚书》经文，四库馆臣谓"以古文笔划改为今体，奇

---

① （宋）袁燮：《絜斋家塾书钞》卷7，第839页。
② （宋）袁燮：《絜斋家塾书钞》卷2，第737~738页。
③ （宋）袁燮：《絜斋家塾书钞》卷4，第737页。

形怪态不可辨识，较篆书之本尤为骇俗，其训义亦无甚发明。"黜而存目"一以杜好奇之渐，一以杜变乱古经之渐也"。① 站在经学作为正统思想的视角来看，四库馆臣的观点无疑是正确的，篡乱古经，故为新奇，不可为法。但薛季宣《书古文训》摹写隶古定而保存了大量隶古奇字，段玉裁以为"盖集《说文》、《字林》、《魏石经》及一切离奇之字为之"。② 孙星衍则认为"季宣此书既与《汗简》、《集韵》诸书所引古文多符合，亦颇采《说文》、《玉篇》所谓古文者"。③ 可见这些古文皆有来源，奇形怪态多可辨识，为开文字研究一途，所启于后者甚巨。薛季宣《书古文训》所载经文多以古文奇字书之，是书存隶古定字 796 字，出自《说文解字》所录古文、籀文者 516 字，出自郭忠恕《汗简》者 426 字，合于《说文解字》与《汗简》302 字，又有引自《史记》5 字、《汉书》4 字，亦有合于汉石经、陆德明《经典释文》、敦煌写本、唐写本者，庶可谓字字有来源，绝非伪造。隶古奇字无法查考者绝少，如"徂"写作"处"，"砥"作"誓"，"杌"薛本作"卼"。《书古文训》字形有摹写错误之处，《胤征》"火炎昆冈"之"炎"薛本写作"烾"，此乃"赤"之古文，④《君奭》"惟时二人弗戡"之"戡"《书古文训》为"咸"，此乃"成"之古文，"戡"古文当为"戎"。文字的差异还会带来经义的阐释差别，薛氏对《尚书》古文的收集整理，对于了解《古文尚书》有重要意义，对于正确释读经义有重要启示作用。如《盘庚上》"予亦拙谋"，"拙"《传》训为"笨拙"。薛本作"灿"，《说文》引为古文，段玉裁注云："《类篇》作'火不光'，《集韵》六术曰'灿，郁烟貌。'……烟盛则光微"，⑤ 薛氏用《说文》之解，云："灿，火光，言微烬也。"释经义为"我不谋于微"，盖谓己之宽厚而至臣下放逸不从，较《传》准确。薛氏以古文而得确解，可见文字对于经义的正确解释具有根本性的作用。薛季宣的《书古文训》绝非毫无价值，我们需要重新审视四库馆臣之评述。

有的是四库馆臣未见原书，故评述有误。如陈大猷《尚书集传》，四

---

① （清）永瑢等：《四库全书总目》卷13，第106页。
② （清）段玉裁：《尚书撰异》，四部要集注疏丛刊《尚书》（中），中华书局，1998，第1763页。
③ （清）李遇孙：《尚书隶古定释文序》，续修四库全书经部第48册，上海古籍出版社，2002，第36页。
④ （清）段玉裁：《说文解字注》，上海古籍出版社，1988，第491页。
⑤ （清）段玉裁：《说文解字注》，第480页。

库馆臣云:"陈大猷为理宗初人,故所引诸家仅及蔡沈而止,其称朱子曰朱氏、晦庵氏,持论颇示异同,至论《尧典》'敬'字一条,首举'心之精神谓之圣',此《孔丛子》之语而杨简标为宗旨者,其学出慈湖更无疑义。"①陈大猷与朱子说立异是不能成立的,《书集传》引朱子说136则,无完全反对朱子之说,或是以朱子说补充他人之说,或以他人之说补充朱子之论,大多是直接引用朱子之说。《或问》引朱子(称朱氏或晦庵)说25则,不赞同者仅4则。如陈大猷不取朱子"贲若草木,兆民允殖"之解,认为与上文重迭,与下文不相串,不若夏氏之说。②陈大猷不赞同朱子《洛书》自一至九而无文字之说,认为与经言"锡九畴"不符。《梓材》篇解"明德"不用朱子"心之虚灵知觉为明德"说,陈大猷认为此说是以智言之,但"非智之一端所能尽",因为"仁、义、礼、智皆为明德"。③据此可知陈大猷是尊朱子说的,不赞同朱子处极少,如四库馆臣之说不确。四库馆臣又以陈大猷解"《尧典》'敬'字一条为例,谓其首举心之精神谓之圣",④此语见于陈大猷《书集传或问》,而《书集传》却不见此语。四库馆臣为了坐实为东阳陈大猷,乃谓"此《孔丛子》之语而杨简标为宗旨者,其学出慈湖更无疑义",此说出于臆断。《或问》卷上云:

> 或问东莱谓敬乃百圣相传第一字,其义何如?而人之于敬若何而用力邪?曰:心之精神是谓圣。盖心者,神明之宗也,所以具万理,灵万物,应万事,是为斯道之统会也。故天地广矣,而此心包乎天地。鬼神幽矣,而此心通乎鬼神。八极至藐,此心倏然而可游,万里至远此心俄然而可到。敛之不盈握,舒之弥六合,不疾而速,不行而至,此天下之至神也。然出入无时,莫知其乡,操之则存,舍之则亡。心不在焉泰华耸前而目不见,雷霆震后而耳不闻,不火而热,不冰而寒,须臾有间,天壤易位,孰主其主而宰其宰哉?亦曰敬而已。

---

① (清)永瑢等:《四库全书总目》卷11,第95页。
② (宋)陈大猷:《书集传或问》卷上朱子曰:"贲若,言草木之美。允殖,言兆民信安其生。罪人既黜伏,天命既弗差,故草木华美,百姓丰殖,谓人物皆遂。"(第196页)夏僎云:"天命祸福无有僭差,贲然明著如草木然,民所殖则生,所不殖则死,信出于民之所面而已。盖汤者民之所殖,而桀者民之所不殖也。"(陈大猷《书集传》卷四,第60页)
③ (宋)陈大猷《书集传或问》卷下,纳兰性德《通志堂经解》第6册,广陵书社,2007,第213页。
④ (清)永瑢等:《四库全书总目》卷11,第95页。

敬者，心法也。即文王所谓宅心也，即孟子所谓存其心、求放心也，即杨子云所谓存神而神不外也，即程子所谓主一无适心常在腔子里也，即上蔡所谓常惺惺法也，即和靖所谓此心收敛不容一物也。静亦静，动亦动，无内无外，无将无迎，其处也泰然，其立也卓然，其豁也洞然，其止也凝然，其照也湛然，一尘不留，万境呈露，由是而诚意正心，由是而修身齐家，治国平天下，而圣学之功用可全矣。①

这一段文字无疑可见禅学思想的影子，习禅是宋代学者的通习。又论及从文王、孟子、扬雄、程颐到谢良佐、尹焞的心法脉络，这是以理学为旨归的道统脉络，没有心学的影子。陈大猷引文虽及陆九渊"无极"之辨一段，云：

周子"无极而太极"一语，先儒辨论角立，如何？曰：象山以无极为非，则以为此非周子之言。南轩以为此乃莫之为而为之之意，非真言无。是皆不欲言无之一字而为此辨也。……夫谓之太极则其有已肇矣，非有则何所指以为极？夫既肇于有，则未有之先非无而何？其曰"无极而太极"，此理之自然而然者也，但圣人不言而周子言之耳，何疑之有？②

直接批驳陆九渊观点之非，无有余地。又《书集传》引及心学之陈经、袁燮，乃二人有《尚书》专著故也，四库馆臣仅以此断学派之皈依，不免附会草率。详考陈大猷《书集传》《或问》引书，多及浙东学者，其侧重在林之奇、吕祖谦一脉显明，故陈大猷当属浙东学派。四库馆臣认定是书作者为东阳陈大猷，结论是正确的，但证据是站不住脚的。从时间上看，陈大猷嘉熙二年（1238）上奏《书集传》于朝廷，此时都昌陈大猷才7岁，所以朱彝尊的怀疑是完全可以排除的。不读原著而下结论是危险的，但今日有很多硕博学位论文据《四库提要》而成，有的完全缺乏对原著的研读。

不管历史情境如何，在今天看来，《四库全书》及《四库全书总目》是一个民族对自己传统文化的一种总结与反思，体现了文化的高度自觉，

---

① （宋）陈大猷：《书集传或问》卷上，第176~177页。
② （宋）陈大猷：《书集传或问》卷下，第208页。

其经验是值得今天的文化建设借鉴的。在全球化时代如何保持民族文化自身的特性，学科分化越来越精细化的今天，我们如何处理民族旧有的知识门类，比如作为传统中国主流文化的经学按今天的知识分类则无法纳入体系之中，即使强行纳入也会面临种种质疑，传统的《诗经》注疏文本不管纳入文学类还是哲学类，都有不合理的地方，今天我们需要反思以西方学科标准来切割自己文化传统的做法。如何真正认识自己民族文化的价值，走出反传统时代的文化虚无主义，在中西文化交流碰撞中挺立，无疑需要学人的艰苦努力。新的时代需要新的视野、新的方法重建一个民族的文化认同，需要设立具有自身民族特色的学科以传承自己固有的文化，全面反思和总结民族文化的自身品性有助于我们更好地迎接将来，推进文化软实力的提升，实现民族文化的伟大复兴。

邓之诚《清诗纪事初编》对《四库提要》的接受与批评论略[*]

张晓芝^{**}

摘　要：邓之诚《清诗纪事初编》作者小传的写法与《四库提要》极为相近，通阅《初编》可知，邓氏其实是将《四库提要》作为一个参照体和批评体。《初编》和《四库提要》有着共同传主逾一百七十人，通过比较这相同的传主发现，《初编》对《四库提要》的接受，主要表现为诗人小传在形式上对《四库提要》的模仿，简短扼要而又不失要领，将其置于提要之中，几可乱真。然而邓氏受《四库提要》影响之深不只是《四库提要》的写作方法，更重要的是他能够对诗人事迹进行考证，对诗集版本进行探索，对诗歌特点进行评判。邓氏的史学视野具有文学之气质，而文学品评之中也契合相关史实研究，二者的结合粗略形成清初文人诗文评价这一学术体系。

关键词：《清诗纪事初编》；《四库提要》；史学思维；文学批评；接受史

Study on the Acceptance and Criticism of *Qing Shi Ji Shi Chu Bian* to *Si Ku Quan Shu Zong Mu Ti Yao*

Zhang Xiaozhi

Abstract: The biography of author between Deng Zhicheng's *Qing Shi Ji Shi Chu Bian* and *Si Ku Quan Shu Zong Mu Ti Yao* is very close. In fact, *Si Ku*

---

* 本文系四川外国语大学年度科研项目"《四库全书总目》明人别集提要对明代文坛的勾勒"（批准号：SISU201620）的阶段性成果。

** 张晓芝，四川外国语大学中文系副教授，南开大学文学院博士后研究人员。

Quan Shu Zong Mu Ti Yao is the model of reference and criticism on Deng Zhicheng's Chu Bian. There are more than one hundred and seventy people's biography in common in the two works. Through the comparison of the same biography, the acception of Chu Bian towards Si Ku Quan Shu Zong Mu Ti Yao mainly revealed in the form of the poet biography. Chu Bian's imitation is brief and significant. However, the Si Ku Quan Shu Zong Mu Ti Yao by Deng's deep influence is not only on the writing method of Si Ku Quan Shu Zong Mu Ti Yao, but also on the textual research of poets deeds, the poetry version, and the characteristics of poetry. Deng's historical vision has the makings of literature, and literary criticism is also related to the study of relevant historical facts. The combination of the two forms roughly forms the academic system of poetry and prose evaluation in the early Qing dynasty.

Key words：Qing Shi Ji Shi Chu Bian；Si Ku Quan Shu Zong Mu；Historical Thought；Literary Criticism；History Acceptance

《清诗纪事初编》是邓之诚先生辑录的清初纪事诗编，此书具有很重要的文献价值。尤其是列于纪事诗歌之前的那六百余篇诗人小传，成为此书的精华所在。每一个诗人名下列有别集名并附卷数，简介中则包括诗人的生平事迹、著述版本、诗歌特点以及前人或邓氏的评价之语。对于这样一部筚路蓝缕之作，后世批评之语甚多。① 如钱仲联1987年在给苏州大学明清诗文研究室的信函中说，"邓书附会影响，甚至杜撰虚造，逞其私智，误人不浅"。② 评价之低、批评之重可见一斑。《清诗纪事》前言以苏州大学明清诗文研究室的名义对邓氏《初编》亦有评价，"至于近人邓之诚，以史学家治诗，对收入《清诗纪事初编》的六百诗人的生平经历精确考

---

① 按，秦蓁《〈清诗纪事初编〉略论》(《史林》2002年第3期)、朱则杰《重读第一部清代诗歌文献学著作——〈清诗纪事初编〉》(《淮阴师范学院学报(哲学社会科学版)》2004年第3期)、张毓洲《论邓之诚〈清诗纪事初编〉的文献学价值》(《甘肃理论学刊》2011年第1期)，评价较为公允。朱则杰说，"《初编》作为第一部筚路蓝缕的清代诗歌文献学著作，其本身存在这样那样的错误与疏漏，这应该说也是完全可以理解的；后人如有条件，只要客观地予以指出并更正便好"〔《淮阴师范学院学报(哲学社会科学版)》2004年第3期，第383页〕。

② 钱仲联：《清诗纪事》附录《有关〈清诗纪事〉研究与评论文献》，凤凰出版社，2004，第1页。又见钱仲联著，周秦编《钱仲联学述》，浙江人民出版社，1999。

订,详作记载,对他们的著作及其版本、序跋、注家一一加以介绍评说,其学术性自要高出前人,但似而未从诗话笔记入手,采录之诗虽多言事,却常病空泛而不具体,笼统而无特定背景"。① 此段评价较钱氏信札之言稍缓一些,也较为具体,而且特别指出,"其学术性高于前人"。汪世清则专对《初编》中诗人的生卒年之误进行指摘,② 朱则杰也有过相关研究。客观而论,从史料辑录的角度而言,邓氏之书远不及钱氏所编《清诗纪事》详赡。但是从学术价值的角度来看,邓氏之书有其特殊之处。这个特殊之处主要来自六百余篇诗人小传,它是邓氏史学素养、考据之功和学术思想的综合体现。而《清诗纪事》作者小传部分几近全部是文献摘录,无考无评,是一部清代纪事诗歌文献资料的总汇。

在以人为纲的编纂体例之下,开篇之诗人小传成为邓氏《初编》的学术着眼点,其文献量和信息量都很大。比较其与《唐诗纪事》《宋诗纪事》《辽金元诗纪事》以及《明诗纪事》中的作者小传,邓氏"在编例上自成一体",③ 也就是苏州大学明清诗文研究室所认为的难以与"历代诗纪事配套衔接"。④ 那么,邓氏"自成一体"的写作手法是不是独创呢?其所遭受的批评该如何看待?在细读邓氏《初编》之后发现,对邓氏的批评其实是不甚合理的。事实上,这个体例主要之不同在于小传的撰写,而小传的写法也非邓氏独创,而是刻意模仿《四库提要》。细析诗人小传,邓氏《初编》与《四库提要》的写法极为相近。邓氏《初编》深受《四库提要》之影响,其具有学术性和文献性双重标准。邓氏受《四库提要》影响之深不只是来自模仿《四库提要》的写作方法,更重要的是他能够对诗人事迹进行考证,对诗集版本进行探索,对诗歌特点进行评判。下面就《初编》对《四库提要》的接受和批评做几方面评论,敬请指正。

一 《初编》对《四库提要》的接受

钱仲联诟病邓氏之处,在于邓氏撰写的诗人小传,在形式上打破了纪

---

① 钱仲联:《清诗纪事》前言,2004,第3页。
② 汪世清:《艺苑疑年丛谈》,紫禁城出版社,2002。
③ 钱仲联:《清诗纪事》前言,第3页。
④ 钱仲联:《清诗纪事》前言,第3页。

事诗的体例。纪事诗作者小传的写法极为简略,几乎不涉考证,钱氏所编《清诗纪事》即是如此。兹举一例如下:

> 韩菼,字元少,号慕庐,江苏长洲人。康熙十二年癸丑进士,授翰林院修撰,官至礼部尚书。卒后谥文懿。有《有怀堂集》。①

而邓氏《初编》介绍作者时,写作之法却有所不同:

> 韩菼,字元少,号慕庐,长洲人。康熙十二年进士第一人及第,官修撰。以工制艺,久值内廷,二十六年告归。时徐钱学与明珠结党相攻,菼素受知于乾学,事后不为所累。然于徐氏之交,始终不改,颇为人所称。起官至礼部尚书,兼掌院学士。平定朔漠方略政治典训一统志律例之修,皆命菼领之。四十二年,乞休不允,且责其日与庶吉士饮酒,教习不勤,盖有进谗者。翌年再请不许,竟卒于官,年六十八。事具《清史列传·大臣传》。撰《有怀堂诗稿》六卷,《文稿》二十二卷。文学欧、曾,甚有法度。序记之文或失之泛爱,纪事多足征一时掌故。诗分《踯躅》《归愚》《病坊》《槃迷》四集,亦颇温厚有旨。《四库提要》以为诗非所长,翁方纲辈奉王士禛为主臬,感旧集未录菼诗,遂不免轻下雌黄也。②

邓氏作者小传的撰写有史学视野,勾勒事迹之法与《四库提要》相似。就《四库提要》而言,明清之际诗文作者的介绍较唐宋时期稍详。③而无论如何翔实,较之邓氏《初编》,《四库提要》在作者事迹方面均显简略,尤其是存目提要中的作者介绍。《四库提要》存目有《有怀堂诗文稿》提要,将这篇提要与《初编》韩菼小传进行比较,似是提要的扩展版。提要如下:

> 菼字元少,号慕庐,长洲人。康熙癸丑进士第一,官至礼部尚书,乾隆三十年赐谥文懿。是集为菼所自编。凡诗六卷,分《踯躅》《归愚》《病坊》《击迷》四集。文二十二卷。菼以制艺著名,其古文

---

① 钱仲联:《清诗纪事》康熙朝卷,第660页。
② (清)邓之诚:《清诗纪事初编》,上海古籍出版社,2012,第325页。
③ 何宗美、张晓芝:《〈四库全书总目〉的官学约束与学术缺失》,人民文学出版社,2017,第211页。

亦法度严谨。凡安章宅句，皆刻意研削。然其不能脱然于畦封，亦即在此。诗则又其余事矣。①

需要指出的是，邓氏对于诗人小传的撰写则明确说明："小传摹列朝诗集而作。"② 而与《列朝诗集》不同之处在于，邓氏对诗人诗文特点进行了评价。结合《初编》的诗人小传来看，其主要内容涵盖诗人事迹、诗集版本、特点评判等。整篇小传与《四库提要》如出一辙，邓氏《初编》袭《四库提要》之法，仿《四库提要》成文已是事实。而其依靠自身史学功底，加之主观的诗歌评判的写作笔法，将《四库提要》评论纳入研究范畴进行批评，已然突破了"纪事体"的写法，这或许是钱氏所谓"逞其私智"的主因。

《初编》622家诗人小传，效《四库提要》写作之法。对于史料出处的处理之法，似乎也在模仿《四库提要》，即并非所有传记都指出史源出处。很大一部分诗人小传事迹来源不明，兹举一例如下：

> 吴廷桢，字山抡，长洲人，康熙三十五年北闱举人。以冒籍黜，召试复名，入直武英殿修书。四十二年成进士，改庶吉士，授编修，升谕德，卒。有《南村诗集》《古剑书屋文钞》。康熙中三馆修书甚盛，与修者岁时有宣赐，间有官房，优者偶得赐举人、进士，人以为荣。而卯入亥出不休，月给至薄。馆中咸寄耳目于宦竖，稍怫其意，必巧中以谮，立遭斥逐。其能终始无过失者，必恭谨逾恒者也，然亦未尝得优遇。何焯欲求貂冠，直仅三金，至遍募人出资不可得，其穷可知。若廷桢所遇，亦固其所，乃尚有人称其时崇文重儒，殆不然矣。③

此则小传的一个明显特点就是不言史料出处。诸如此类的写法在《初编》中占很大比例，这一点与《四库提要》也颇为相似。《四库提要》别集类存目十一有吴廷桢《古剑书屋文钞》提要一篇，其云：

> 国朝吴廷桢撰。廷桢字山抡，长洲人。康熙癸未进士，官至左春坊左谕德。是编凡诗八卷，末附补遗及诗余，又杂文二卷。乾隆丙子

---

① （清）纪昀等：《钦定四库全书总目》，中华书局，1997年，第2554页。
② （清）邓之诚：《清诗纪事初编》序，2012，第3页。
③ （清）邓之诚：《清诗纪事初编》，第328~329页。

其孙士端刊于贵州。其名曰"古剑书屋"者，圣祖南巡，廷桢以举人召试，御书《古剑篇》以赐，因以为名，志荣遇也。①

吴廷桢，《清史列传》有传，不言史料出处，尚有迹可寻。但对于正史无传的文人，似该有所介绍。《初编》李生光小传记录个人事迹只言其，"字暗章，绛州人，崇祯十七年甲申年五十，弃诸生，自号汾曲逸民"。② 对于这种正史无传、史料难以寻求的人物而言，应于行文之中介绍史料来源。邓氏为史学大家，对史料甚为熟悉，信手拈来实非难事。且邓氏在《清诗纪事初编》序言中说，"今之采摭，但以证史"。③ 既为证史，史料之源当不可失。邓氏对清代史料颇有微词，其作《初编》之宗旨亦是为了"以诗存人、以诗系事、以诗补史"。④ 鉴于清代史家著述不外乎考补，而"当代史事，述者寥寥"，⑤ 邓氏编撰《初编》的目的在于使读者"读其诗而时事大略可睹"。⑥《初编》是将清代开国八十年纪事诗作为整体进行选录，这种文献的选录涉及史料（小传的撰写）、诗歌，因而兼具史实和文学性质。就小传而言，其提要式的写作手法虽然在形式上受到《四库提要》的限制。但从另一角度来看，《初编》的诗人小传模仿《四库提要》，形似且神似，两者相较，《初编》似有超越《四库提要》之处。如方殿元小传，邓氏是这样完成的：

> 方殿元，字蒙章，号九谷，番禺人。康熙三年进士，官郯城江宁知县，居忧阻兵不得归，侨居苏州。家有广歌堂以延名士，酬唱极盛。撰《九谷集》六卷，凡诗四卷，文一卷，《环书》一卷。其诗纯以神行，境界甚高。粤中以殿元及其二子还朝，并程可则、陈元孝、王邦畿、梁佩兰称为岭南七子。集中《旧边》八首，颇练习当代掌故。其他文告，留心民事，能知情伪，乃所著《升平二十书》《环书》。欲以经术缘饰吏治，持论未免过高矣。⑦

---

① （清）纪昀等：《钦定四库全书总目》，第2573页。
② （清）邓之诚：《清诗纪事初编》，第167页。
③ （清）邓之诚：《清诗纪事初编》序，第1页。
④ 秦蓁：《〈清诗纪事初编〉略论》，《史林》2002年第3期，第59页。
⑤ （清）邓之诚：《中华二千年史》序，中华书局，1983，第7页。
⑥ （清）邓之诚：《清诗纪事初编》序，2012，第3页。
⑦ （清）邓之诚：《清诗纪事初编》，第982~983页。

《四库提要》之《九谷集》提要则云：

> 国朝方殿元撰。殿元字蒙章，九谷其别号也，番禺人。康熙甲辰进士，历官郯城、江宁二县知县。是集，凡乐府二卷，诸体诗二卷，杂文一卷，末卷为《环书》上下篇，附以四书讲语数则；其《环书》下篇多发明易义，盖亦杂家流也。①

《初编》诗人小传较《四库提要》尤可胜之。结合方殿元小传，再将《初编》与《四库提要》重合的170余人的小传和别集提要进行比较，二者其实难分伯仲，其主要差别或有以下几种情形：一是《初编》除去人物字、号和主要事迹外，其余内容与《四库提要》并不相同；二是《四库提要》略者，《初编》详之，反之亦然；三是邓氏文史兼擅，史料的补充和辨证往往有针对性，文学观念的判断和分析也较为合理，此点容后详述。张之洞言《四库提要》乃"学术门径"之良师，② 邓氏对《四库提要》的研习或许早已超过一般学者。有研究者指出，"邓之诚先生撰《初编》的近源，应是元好问的《中州集》、钱牧斋的《列朝诗集》、及杨锤羲的《雪桥诗话》"，③ 此探源合理有据，若从形式与内在合二为一的角度来看，《四库提要》似乎是邓氏专意模仿之作。

二 《初编》与《四库提要》诗文评价观的差异

对于传主的评价，邓氏仿《四库提要》盖棺论定之法，也会做出言简意赅之评。如评价王崇简说"诗文皆无诡随之习"，④ 一语蔽之，确切精炼。评高珩曰"诗文皆似白居易"，⑤ 论裘琏说"其文皆史论，笔亦廉干"，⑥ 评王又旦诗云"其诗多山水友朋之恩，时有幽情，伤时念乱，偶一流露，颇极刻画，而不失之于漓"，⑦ 评丁炜说"诗摹唐贤，音调谐和，文

---

① （清）纪昀等：《钦定四库全书总目》，第2551页。
② 张之洞著，赵惟熙增补《增补輶轩语》之《语学第二·读书宜有门径》，光绪二十一年乙未（1895）陕西学署刻本。
③ 秦蓁：《〈清诗纪事初编〉略论》，《史林》2002年第3期，第61页。
④ （清）邓之诚：《清诗纪事初编》，第611页。
⑤ （清）邓之诚：《清诗纪事初编》，第667页。
⑥ （清）邓之诚：《清诗纪事初编》，第857页。
⑦ （清）邓之诚：《清诗纪事初编》，第874页。

亦修洁",① 皆切中传主诗文之特点。从接受史的角度来看，《初编》对《四库提要》人物小传有高度的认同。但也应该指出，邓氏对《四库提要》的接受是"批判式"认同。邓氏力图以历史学者的眼光，在历史透视中建立合乎事实的理论点，因此他的《初编》对《四库提要》中的观念多所辨证。这些不同的观点集中体现在对传主诗文的评价之上，特别是对于《四库提要》存目提要之中的作者，邓氏从自己研究的角度给出了评价。为了能够清楚地看到传承，也为了能够对邓氏《初编》的学术价值有更深入的了解，现从诗文评价角度入手，比较《四库提要》与《初编》二者之不同。

在比较两者的过程中发现，《四库提要》对《初编》影响史，《初编》对《四库提要》接受史、效果史是交叉出现的。当然，对四库馆臣和邓氏而言，他们对传主诗文的评判是一种"读者文学史"，或许是仁者见仁智者见智的事。但是，无论是对于《四库提要》，还是对于《初编》而言，对单个文学现象的处理都是基于厚实的文献基础的；不仅如此，当时文人所处的时代特点以及同时代相关评论都是可资借鉴的重要史料，这是一项重要的参照。《四库提要》在邓氏这里是一个多维视角，既可以参考又可以批评。既然"学术研究必须在多重空间沉潜与运思"，② 那么《初编》中的评价就有了不同角度的可能。事实上，诗人诗歌或文章的整体色彩在当时的历史背景之下已然固定，后世研究者是否能够较为准确地分析出他们诗文的特点，是评判这一学术研究合理与不合理的一条途径。

这里比较会选择《四库提要》与《初编》有交叉的作家，也就是说从170余位有别集提要的作者中分析《四库提要》与《初编》观点的异同。

（一）直取《四库提要》之说并作补充

《四库提要》与邓氏《初编》在对部分文人的评价上保持着一致性。《四库提要》之《性影集》提要云，"其名'性影'者，盖取邵子'情为性影'之说也"。③ 而邓氏直说"性影者情也"，④ 并对此有较为深入的解释，"（王时宪）言诗有情文……谓诗只有情之谬，盖时宪喜摹魏晋唐宋，不名一家，与奇龄标格出于云间，专惊三唐者有合，故借性影二字，发挥

---

① （清）邓之诚：《清诗纪事初编》，第972页。
② 陈文忠：《中国古典诗歌接受史研究》，安徽大学出版社，1998，第28页。
③ （清）纪昀等：《钦定四库全书总目》，第2575页。
④ （清）邓之诚：《清诗纪事初编》，第416页。

其说"。① 这种直取《四库提要》之说,又能对其进行完善是《初编》学术价值的一种体现。对于王时宪诗歌的评价,《四库提要》较为笼统,言其"近体颇饶风致,拟古诸作则随意抒写,不甚求工",②而《初编》则似乎是直指其本质,所谓"性影"者,实际上是"时宪拟体",而"徒存腔拍,非真知六朝者",所以"篇幅虽多,无纪事之作,咏物游览,亦未得真诣"。③《性影集》今有康熙五十年高玥刻本,《四库全书存目丛书》集部有影印本,细读文本可知邓氏所言不虚,时宪诗歌吟咏风物之作和拟古之作颇多,而《四库提要》所谓"近体风致""拟古不工"也是合理。

在《初编》中,这一部分的诗人小传所占比例不是很大。邓氏以历史学家的眼光审视文学,可能会存在偏差,因而一般情况下他首先会关注《四库提要》所言。例如《四库提要》存目中《栖云阁诗》提要评价高珩诗歌云,"其诗多率意而成,故往往近元、白《长庆集》体"。④邓氏《初编》接受《四库提要》所论,但观点的接纳并不妨碍其对《四库提要》进行补充,云其"诗笔超然,出手即成……文有典则,其关于国计民生者,往往足资参考。诗文皆似白居易"。⑤诸如此类的小传还有费密、王夫之、董说、李标等。

(二) 否定《四库提要》之说

在《初编》中,否定《四库提要》对作者诗文评价观念的占很大一部分,此书的价值也在于此。也就是说,邓氏从纪事诗的角度对传主诗文进行审视,注意到作者诗文的不同特点。而这些特点既有文献支撑,也有理论依据。邓氏以历史学家的视野编辑相关历史文献,获取有效信息,而理论依据最常见者则是历代评论家的评介。

《四库提要》之《柳塘诗集》提要评吴祖修诗歌颇为"雅驯",⑥而邓氏则云"其诗不甚工",⑦两者之间明显矛盾。今检《柳塘诗集》,其诗雅驯不足而轻率有余,由此可见邓氏眼光之敏锐。在其所选的几首纪事诗

---

① (清)邓之诚:《清诗纪事初编》,第416页。
② (清)纪昀等:《钦定四库全书总目》,第2575页。
③ (清)邓之诚:《清诗纪事初编》,第416页。
④ (清)纪昀等:《钦定四库全书总目》,第2518页。
⑤ (清)邓之诚:《清诗纪事初编》,第667页。
⑥ (清)纪昀等:《钦定四库全书总目》,第2572页。
⑦ (清)邓之诚:《清诗纪事初编》,第67页。

中，有《剃头》二首，其一云，"吾生适值鼎将迁，卅载头毛未许全。四角不妨芟似草，中央何必小于钱。偶然梳篦诚为赘，时复爬搔也觉便。此后萧萧人莫笑，黑头摇落到华颠"。① 此诗虽较打油诗工整，但并无半点雅驯之韵。《柳塘诗集》卷二中的《赛神》《田家镇》《小孤》等，卷三中的《娇儿》《暑夜》《九日》《寒》等，卷五《岳坟》《于墓》《五世》等，这些诗歌不仅不工，且与雅驯相隔甚远。

又，《四库提要》存目中《万山楼诗集》提要评价许虬云，"《跋》曰：'予已于十九首中和此题矣，今复因曙戒之订，共和陆平原篇成，自咏一过，确是晋古，非汉古也。诗之升降微矣。'观其持论，知无往非双钩古帖也"。② 而邓氏则直接反对此说，"虬诗学六代三唐，才情飙举，惜少持择，苦于不似。而《四库提要》以为太似，摭其晋古汉古之言，讥为双钩古帖。清代论诗率贵宋，云有变化。若汉魏六朝，辄以摹拟轻之。譬如临帖，不先求似，焉有变化乎？"③ 邓氏评论可谓直击要害，特别是对四库馆臣论诗"贵宋"而轻"汉魏六朝"的指摘，颇为有理。

同样，韩菼的《有怀堂诗文稿》提要，《四库提要》云："菼以制艺著名，其古文亦法度严谨。凡安章宅句，皆刻意研削。然其不能脱然于畦封，亦即在此。诗则又其余事矣。"④ 而邓氏《初编》却并不认同这种评价，他认为韩菼，"文学欧、曾，甚有法度，序记之文或失之泛爱，纪事多足征一时掌故。诗……亦颇温厚有旨。《四库提要》以为诗非所长，翁方刚辈奉王士禛为圭臬，《感旧集》未录菼诗，遂不免轻下雌黄也"。⑤ 这段直指《四库提要》之失的文字，对四库馆臣的评判也有据有理有力。王士禛评诗论诗之语，常被四库馆臣征引，以为不刊之论。邓氏在《初编》所辑录的韩菼《上健菴师八章以既明且哲以保其身为韵》八首诗，讽喻变化，雅正有序，存志高远，较清初诗人实为中上者。

再看朱鹤龄及其《愚庵小集》，《四库提要》对朱氏有较为详细的评价，"鹤龄始专力于词赋，自顾炎武勖以本原之学，始研思经义，于汉

---

① （清）吴祖修：《柳塘诗集》，《四库全书存目丛书·集部》第262册，齐鲁书社，1997，第170页。
② （清）纪昀等：《钦定四库全书总目》，第2533页。
③ （清）邓之诚：《清诗纪事初编》，第324页。
④ （清）纪昀等：《钦定四库全书总目》，第2554页。
⑤ （清）邓之诚：《清诗纪事初编》，第325页。

邓之诚《清诗纪事初编》对《四库提要》的接受与批评论略

唐注疏皆能爬梳抉摘，独出心裁。故所作文章亦悉能典雅醇实，不蹈剽窃摹拟之习……尝笺注杜甫、李商隐诗集，故所作韵语，颇出入二家之间，而寄兴清远，能不自掩其神韵。与钱谦益为同郡，初亦以其词场宿老，颇与唱酬。既而见其首鼠两端，居心反覆，薄其为人，遂与之绝"。① 而邓氏《初编》则云，"诗近香山，文醇而不肆"。② 所谓"诗近香山"之说，是邓氏对《四库提要》之反驳，其并不认同《四库提要》所言"尝笺注杜甫、李商隐诗集，故所作韵语，颇出入二家之间"。之后邓氏就此进行了详细分析，并对朱鹤龄遭人疑忌的原因进行了深入研究，亦不认同《四库提要》所谓鹤龄"见其（钱谦益）首鼠两端，居心反覆，薄其为人，遂与之绝"之说。邓氏从《李义山（诗）笺注》入手，对释道源、朱鹤龄以及钱谦益三人与此书之关联进行详细推究，拨开朱氏"横遭馋忌"之因。短短数百字，以其逻辑严密的考证完成对朱鹤龄遭忌原因的分析，这种史学视野高于《四库提要》。而对其诗歌风格近香山之说，从邓氏选录的《湖翻行》《刈稻行》可以稍作窥探。朱鹤龄《愚菴小集》共十五卷，卷二至卷六为诗，即卷二为五言古诗，卷三为七言古诗，卷四为五言律诗和五言排律，卷五为七言律诗，卷六为五言绝句和七言绝句，③ 诗歌几未有隐僻之典，读来清新明了，确有白香山之遗韵。

而对于唐梦赉、刘廷玑、郭棻等人的诗文特点，邓氏《初编》否定《四库提要》所评。且邓氏并不是站在自己的立场随意对人物诗文进行评价，而是详考史实，通读诗作得出的结论。其所选取的纪事诗较钱仲联《清诗纪事》严苛，大略也是考虑到诗歌的艺术性这一方面。还有一部分情况，是《四库提要》并未有相关评价，邓氏则从自己的研究中得出结论。如王熙的《王文靖集》，《四库提要》之中虽有存目提要，但对其诗文未有评价。邓氏《初编》评曰，"篇章甚富，惜无真诣。碑版之文至多，而可采者至少"。④ 据《清史列传·大臣传》，王熙此人富贵五十余年，门生天下，文酒之会，显赫一世，诗文"真诣"恐难在其作品中体现出来。

---

① （清）纪昀等：《钦定四库全书总目》，第 2345 页。
② （清）邓之诚：《清诗纪事初编》，第 64 页。
③ （清）朱鹤龄：《愚菴小集》，《景印文渊阁四库全书》第 1319 册，台湾商务印书馆，1986，第 12～66 页。
④ （清）邓之诚：《清诗纪事初编》，第 611 页。

三 "以诗证史"兼具版本钩沉和品藻得失的《初编》

《四库提要》自身存在诸多的不足,这些不足对于研究者而言是一项可以继续完成的工作。而邓氏《初编》看到了《四库提要》在版本介绍和诗文评价中的缺失,力图从作者小传完善相关信息。《四库提要》文献缺失和官学约束所产生的弊端正是《初编》有意或无意之下注意到的地方。在《四库提要》的部分提要之中,其对传主诗文版本有所介绍,但失于粗疏和笼统,邓氏《初编》则多以经眼之本予以著录,并纠正《四库提要》之误。《四库提要》由于涉及清代学术立场和思想倾向,往往囿于一隅,难以突破。而《初编》则从"以诗证史"的角度进行资料的搜集和相关内容的考辨,且在对纪事诗作者的选择上,"一则不限于名家,一则不仅着眼于文学的标准"。① 既然不只是着眼于文学的标准,那么《初编》所关注的文学视角就会与《四库提要》有所差别。针对《四库提要》言之凿凿之语,《初编》往往有自己的关注点。《初编》在评价严虞惇诗文时说,"虞惇诗冲和大雅,敛才就范,为文清劲,颇学欧、曾,然不及所撰《思菴闲笔》为有生气。文章贵有真际,得失全判于此,后人乃欲以拟归有光,失之不伦"。②《四库提要》未收录严虞惇别集,其诗文的评价阙如,而《初编》似可补严氏别集评判之阙。而对于"以诗证史"之"史"依旧是《初编》的着眼点,在严虞惇小传中细剖"思菴纳贿"一事,即可为此一证。文曰:"吴振棫《养吉斋丛录》载康熙己丑顺天乡试李蟠、姜宸英为正副主考,思菴为之夤缘纳贿,子侄皆得中式,其子密年尚乳臭,为怨家所讦,覆试乾清宫,得不究,即此集《祭姜宸英文》,所谓孰功孰过,试于乾清,小子菲然,天颜有矜是也。然是狱李遭戍,姜病死,不能谓仅失志者造谣,然则思菴殆非端士,予藏密所画《事事如意图》,印章作山中宰相四字,狂放不拘,尚沿明季山人之习。"③ 此数言之辨证,一则辨析史实具有史之眼光,二则从严氏之文入手进行逻辑推理,颇见史料背后之功力。《初编》张仁熙小传所陈事迹具《清史列传·文苑传》,评其诗文云,"仁熙论文尊北地、历下,而不薄唐、归之文,钟、谭之诗。初作多近七

---

① (清)邓之诚:《清诗纪事初编》序,第3页。
② (清)邓之诚:《清诗纪事初编》,第312页。
③ (清)邓之诚:《清诗纪事初编》,第312页。

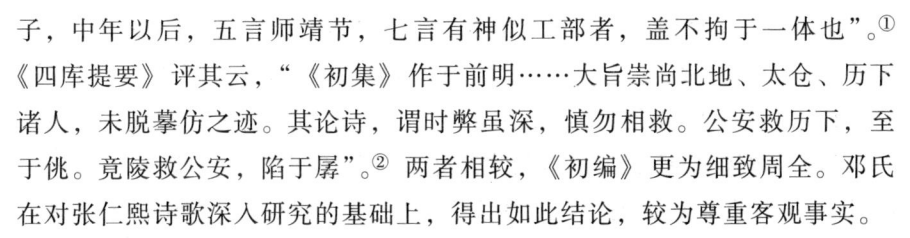

子,中年以后,五言师靖节,七言有神似工部者,盖不拘于一体也"。①《四库提要》评其云,"《初集》作于前明……大旨崇尚北地、太仓、历下诸人,未脱摹仿之迹。其论诗,谓时弊虽深,慎勿相救。公安救历下,至于佻。竟陵救公安,陷于犀"。②两者相较,《初编》更为细致周全。邓氏在对张仁熙诗歌深入研究的基础上,得出如此结论,较为尊重客观事实。

与《四库提要》相似,《初编》也较为注重所录诗歌之版本。对于版本钩沉,《初编》做了两个方面的努力。一是纠《四库提要》之缺,二是补《四库提要》之阙。前者版本纠谬在《初编》中常见之,汪琬小传介绍汪氏著述甚为详细:

> 《(钝翁前后)类稿》刻于康熙十五年丙辰,凡《诗稿》十二卷,《文稿》三十八卷,《外稿》十二卷。《续稿》刻于二十四年乙丑,凡《诗稿》八卷,《文稿》二十二卷,《别稿》二十六卷。琬初撰《毓德堂》《戊己》《玉遮山人》诸集,删为《类稿》二十四卷,后复增益续作,故曰《前后稿》,合两稿为《汪氏传家集》。《四库总目提要》竟题曰《钝翁前后类稿》一百十八卷,非也。……晚年重订诗文为《尧峰文钞》,《文钞》行,两《稿》遂不显,今又贵两《稿》矣。③

今人细析汪琬著述如下:

> 汪琬先有《毓德堂》《戊己》《玉遮山人》诸集,删为《钝翁类稿》二十四卷,《外稿》十二卷,康熙十五年汪绳武补跋,首都图书馆藏。《钝翁续稿》五十六卷,凡《诗稿》八卷、《文稿》二十二卷、《别稿》二十六卷,康熙间刻,中国国家图书馆藏。合两稿为《汪氏传家集》。晚年又自淘汰,康熙三十二年林佶编定并写刊,为《尧峰文钞》五十卷,凡《诗钞》十卷、《文钞》四十卷,中国科学院图书馆藏。于《类稿》《续稿》外,乾隆三十六年重订康熙刻本,附有其父膺《寸碧堂诗集》二卷,广东中山图书馆藏。④

---

① (清)邓之诚:《清诗纪事初编》,第190页。
② (清)纪昀等:《钦定四库全书总目》,第2523页。
③ (清)邓之诚:《清诗纪事初编》,第321~322页。
④ 柯愈春:《清人诗文集总目提要》,北京古籍出版社,2004,第169页。按,首都图书馆、中国国家图书馆、广东中山图书馆所藏三种集子,皆与柯著所言同。

版本源流十分清晰，邓氏《初编》几乎与此相同。而对于版本补缺，邓氏《初编》也做过一些努力。对于张仁熙《藕湾全集》版本，《四库提要》说，"其诗凡初集十卷，二集十卷，余九卷则文集也"。①而《初编》云："撰《藕湾全集》，为诗《初集》十卷，作于明季。《二集》十卷，入清以后作。《文集》九卷。"②"明季"③与"入清以后"等概念从时间上给予很明确的说明，这种精心排布是重视版本的体现。诸如此类补《四库提要》之缺的作者小传，《初编》中有很多，特别是《四库提要》也有别集著录的170余篇小传，版本详细信息的介绍和补充是邓氏完成的一项重要工作。

最后，关于品藻得失，《四库提要》在总结历史、有兹借鉴的基础上进行研究，"总结历史"的集成性质使得《四库提要》往往失其"细"；而"有兹借鉴"的考镜殷鉴之功常常使《四库提要》"一叶障目不见泰山"。《四库提要》有得有失，而得大于失是不容置疑的。另者，《初编》作为一部资料和研究性质并重的著作，在品藻得失方面做得很好。邓氏的史学视野具有文学之气质，而文学品评之中也契合相关史实研究，二者虽未达到天衣无缝的境界，但似乎填补了对清初文人诗文集评价这一学术体系。值得一提的是，《四库提要》存目之中的别集提要十分简短，而《初编》往往能够发覆一二，这是难能可贵的。由此而论，《四库提要》对《初编》的影响可见一斑。

---

① （清）纪昀等：《钦定四库全书总目》，第2533页。
② （清）邓之诚：《清诗纪事初编》，第190页。
③ 按，《四库提要》言"《初集》作于前明"，虽指出版刻时间，实为评价张氏诗文特点时做出的时间铺垫。

《四库全书》的编纂与整理

《四库》底本《讲学》提要稿考

张 升[*]

摘 要：中国国家图书馆善本部所藏清抄本《讲学》为《四库》底本，其书前附有一篇纂修官励守谦所撰提要稿。该提要稿与《四库全书总目》所收定本提要有较大区别。励守谦在四库馆开馆之初任校勘《永乐大典》纂修兼分校官，负责大典本的校办。但是，从乾隆三十九年十二月开始，励守谦被革职九个月之久，至乾隆四十年九月才被允许继续承担纂修的工作。有可能从此时开始，励守谦的纂修工作从校办大典本转变为校办采进本。励守谦校办采进本《讲学》之时间，约在乾隆四十三年至乾隆四十四年三月之间。

关键词：《四库全书》；《讲学》；提要稿；励守谦

A Study on the Draft of Synopsis of *Jiang Xue*

Zhang Sheng

Abstract: The Qing Manuscript of *Jiang Xue*, which is stored by the Department of Rare Books of the National Library of China, is one of the original copies of *Si Ku Quan Shu*. In the front of this manuscript, there is a draft of syn-

---

[*] 张升，历史学博士，现为北京师范大学历史学院教授、博士生导师，兼任中国历史文献研究会常务理事。主要从事历史文献学、明清史的教学和研究工作，著有《四库全书馆研究》（入选2011年国家哲学社会科学成果文库，北京师范大学出版社，2012）、《〈永乐大典〉流传与辑佚研究》（北京师范大学出版社，2010）、《明清宫廷藏书研究》（商务印书馆，2006）、《王铎年谱》（上海书画出版社，2007），编纂有《四库全书提要稿辑存》（北京图书馆出版社，2006）、《永乐大典研究资料辑刊》（北京图书馆出版社，2005）等资料书。此外，在《近代史研究》《文献》《文史》《北京师范大学学报》《史学史研究》等发表七十余篇学术论文。

opsis attached, written by Shouqian Li, an imperial official of redaction and reformation. This piece of draft differs greatly from the Synopsis of *Si Ku Quan Shu Zong Mu Ti Yao* (AKA Annotated Catelog of the Imperial Library). And Li was one of serval chief imperial officers of redaction and reformation, who was in charge of the emendatory and collecting works of Yongle Encyclopedia, under the chief general officer of Imperial Library at the beginning of its establishment. But from the December of the Chinese Calendar in the Thirty – Ninth Year after the ascension of Qianlong, it was nine months that Li has been removed from the office aforementioned. And not until the September of Forty – Ninth Year of Qianlong was he permitted to carry on the work of redaction and reformation once again. It is probably since then, has the focus of Li's work shifted onto the redaction and reformation of the submitted books (no longer on the Encyclopedia). The time of redacting and reformatting the submitted books Jiang Xue by Li was from ca. Forty – Third Year to ca. March of Forty – Fourth Year of Emperor Qianlong.

Key words: *Si Ku Quan Shu*; *Jiang Xue*; the Draft of Synopsis; Li Shouqian

目前存世的《四库》提要稿，除了翁方纲、余集、邵晋涵、姚鼐的提要稿比较集中外，其余均为散篇，往往收入纂修官个人文集，或附载于《四库》底本及其传抄本之前。相对而言，后一种情况更不容易搜检。杜泽逊先生前些年撰《四库存目标注》，发现了一些此类的提要稿，功著学林。本人亦颇留意于此类提要稿，偶有所得在《四库存目标注》之外者，如《四库》底本《讲学》书前所附提要稿即是其中之一。① 兹检出以作考析如下。

一　《四库》底本《讲学》

《讲学》二卷，清李培撰，清陈祖铭辑，清抄本，8 行 20 字，黑格，

---

① 杜泽逊：《四库存目标注》，上海古籍出版社，2007，第 1528～1529 页。著录有此底本，但没有提及其提要稿。《四库全书存目丛书》（齐鲁书社，1994～1997 年影印本）亦收录此底本，但没有收入其提要稿。

白口，左右双边。一册，分上（16页）、下卷（26页），共42页。现藏中国国家图书馆善本部。书衣钤"乾隆三十八年十一月浙江巡抚三宝送到范懋柱家藏讲学壹部计书壹本"朱文长方印。书前副页钤两方藏印："光熙之印"、"裕如秘笈"。后有浮签，上钤朱文长方印："总办处阅定拟存目"、"臣昀臣锡熊恭阅"，墨书"讲学"二字。又夹一散页，首行题"讲学"，下有朱文"存目"二字，次行起为提要稿之正文（详见下文）。正文首页上方钤满汉文"翰林院印"，下方钤"北京图书馆藏"印。

《讲学》一书后来被收入《四库全书总目》子部儒家类存目，著录为浙江范懋柱家天一阁藏本。查吴慰祖编《四库采进书目》（商务印书馆，1960）可知，其中"浙江省第五次范懋柱家呈送书目"收有"《讲学》二卷，一本"，与此本正相合。再结合上述之朱文"存目"二字，"乾隆三十八年十一月浙江巡抚三宝送到范懋柱家藏讲学壹部计书壹本"朱文长方印，满汉文"翰林院印"、"总办处阅定拟存目"、"臣昀臣锡熊恭阅"诸印，可以证实此本即为《四库总目》所收《讲学》之底本。

从此书书前收藏印看，其在四库馆闭馆后之流传情况比较简单。"光熙之印"、"裕如秘笈"均为清末民初满族藏书家那木都鲁·光熙的藏印。据伦明《辛亥以来藏书纪事诗》七十四"耆龄（附光熙）"条载："光熙字裕之，住北新桥香儿胡同。丁戊（1917～1918）到乙丙（1925～1926）间，专收清人集部，多精椠，半归北平图书馆，半散书坊。余收得百余种。自此以后，满人无藏书者矣。"① 那木都鲁·光熙收藏的《四库》底本还有一些，如山东省图书馆藏的《四库》底本《胡澹庵先生文集》六卷附传一卷、《祭器乐器记》等。笔者推测，《讲学》一书自清末从翰林院流出后，为光熙所得，后转归北京图书馆（国家图书馆）。

二 提要稿之内容

《四库》底本《讲学》书前所附提要稿全文如下："按：《讲学》一书，凡二卷，国初嘉兴李培著，培号此（心）［庵］，［尝］留心程朱之学。［此其］与门人讲道论学之书也。体例与问答语类相似，姑存其目。纂修官励守谦恭校。"此稿有改动痕迹，如将"心"字删除，添"庵尝"

---

① 伦明：《辛亥以来藏书纪事诗》，上海古籍出版社，1999，第60页。

两字;"与门人"前添"此其"两字。

笔者最初获悉此提要稿是源于李红英《国家图书馆藏四库采进本经眼录》一文。① 不过,李文说励氏之言为校语,应该不对。励氏之言实为提要稿,因为:首先,收载励氏之言的书叶为散页,半页十行,与正文用纸不同,应为四库馆专用纸。其次,该散页所在的位置,符合《四库》底本提要稿的位置:浮贴于书前。最后,其写作格式亦类同于一般的提要稿:开头云"按",末署纂修官某某恭校;其内容亦与一般的提要稿相类:书名,卷数,作者,主要内容,处理意见(拟存目)。可以说,这是一篇很典型的提要稿。李文说励氏之言为校语,也许是因为其中提到"恭校"。其实,当时纂修官办理图书,其工作即为校办、校阅,故提要稿之末常书"恭校"。

《讲学》原书及提要稿交到总办处后,由纪昀、陆锡熊审订,对提要稿作了简单的修改(如上述所示),并确拟存目,故钤有"总办处阅定拟存目""臣昀臣锡熊恭阅"诸印记。

与定本提要(指《四库总目》所载《讲学》提要)相较可知,《讲学》提要稿在后来又经过了较大程度的修改。为便于比对,兹将《四库总目》所载《讲学》提要全文照录如下:"《讲学》二卷,浙江范懋柱家天一阁藏本。国朝陈祖铭编。皆其师李培讲学语也。培号此菴,嘉兴人。其说皆阐姚江余绪。上卷曰溯源委,同人我,端学术,定志趣,认本体,议功夫,求悟门,先默识,崇实际,重悟轻修,脱世味,凡十一条。下卷则皆杂论性理四书大旨。观其立论,以悟为宗,而又讥世之讲学者重悟而轻修。特巧掩其迹,杜人攻诘而已矣。"② 较之提要稿,定本提要增加了较多对此书内容的介绍,并附上馆臣的评价——既然是存目,总要说明存目的理由。因此,定本提要较之提要稿在整体质量上要高不少。

顺便一提的是,当时纂修官拟写提要稿,也有可能参考进呈书单中所附的简介。《浙江采集遗书总录》所收该书简介如下:"《讲学》二卷,天一阁写本,右明龙南知县秀水李培著。培少从唐一庵、王龙溪游,盖亦宗心学者。"③ 与励守谦所撰提要稿相较,可以看出两者之间应该没有什么联系。

---

① 载《版本目录学研究》第五辑,北京大学出版社,2014。
② 上卷实有十二条,提要中所列缺"严真似"一条。参见魏小虎《四库全书总目汇订》(上海古籍出版社,2012)所引胡露《四库全书总目子部存目补正》。
③ 张升编《四库全书提要稿辑存》第三册,北京图书馆出版社,2006,第213~214页。

三　提要稿之撰写时间

励守谦提要稿没有署校上时间，那么，励氏是何时校办此书的呢？

《四库》底本《讲学》书后贴有一浮签，上写："济美录一本，竹下寱言一本，百泉子绪论一本，读史蒙求一本，戏瑕三本，管窥小识一本，吕氏东汉精华一本，困学斋杂录一本，讲学一本，共九种。"这一书单所收的都是四库馆书，其（除《讲学》外）具体来源及在《四库总目》中的著录情况如下：《济美录》，兵部侍郎纪昀家藏本，《四库总目》存目；《竹下寱言》，范懋柱家天一阁藏本，《四库总目》存目，底本现藏台北故宫博物院，书衣有印"乾隆三十八年十二月浙江巡抚三宝送到范懋柱家藏竹下寱言壹部计书壹本"；《百泉子绪论》，范懋柱家天一阁藏本，《四库总目》存目，底本现藏台北故宫博物院，书衣有印"乾隆三十八年十一月浙江巡抚三宝送到范懋柱家藏百泉子绪论壹部计书壹本"；《读史蒙拾》（书单中误作"求"），副都御史黄登贤家藏本，《四库总目》存目，底本现藏台北故宫博物院，书衣有印"乾隆三十八年四月都察院左副都御史黄登贤交出家藏读史蒙拾壹部计书壹本"；《戏瑕》，浙江鲍士恭家藏本，《四库总目》存目，底本现藏台北故宫博物院，书衣有印"乾隆三十八年十一月浙江巡抚三宝送到鲍士恭家藏戏瑕壹部计书叁本"；《管窥小识》，浙江巡抚采进本，《四库总目》存目，底本现藏台北故宫博物院，书衣有印"乾隆三十八年十一月浙江巡抚三宝送到管窥小识壹部计书壹本"；《东汉精华》，衍圣公孔昭焕家藏本，《四库总目》存目，底本现藏台北故宫博物院，书衣有印"乾隆三十八年五月衍圣公孔昭焕送到家藏东汉精华壹部计书壹本"；①《困学斋杂录》，浙江吴玉墀家藏本，《四库》著录。

由于四库馆中负责校办采进本的纂修官人数不多，而采进本入馆的时间相对又比较集中，因此，这些书不太可能随到随派发，而只能依据纂修官的办书进度分批派发。上述书单夹附在《讲学》一书之内，共开列了包括《讲学》在内的九种书，应该是指某一批派发给纂修官励守谦承办的采进本。这九种书进入四库馆的时间并不一致，最晚入馆者已在乾隆三十八

---

① 上述信息参杜泽逊《四库存目标注》。

年十二月,①因此其派发给励守谦校办的时间肯定在乾隆三十八年十二月之后。

以上励守谦所校办的九种书中,只有《困学斋杂录》一种被收入《四库》。文渊阁本《四库》著录此书的校上时间为"乾隆四十四年三月",因此,励氏校办这批书(包括《讲学》)的时间应在乾隆三十九年年初至乾隆四十四年三月之间。由于这九种书的篇幅都比较小,又几乎都是存目之书,所需办理时间不会太长,因此,励守谦校办此九种书的时间范围大致应在乾隆四十三年至乾隆四十四年三月之间。需要注意的是,阁本所署的校上时间往往只是代表校成正本的时间,而不一定是纂修官校办此书的截止时间(其截止时间应在阁本所署校上时间之前)。

四 提要稿之撰写者

《讲学》提要稿之撰写者为纂修官励守谦。励守谦,字子牧,一作自牧,号检之,别号双清老人,直隶静海(今天津)人;乾隆九年(1744)举人,次年进士,选庶吉士,散馆授编修;四库馆开馆后,任校勘《永乐大典》纂修兼分校官。励守谦呈进四库馆之书有172种,在朝绅中属于比较多的,因而被乾隆嘉奖一套《佩文韵府》和赐诗。

我们知道,励守谦在《四库总目》职名表中被列为校勘《永乐大典》纂修兼分校官,那么,他应该是负责校办大典本的纂修官,为何还会校办《讲学》等采进本呢?

其实,当时纂修官交叉办书的情况还比较多,即有些纂修官原来校办大典本,后来又校办采进本;有些纂修官原来校办采进本,后来又校办大典本。②不过,相对来说,第一种情况比较多,因为四库馆中最开始的工作主要就是办理大典本,因而当时的纂修官大部分从事的是大典本的办理。后来,入馆的采进本越多,需要的纂修官也越多,故有一些大典本纂

---

① 从张书才主编《纂修四库全书档案》(上海古籍出版社,1997,第180页)"多罗质郡王永瑢等奏代纪昀等恭谢恩赐题诗折"(乾隆三十八年十一月十五日)看,纪昀呈进《济美录》应在乾隆三十八年十一月之前。据《四库采进书目》,吴玉墀和鲍士恭所进书均属"浙江省第五次呈送书",因而吴玉墀藏《困学斋杂录》的入馆时间也应在乾隆三十八年十一月左右。

② 参见张升《四库全书馆研究》,北京师范大学出版社,2012,第119~120页。

修官转而校办采进本。励守谦之经历就是这样的例子。

四库馆开馆之初，励守谦在翰林院中任编修，而且与于敏中、纪昀等关系均不错，因而得以进入四库馆任纂修官，一开始负责的就是大典本的办理。① 例如，《于文襄手札》第八通（乾隆三十八年六月十五日）载："今日抄本内《易象意言》，习之云尊札言是励世兄所校，已为挖改。凡类此者，切不可丝毫迁就。"② 可见，大典本《易象意言》即为励氏所办。乾隆年间武英殿聚珍本《易象意言》（大典本）书前有提要，末署：乾隆三十八年六月"纂修官编修臣励守谦"恭校上。此外，乾隆年间武英殿聚珍本《止堂集》也是大典本，其书前提要末署：乾隆四十一年十月"纂修官原任编修臣励守谦"恭校上。因此，《四库总目》职名表将其列为校勘《永乐大典》纂修兼分校官，是有道理的。

需要注意的是，《于文襄手札》多次提到励氏办书之事，其中也涉及采进本，这是为什么呢？是不是励氏同时兼办大典本及采进本呢？

查《于文襄手札》可知，其中提到励氏确有数处，手札中称其为励公、励世兄、自牧，可见关系比较密切。其中与采进本有关的有这样两处：第四通（乾隆三十八年六月初三日）载："《历代建元考》前两本亦不可少者，一并存留录副，统俟录得寄还，烦为先致励公为嘱。"第六通（乾隆三十八年）载："《历代纪元》一书，考订详明，较王受铭所纂更为赅备，拟暂留录副寄还，希与自牧世兄言之。钟渊映是名是字，何地人，或仕或隐，并希同询明寄知。"《历代建元考》《历代纪元》所指均为一书，即钟渊映著《历代建元考》十卷。吴慰祖编《四库采进书目》著录此书有三个来源："江苏省第一次书目"（《四库总目》著录为两江总督采进本，应指此本）、"浙江省第四次汪启淑家呈送书目"、"编修励（守谦）第一次至六次交出书目"。前两者著录的均为两本，而励氏所献则为三本。于氏信中说"前两本"，可知原书当不止两本，因此，于氏信中所提及的《历代建元考》肯定是励氏进呈者。据此可以看出，于氏信中提及《历代建元考》，并不是说此书为励氏校办，而只是说此书是励氏进呈的。

综上所述，四库馆开馆之初，励氏就是校勘《永乐大典》纂修兼分校官，专门负责大典本的办理。

---

① 但是，励守谦似乎又不是签阅《永乐大典》的最初三十位纂修官之一。参见张升《四库全书馆研究》，第71~72页。
② （清）于敏中：《于文襄手札》，国立北平图书馆影印本，1933。

那么，励守谦为何后来校办采进本呢？又是从什么时候开始办理采进本的呢？尽管四库馆中馆职的调整是很正常的现象，但是，馆职的调整也不太可能是随意而为的，而应该是事出有因的。例如，总裁可能主要依据大典本纂修官的工作量、进度及完成质量等因素，来判断是否将其调整为采进本纂修官。笔者认为，励守谦职任的调整，也是事出有因的，很可能与乾隆三十九年励守谦因涉嫌犯法而被革职有关。关于此事的具体情况，相关史料所载如下：

《清高宗实录》卷九百七十载：

> （乾隆三十九年十一月）甲子，谕：据范宜宾供称，与纪昀、励守谦素不识认。其审办王子范控告谢大忠诱拐三孀一案，将谢大忠递解回籍，前因赴内阁领折，在东华门遇见都御史张若溎，问此案如何定，又向说谢大忠人不安分，行止卑污等语。纪昀、励守谦二人，在范宜宾或可云向未相识，而张若溎与该二员同在四库全书处，系每日相见之人，巡城御史办理此等案件，尚未审结呈报，张若溎何由问及此案如何完结。其为听受嘱托，自难置辨。张若溎身为都御史，辄向巡城御史授意办理案情，实属非是。张若溎着解任，交军机大臣会同刑部讯明，据实具奏。寻奏：传讯张若溎，据称谢大忠在城上屡次讦讼，曾令司坊官密查，本年秋间，见北城报单内有谢大忠控案，因其素不安静，嘱令范宜宾认真查办，实无听受嘱托情事。询之纪昀、励守谦，供亦相符。但张若溎久闻谢大忠素不安分，未曾究办，及范宜宾审办草率，又不即行参奏，请交部议处。励守谦与谢大忠夫妇往来，借贷银两，拖延不偿，又未能约束伊弟，以致撞骗得赃，应交部严加议处。纪昀于伊子借欠谢王氏银两时，虽不在京，但平日漫无约束，亦应交部议处。从之。

《清高宗实录》卷九百七十二载：

> （乾隆三十九年十二月）己丑，吏部议覆：编修励守谦等借欠不还，并御史范宜宾等审讯草率，请分别议处。得旨：励守谦学问本属平常，亦非办书馆必不可少之人，着照部议革职。富尔敏与范宜宾同城办事，漫不经心，扶同率结，亦着照部议，降二级调用。至纪昀不能约束伊子，致令借欠生事，固属咎有应得，但其学问尚优，为四库

全书处得力之人，着从宽改为降三级留任，仍令在馆办理总纂事务。张若溎于范宜宾等审断未协之处，既经查出，并不即行参奏，实属不合，但询无瞻徇嘱托情弊，着从宽改为革职留任。①

从"励守谦学问本属平常，亦非办书馆必不可少之人，着照部议革职"的处理意见看，励氏应该无法再从事四库馆纂修的工作了。另外，从此案中亦可以看出励氏与纪昀、张若溎（四库馆副总裁）的关系都很好。

后来，有可能因为励守谦请求戴罪立功以及其故旧说项推荐，乾隆皇帝允许励守谦在四库馆纂修一职上继续办事。据"谕准励守谦自备资斧在四库全书处纂修上效力行走"（乾隆四十年九月初十日）载："乾隆四十年九月初十日奉旨：革职编修励守谦，准其自备资斧，在四库全书处纂修上效力行走。钦此。"② 革职后之官员继续在四库馆中效力，这种情况并非个例。因此，从此时开始，励氏就可以履行其纂修之职任了。笔者认为，也就是从此时开始，励氏在馆中的具体职任有了调整，即从校办大典本转变为校办采进本。也就是说，由于励氏被革职，其纂修工作（指办理大典本）自然也告中断，而其原办的大典本便转由他人代办。到了九个月后励氏恢复纂修工作之时，其已无校办大典本之任务，且那些未分派办理的大典本或已所剩不多，但众多的采进本正亟须人办理，因此正好将其调往办理采进本。

两年多之后，励守谦因修书有功得以官复原职（编修）。据"谕办理四库全书出力人员梦吉陆费墀等着分别升用授职与赏赐"（乾隆四十三年二月二十九日）载："乾隆四十三年二月二十九日奉旨：……励守谦着加恩授为编修。"③

以上关于励氏从乾隆四十年九月开始办理采进本之推测，还遇到一点扞格之处，即前述聚珍本《止堂集》（大典本）书前提要末署：乾隆四十一年十月"纂修官原任编修臣励守谦"恭校上。既然励氏从乾隆四十年九月开始办理采进本，那么，乾隆四十一年十月怎么还会校大典本呢？其实，正如前述阁本所署的校上时间并不一定表示纂修官校办此书的截止时间一样，乾隆四十一年十月也并不一定就是励守谦校办此书实际的完成时

---

① 《清高宗实录》，中华书局，1986。
② 张书才主编《纂修四库全书档案》，第425页。
③ 张书才主编《纂修四库全书档案》，第785页。

间。我们只能据此判断，励氏校办此书肯定在乾隆四十一年十月之前。在励氏被革职后，其原办之《止堂集》改由他人代办，故乾隆四十一年十月之校上时间，有可能是他人代办之完成时间。①

如果上述的推测成立，那么，励氏自乾隆四十年九月即开始专门从事采进本的校办。事实上，从《纂修四库全书档案》可以看出，自乾隆四十年九月之后直到闭馆，励氏所办之书均为采进本。显然，作为纂修官的励氏，其校办的采进本应该比大典本要多得多，而浙本《四库全书总目》职名表将其列为校勘《永乐大典》纂修兼分校官，并不能准确地反映其实际职任。类似励守谦这样的例子在四库馆中应该还有一些，因此，后来经过修订的殿本《四库全书总目》就干脆不设校勘《永乐大典》纂修兼分校官一项，而将其统归入纂修官一项之下。这样的处理应该更为合理。②

综上所述，《四库》底本《讲学》书前所附之提要稿是一篇相当典型的《四库》提要稿。纂修官励守谦校办《讲学》之时间应在乾隆四十三年至乾隆四十四年三月之间。励守谦从乾隆三十九年十二月开始被革职九个月，至乾隆四十年九月才被允许继续承担纂修的工作。有可能从此时开始，励守谦的纂修工作从校办大典本转变为校办采进本。

---

① 因为《止堂集》提要稿是由励守谦撰写的，故其末仍署励氏之名。
② 张升：《四库全书馆研究》，第 119~120 页。

还历史本来面目

——以《钦定补绘萧云从离骚全图》为例谈当下地方文献的整理

沙 鸥[*]

摘 要：萧云从是明末清初画家，其一生中最具代表性的作品就是《太平山水图》和《离骚图》。乾隆见到萧云从《离骚图》后，大为赞赏。但由于萧氏在注跋文中有隐含讥讽当朝言论，乾隆借其图绘不全，令门兆应补绘萧氏《离骚图》，故而就有了《钦定补绘萧云从离骚全图》之本。本文说明了萧氏绘画与乾隆补绘各自的动机，并辑补了钦定本所删注跋文八千余言，强调了当下地方文献整理应注意的几个方面。

关键词：萧云从；离骚图；乾隆；地方文献

Taking History as a Mirror Also History as They Really Are
——The Paper Discusses the Sorting of Local Literatures in the Case of *the Emperor's Review of Xiao Yun Cong Diagram of LI SAO Figure*

Sha Ou

Abstract: Xiao Yuncong between Ming Dynasty and early qing was a paint-

---

[*] 沙鸥，华南理工大学中国版画研究所副所长，研究员，兼任中国历史文献研究会理事，中国李白研究会理事，中国文艺评论家协会会员，中华诗词学会会员，安徽省姑孰画派研究会会长，等等。研究范围涉及文学、书画、古文字学、文献学、考据学等，出版各类专著二十部。学术代表作为《甲骨文书法创作导论》《萧云从评传》《萧云从丛考》《萧云从诗文辑注》《萧云从与姑孰画派》。专著论文曾荣获 24 届全国优秀美术图书金牛奖、中国第三届年鉴论著奖、安徽省文艺评论奖、安徽省社科优秀成果奖、安徽省地方志论文奖等。

er, one of the most representative works in his life is the peaceful scenery photo "shan shui figure" and "li SAO figure". Since qianlong saw Xiao Yuncong sties figure and greatly appreciated. But because xiao has implied sarcasm in note postscript collopsed, speech, and qianlong borrow the figure painting is not complete, the painted door signs should fill xiao li figure", so there was the king James fill paint Xiao Yuncong li SAO world map. This paper illustrates the painting and xiao qianlong draw their motivation, and album filled by king James delete note eight thousand Yu Yan postscript, stressed that the current local literature from several aspects that should be paid attention to.

Key words：Xiao Yuncong；Li SAO figure；Emperor Qianlong；Local literature

《四库全书》是清代乾隆皇帝亲自参与编修的中国古代最大的一部官修丛书。历时十三年编纂而成。为收集图书从乾隆三十七年（1772）至乾隆四十三年（1778），历时七年以奖励的方式从民间、藏书家、地方政府等管道共征集图书12237种。以谨慎的态度实行三审制度编辑整理历史典籍。通过奖惩保证了抄录底本的正确率，使得校订工作顺利进行。《四库全书》分经、史、子、集四部，共有3500多种7.9万卷3.6万册，约8亿字，基本上囊括了中国古代所有图书。因而对保存及传播中华传统文化有着巨大的贡献。如《四库全书》保存中国历代不少接近失传的典籍，并校正典籍中的讹误脱漏。但乾隆以修书为名，企图笼络汉人，麻痹和禁锢汉人的思想也是存在的事实。修书期间对不利于清朝统治的书籍，分别采取全毁、抽毁和删改的办法，销毁和篡改了大批文献。如岳飞《满江红》名句"壮志饥餐胡虏肉，笑谈渴饮匈奴血"改为"壮志饥餐飞食肉，笑谈欲洒盈腔血"。原因是"胡虏""匈奴"在清代是对朝廷的不敬。张孝祥名作《六州歌头》（长淮望断）有"洙泗上，弦歌地，亦膻腥"之句，此"膻腥"也因为犯忌，被改作"凋零"。陈亮的《水调歌头》（不见南师久）词云："尧之都，舜之壤，禹之封。于中应有，一个半个耻臣戎。""耻臣戎"也同样被改成"挽雕弓"。这样就对中国传统文化传播造成了难以弥补的损失。

下面谨就《钦定补绘萧云从离骚全图》之例，来谈谈乾隆对古籍整理功与过以及对当下地方文献整理的一些启示。

一 萧云从《离骚图》的动机与乾隆补绘《离骚图》的动机

萧云从是明末清初的大画家，姑孰画派的领袖，他绘画、书法、诗歌、古文字学、文献学、考据学等皆精，然最为后世仰慕的还是两部版画，一部是《太平山水图》，一部就是《离骚图》。因为萧云从是反清人士，曾经参加过复社，① 故而在当时得不到应有的重视。萧云从绘制《离骚图》的动机就是"使后人反复玩绎，凄紊以想古人处乱托忧之难"，② 是对明末统治者的腐败、封建道德的沦丧感到痛心，因而联想到爱国诗人屈原当时的处境以及著作，而欣然"尊骚为经，则不得不尊骚而为图"以"用备后来之劝惩"的。③

在萧云从《离骚图》原本中，我们可以看出萧云从对屈原的研究是有着深刻的体会的，当他面临明朝的腐败无能，抗清的希望非常渺茫，以至于清军入侵到自己的家园之时，他不得不移居到抗清的最后据点高淳。④

此时，已是清顺治元年（1644），朱由检也吊死在煤山。他看到国家的灭亡，想到明末的政治腐败，自然联想到屈原时代的政治背景，竟然如此的相似，他感慨万分，于是借屈原的《离骚》诗，用了一年时间创作完成了《离骚图》这一经典之作。他的学生张秀璧在《天问图跋》中说："余侍师侧，备校录，计逾年而图始成，……而购者欲穿铁限矣。"⑤ 萧云从也在《离骚序》末署"乙酉中秋七日题于万石山之应运堂"。⑥ 这些图情动于中，感触尤深。

虽然据萧云从在《离骚图》目录凡例所称《离骚》《远游》诸图，因兵燹缺佚，⑦ 仅存64图。但每图后面各载原文，并加注解。这些注解重在阐明作图的意义。这些图都以人物为主，衬以怪兽、龙蛇、山川、云雾、花草、飞禽、楼阁、钟鼓、弓箭等，每一幅都表现出屈原作品的某一段内

---

① （清）吴应箕：《复社姓氏录》，清道光十一年吴氏南陔堂刻本。
② （清）萧云从：《离骚图序》，《离骚图》，文物出版社，2016年影印顺治刻本。
③ （清）萧云从：《离骚图序》，《离骚图》。
④ （清）黄钺：《一斋集》，黄山书社，1999，886页。移居诗所序可证。
⑤ （清）张秀璧：《天问图跋》，《离骚图》，文物出版社，2016年影印顺治刻本。
⑥ （清）萧云从：《离骚图序》，《离骚图》。
⑦ （清）萧云从：《凡例》，《离骚图》，文物出版社，2016年影印顺治刻本。

容。而构图和人物、鸟兽等形象刻画,也适当地表达这些内容。

郑振铎称赞"其衣冠履杖,古朴典重,雅有六朝人画意,若'黄钟大吕之音',非近人浅学者所能作也"是十分中肯而恰当的。①

以乾隆时门应兆所补绘萧云从《离骚图》与萧云从原绘《离骚图》相比,也可看出动机所在。仅《灵蛇吞象》一画,就有很大区别,门兆应所画之蛇,与现实生活中蛇之形象没有两样,而萧氏原作所画之灵蛇,首部为龙首,明显寓意深刻,影射了入侵异族的不自量力,依然有复明之希冀。

观看萧云从的《离骚图》,我们发觉独创颇多,而其《离骚图》内容大多都有其象征意义。

如萧云从在《东皇太一》中,并没有按照屈原歌辞中的顺序来描绘巫之主祭者在祭坛上抚剑前进,镇席布芳,进肴蒸,奠桂酒,然后坛下群臣姣服偃蹇,曼舞相侍,以及缓节安歌,在竽瑟中浩唱的景象。而是着重描绘东皇太一身着帝服,手持宝剑,庄严肃穆的神情。刻画了虔诚、严肃的四位女巫在镇席、布芳、进肴、奠酒;以及试吹竽、鼓瑟的场景。这种反其道而行之的手法,给观者留下了无穷无尽的想象空间,使人想象大型歌舞即将开始。

东皇太一是楚人所祀五帝之一。是五帝为首,乃天神之最尊贵的神。东皇谓其方,太一崇其位。其神为岁星,为战神。萧云从描绘东皇太一的意义,是把反清复明的斗士比作战神,坚信一定能够早日凯旋。画面祭祀东皇太一是为了借其神威以达到战胜清军,起到复明的作用。

而在《云中君》中,"萧云从描绘云神驾龙车,头偏向祭者,并将龙头也牵向祭者。而把龙身、龙车和云神的一部分隐在云中,以说明云神暂时降临,倏忽即去,游览四方,而象征云在天空飘荡,来去不定之意。云神和龙的形象刻画都富有感情。在画面的下方,萧云从写两祭者手捧祭品,相对跪于地上,头仰向云神,表现出无限虔诚的神态,深厚的感情;同时也有叹息忧伤的心情。"②

"云中君是云神。在劳动生产过程中一刻不能离的,除了阳光,就是雨水。云行雨施,祀云也就是祀雨;人们对云神的深厚情感是包含着极其

---

① 郑振铎:《西谛书话》,生活·读书·新知三联书店,2005,第210页。
② 王石城:《萧云从》,上海人民美术出版社,1979,第38~39页。

现实的生活意义的。"① 萧云从的《云中君》的意义在于象征，明即将灭亡时希望有一片祥云飘来，以达到神的德泽与日月共明，赶走笼罩在明遗民头上的乌云。

在《东君》中，"萧云从描绘东君双手捧日、俯瞰下方，驾龙车，车上的云旗飘扬。随行男女二神，男背弓，以手捧箭，为射天狼之用。女手执灵芝，象征东君永恒不灭。他更巧妙地画出了五个鼓散在车轮下的云中，来说明车轮不断转动，从丽影当空到西山坠落，始终运行不息，给人以光明的、伟大的、具有永久意义的美感。"②

"萧云从不描写巫女歌唱、舞蹈场面，而侧重绘出弹大琴，击大鼓，吹大笙，鸣大簾，叩钟，摇动钟架柱等的情景"。"在画面右下方一位灵巫，可能是主祭者，他负责着指挥乐队。这些灵巫也都在云中，他们跟着东君运行，对太阳的礼赞。"③

东君是太阳神，它表现人们对太阳神的崇拜和歌颂，歌颂其伟大无私。他希望太阳神能够永久地在天空停留，不息地运行，放射光和热，使明遗民有着富足安定的生活。

在《山鬼》中，萧云从并没有"描写山鬼住在巫山竹林深处的情景，而重在刻画山鬼的性情温和，姿容秀丽，身被薜荔衣裳，系着女萝带子，眼似秋波含情，而又嫣然浅笑的美女形象。她驾着赤豹拉辛夷做的车子，文狸在旁边推，石兰做车盖，杜衡做飘带；她一手拿桂枝旗，飘扬天空，一手执香花，打算送给她的爱人"。④

"萧云从画了雷公和猿猴，使人们想象到雷填填，雨冥冥，天昏昏，猿啾啾，风飒飒，木萧萧的凄凉景象"，⑤ 从而衬托出山鬼思念情哥忧伤的情绪和状态。

萧云从塑造的山鬼，并不是特指楚国境内的于山，也不是楚国民间神话传说中的巫山神女。他暗示出明人对大自然的热爱和渴望。然而这种渴望在清军的侵略下变得暗淡无光。谴责了清军入侵的无理行径。

在《国殇》中，萧云从体会最深，他的爱国情感与屈原是一脉相承

---

① 王石城：《萧云从》，第38~39页。
② 王石城：《萧云从》，第39页。
③ 王石城：《萧云从》，第40页。
④ 王石城：《萧云从》，第40页。
⑤ 王石城：《萧云从》，第40页。

的。他知道屈原的《国殇》"是楚人祭祀以大将军屈匄为代表的丹阳之战为国牺牲的战士的乐歌";① 他知道屈原"写这篇祭歌,在描写战争的场面中,从敌胜我败之处入手,是具有极其重要的现实意义和客观历史意义的。怀王后期,楚国和秦国曾发生过几次战争,都是秦胜而楚败。楚国人民为了保卫国家,所付出的牺牲代价是非常惨重的。所以当怀王受秦欺、被秦俘,死在秦国之后,强烈的复仇情绪,在民间就发出了'楚虽三户,亡秦必楚'的坚决口号。因而在祭神时不但最后一篇列入阵亡将士,而且用极其沉痛的心情,历史地描绘战争实况,以示不忘,而资激发。这里可以看出屈原爱国情感与人民血肉相连之处"。②

他画这幅插图是有其独创性的。"他塑造了英勇不屈的战士形象,身体魁梧,气宇轩昂,手里拿着秦弓和长剑,身披犀牛皮的铠甲,与敌人奋勇作战,虽然敌强我弱,敌兵冲破了我们的阵地,践踏了我们的戎行,车上四匹马,左边的骑马阵亡,右边的又负了刀伤。在这种情况下",③ 原文是"霾两轮兮絷四马,援玉枹兮击鸣鼓","萧云从却画出中间夹车辕的两匹战马,仍在拉着战车前进。车上的旌旗仍在空中飘扬。以示与敌人顽抗到底,而与'诚既勇兮又以武,终刚强兮不可凌。身既死兮神以灵,子魂魄毅兮为鬼雄'的精神相合。他歌颂了在卫国战争中英雄们的崇高精神和坚强斗志。人们看了这幅画对国耻的洗雪寄予无穷希望,它体现了当时广大人民反清复明的敌忾心情"。④ 同时也是对反清复明为国牺牲的勇士的崇高敬意。

我们在萧云从的画作里,可以清晰地看到一颗正直的心在顽强地跳动着,它在斥责世道的浑浊,它在倾诉着爱国的衷肠和不被世人理解的哀怨。

尤其在《天问》一文中"灵蛇吞象,厥大如何?"配以插图具有影射现实生活和现实世界的意味。

他画了一条长蛇,蛇身似乎包围着象,蛇嘴咬着象的屁股的一边,而象稳定地站着。使人们一看便知这条大蛇是吞不下这头象的。隐喻侵军企图吞并中原是徒劳的。这种赋予了版画艺术的思想性也正是萧云从绘画理

---

① 王石城:《萧云从》,第40页。
② 王石城:《萧云从》,第41页。
③ 王石城:《萧云从》,第41页。
④ 王石城:《萧云从》,第41页。

念的可贵之处。

萧云从入清却不肯做官，虽然在江南久负盛名，但是在其死后百年，乾隆才见到了四库馆送来萧云从的《离骚图》，才"始识云从其人"。① 并在其画作上题诗以赞。

> 四库呈览《离骚图》，始识云从其人也。群称国初善画人，二王恽黄伯仲者。二王恽黄手迹多，石渠所藏屡吟把。萧则石渠无一藏，侍臣因献其所写。堪备宝笈之遗阙，事属文房敦儒雅。展观长卷四丈余，观之不厌意弗舍。崇山覆岭绕回谷，古寺烟村接书社。士农工贾莫不具，飞潜动植乃咸若。运以神而法以古，丽弗伤艳富如寡。快哉名下果无虚，图末识语嘉诚泻。德寿曾赏晞古图，自怜作此终田野。岂知一百余年后，果入石渠珍弗假。是老人愿竟天从，剪烛长歌题笔洒。②

萧云从《离骚图》组画被献给乾隆。除了绘画的技艺高超使乾隆赞颂之外，在细细玩味之后，聪明的乾隆还是被绘画的隐喻性弄得大吃一惊。此图是根据屈原《离骚》《九歌》《九章》《天问》等篇什创作的。初刻于南明弘光元年（1645）。可惜历经130年，只剩下64图。细心的乾隆皇帝在读完萧氏《离骚图》补注后，一下子就发现了萧氏的反清意图，他的《灵蛇吞象》意图明显映射清政府的侵略行径。但乾隆皇帝还是冷静地采取冷处理的手段，仿佛并未理会，而是聪明地借惜其不全之由，乃命四库馆绘画分校官门应兆补绘了91图，加上萧云从原有的64图，共155图，编纂成书。《钦定四库全书总目》是这样记载的："国朝萧云从原图，乾隆四十七年奉敕补绘。云从字尺木，当涂贡生。考《天问序》，称：

> 屈原放逐，彷徨山泽，见楚有先王之庙及公卿祠堂，图画天地山川神灵琦玮谲诡及古圣贤怪物异事，因书其壁，呵而问之。是《天问》一篇，本由图画而作。后世读其书者，见所征引，自天文、地理、虫鱼、草本与凡可喜、可愕之物，无不毕备，咸足以扩耳目而穷幽渺，往往就其兴趣所至，绘之为图。如宋之李公麟等，皆以此擅长。特所画不过一篇一章，未能赅极情状。云从始因其章句，广为此

---

① 清嘉庆本《芜湖县志》卷十九《艺文志》"题萧云从山水长卷"。
② 清嘉庆《芜湖县志》卷十九《艺文志》"题萧云从山水长卷"。

图。当时咸推其工妙,为之镌刻流传。然原本所有,只以三闾大夫、郑詹尹、渔父合绘一图,冠于卷端。及《九歌》为九图,《天问》为五十四图。而《目录》、《凡例》所称《离骚经》、《远游》诸图,并已缺佚。《香草》一图,则自称有志未逮。核之《楚辞》篇什,挂漏良多。皇上几余披览,以其用意虽勤,而脱略不免。特命内廷诸臣,参考厘订,各为补绘。于《离骚经》则分文析句,次为三十二图。又《九章》为九图,《远游》为五图,《九辨》为九图,《招魂》为十三图。《大招》为七图,《香草》为十六图。于是体物摹神,粲然大备。不独原始要终,篇无剩义;而灵均旨趣,亦借以考见其比兴之原。仰见大圣人游艺观文,意存深远;而云从以绘事之微,荷蒙宸鉴,得为大辂之椎轮,实永被荣施于不朽矣。①

看起来补绘冠冕堂皇,但细看补绘的《灵蛇吞象》就可见其用意。灵蛇由原来的龙头变成了草蛇之首。其萧氏注文也全部删减。从这里就不难看出乾隆重新绘制《离骚图》的真正动机所在。如果没有其他动机,乾隆也应将萧氏原刻本保留,然只将其存目,并未依原样翻刻保存。

我们现在重新审视这《钦定补绘萧云从离骚全图》,应该肯定门应兆奉命后,曾认真地将萧云从的原作都重行临摹一遍。但补绘后的《离骚图》,与萧之原刻《离骚图》相比,无论在形象上还是用线的功力上,都显得差距很大。

虽然乾隆在宣传萧云从绘画成就功不可没,其功在《四库全书存目》介绍了萧氏原本的基本状况和缺失之图。然《钦定补绘萧云从离骚全图》过在"大非尺木原意,而图亦庸俗不足观。"② 已是典型的篡改之作,名义上是补绘萧云从《离骚图》,实际上是一次彻头彻尾的改编之作,破坏了原作的"精美巧思",甚至将萧云从的全部序跋注文删去。据对照萧氏原本《离骚图》共删去原文近八千字。

二 《钦定补绘萧云从离骚全图》 跋注文补缺

《钦定补绘萧云从离骚全图》是以萧云从残本为底本,在乾隆时期编

---

① (清)纪昀、陆锡熊、孙士毅等:《钦定四库全书总目》(整理本),中华书局,1997,第1976页。
② 郑振铎:《西谛书话》,中国出版集团,生活·读书·新知三联书店,2005,211页。

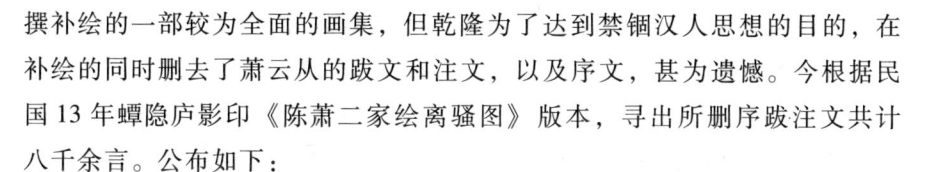

撰补绘的一部较为全面的画集，但乾隆为了达到禁锢汉人思想的目的，在补绘的同时删去了萧云从的跋文和注文，以及序文，甚为遗憾。今根据民国13年蟫隐庐影印《陈萧二家绘离骚图》版本，寻出所删序跋注文共计八千余言。公布如下：

其一，删去原本序文三篇。现补缺如下。

《离骚图经序》：

> 蜀人柳中丞客广陵为余谈《毛诗》画卷，盖所见仅墓门有棘数帧精妙，非近代作者所能伦异，时得《山海经》图刻本，诡奇生动，疑即古人之遗法，为陶渊明之所流观者，然楚大夫之骚继三百启六朝悲吟唏嘘，尤于今者为宜。若《天问》等篇，神怪恍惚，实有与伯益经景纯传相发，明者是不可以无图，而中江萧尺木氏，始为之。或曰：萧精于画，故尝图。姑孰山水宝于一时，此其再举也。或曰：应东海宋荔裳之请也，民部远怀其宗玉，故章之。或曰：尺木博学不乐仕，七音六书九章无不淹人，是其豹之斑也。尺木之言曰：予何能初固前人之陈迹而视之，以为新也。欤！余惟贾传柳，柳州凭吊三间则以汉唐之，世有似楚怀，而汉唐何时贾柳，何遇其亦未可跻之于正则也。尺木穷甚于洛阳河东能以歌陶哭号尚友乎，骚人惟其有之是以似之，余于此盖有不忍悉者矣。河滨李楷。

《离骚图序》：

> 宋郭思画论始例规鉴，谓其与六籍同功、四时并运也。夫有图而后有书，书义有六，而象形、指事犹然图也。六经首易，展卷未读其词，先玩其象矣。楚三闾大夫作离骚、九歌、天问、九章、远游、卜居、渔父，而其徒宋景以企淮南、长沙、朔、忌、向、襃辈皆拟之，遂尊为经，岂不以骚者，经之变也。诗无楚而楚有骚。文王化行南国，汉广江汜皆楚属，已列十五国之。先骚为经，而经有图不宵溯源于河洛矣。窃见信州石本六经图，如律吕、衡璇、礼器、小戎、豳风，每多伪谬，僭意斜订之矣。近睹九歌图不大称意，怪为改窜，而天问亦随笔就稿，大约征形烁理，使后人反覆玩绎，凄綮以想古人处乱托忧之难。而环琦卓谲足以惊心动魄，知阴阳鬼神之不可测，俾朋治乱之数，芳秽之辨有自来尔。如穷文绝艳以视楚骚者，则不知骚之

为经故也。然吾尊骚于经，则不得不尊骚而为图矣。况离骚本《国风》而严断于书；九歌、九章本雅颂而壮散于礼；奇法于易，属辞比事于春秋。司马史称其志洁，行广与日月争光，而汉宣帝以为合于经术，岂余之臆说耶。盖圣人立象以尽意，而书不尽言，言不尽意。一画之中，檃栝遐渺，乃世亦尊六经于文词，而不研其义，不研其义，则制器尚象，上绣下绘，以目治之者鲜矣。马鄱阳通考载六经谱数百条亦谓骚，有香草、渔父诸本，乃知覃精于经者，必稽详于图而已。紫阳夫子深惜乐记说理而度数失传，易脱卦象，离骚无能手画者，索图于骚与索图于经并论又可知矣。余不敏，抒毫补缀，一宗紫阳之注，用备后来之劝惩，而终叹古人之不见我也。乙酉中秋七日题于万石山之应远堂。

《画天问图总序》：

萧子曰：画家之工于堵壁，其楚先王之庙之遗乎？古者尸居监观，以为天道人事之正，象物而动，神禹铸鼎，文周勒钟，其来远矣。第懿迪则吉，从愿则凶，俯仰之间，忧乐之顷，相应如响。乃暴者自谓有命在天，投龟詈之，囊血射之，悠悠苍天，亦无可如何于若辈矣。然则天至此，其不可问邪？问之不可而复有对之者乎？对之不得而复有画之者乎？仰何愚哉！夫嬴秦恃其富强，鞭笞天下，屈子见宗庙祠堂，不忍复会于荆棘中，而不甘遽死，逐事呵而问之，彼其中岂不知福善祸淫之若循环然邪？意谓天必有不可明告于人者。与人之必有不可解于天之敌者，只此残粉况丹，照曜四壁间者，凄凄然可相索也。独怪楚之筚路蓝缕，启于山林，而博物如倚相者，尚未数数，何独考上国之制作文章而为之欤？彼繶冕卷衣，则五帝之绣会，三王之䋺收牟追也。箭镛圭瓛，象珥鱼籯，则元公之记于考工也。图其事者，先稽其典，则明法物之不可废也。至于舞干蛮遏，环辔戎归，则知远方之宜率服也。鼓刀负鼎，则庆贤人之遇也。醢身披发，则恸忠直之穷也。石膈桑育，虎乳鸟燠，脱焚出泉，则纪圣人之生不偶也。烛龙之启其长夜也，岐蛇之毙于自噬也，缝裳乱伦之賈首也，棘林肆情之蒙羞也，牛饮之脝也，虫尸之争也，此其仪型可鉴，而报复无殊者尔。若夫大荒内外，亦何所不有。兽作人言，鸟倾仙药，长蛇吞象，委虵负熊，白龙轻身，赤鸟解羽，此岂寓言托讽哉。征于形，格于理，宛然目前在也。乃如八柱之为斡维，九城之不撞折，出汤谷者次蒙汜，安属放者恒曜灵，三足之乌，缺唇之貌，贞明于亘古者，孰得而翳之哉？合而观之，无幽淑而不彰，无隐悖而不奸。被馋者有蚩名，窃据者无蠛类。不得之于身，必得之于子孙。卜吉凶于《大易》，详褒刺于《春秋》，何如披图而按，虽强梁纹暗之失，未有不悚然知惧者矣，而况有屈子之间，反复悲吟以发其深思哉！夫秦有天下，楚燔《诗》《书》，坑绝儒行，此其罪其恶，较之无德而鲸吞四海者，更极大也，天岂容之乎？嗟夫！秦方自谓一世万世矣，孰知宫中嫪毒，身为奇货。伯翳、非子之祀，斩之久矣。苏轼谓六国未亡而秦先亡者，是也，又何待楚之三户也欤？屈子固明知之，而不敢道也。不然，左图右史，岂欺我哉。经曰"惟庚寅吾以降"，尝读《楚世家》，吴回代重黎与昭王卒军中年日，皆系此，以为荆楚岁时之重。余为图之纪，适相遘也，乃作斗縠于菟终焉。

其二，删去跋文二篇，补缺如下。
张秀璧《天问图跋》：

余师之学，博而能精。不能偏观而尽识者，独绘事也欤哉！然而麟角专场，虎头让席，即以绘事名天下矣。极古今名象之，微天地事物之变，可喜可愕之情，濡以蛾绿，运以鼠须，俾观者，疑胸顿开，饥目得饱。如兹天问之图，五十有四册，附以自注。编系于下，错取叔师之义，子厚之对，晦庵之注，万里之解。包举折衷，略无剩蕴，可不谓神哉。余待师侧，备较录，计逾年而图始成。于是孙兰借灵，妇驵竟市而购者，欲穿铁限矣。故自闾巷以迄四方后生耆宿，莫不捐百虑奉，一函指顾，欢跃未能罢去。若观郭秃之呈于中宵灯下也。不知其出于铅椠而属腐枣尔。画师行且老，非深思好古，殚心绝技，谁肯任是者令及门之徒，赞一辞于雁鹜之尾，既不可得世，且谓屈子取不根之说，愤激彷皇，上咎真宰，非如腾兰水陆之教能肖其情，则当日，古庙长墙，金碧森列。启王孙之呵殿者，盖亦取意不取像，安能与刻舟索骏之徒同类而其笑之哉。世如通其说，一言之知，或以余为哀梨，不知其出于精且博之。外者又非款启之所能识也。门人张秀璧百拜敬题。

萧云从《画九歌图自跋》：

余老画师也，无能为矣。退而学诗，熟精《文选》，怪吾家昭明，黜陟《九歌》。取《离骚》读之，感古人之悲郁愤懑，不觉潸然泣下。复见世工山鬼，如狞魖，而太一、东君两司命殊无分辨，二湘同虑嫔，河伯类天吴，遂落笔改定粉匀丹垩。同人竞丽供役玩好取贱，一时懊悔无及矣。画成复赘数语，以见良工苦心，不敢炫鬻奇谲，而一本于紫阳先生之义，明其非戏事也。沈亚之谓三闾大夫，作山鬼，篇成，四山忽啾啾，号啸声闻，十里外草木皆萎死。仰何幼幻邪，忠臣賈霜，孝妇降旱，一念之诚，惨动天地理或然欤。仆本恨人，既长贫贱，抱屙不死，家区湖之上，秋风夜雨，万木凋摇，每闻要眇之音，不知涕泗之横集。岂复有情之所钟乎。谢翱击竹如意，哭于西台，终吟《九歌》一阕；雪庵和尚泛舟贵阳河，读《楚辞》毕，则投一纸于水中，号鸣不已。两人心湛狂疾，恋慕各有所归，使见九歌之图，则必有天际真人之想飓拜旧识，破涕为笑，或未可知尔。余浮沉斯世，既不为广文，亦不为水部，戴种种之发，拾古人之残膏剩馥，而渲未染碧，照耀自娱，樗散而终天年，则亦已矣。宁欲其见知于后世也哉，况图之所载，终非人世间事，故得纵其衰惫之才力，以极人耳目之不经。然而冥心澄虑，寄愁天上而幻出之，所谓思之思之，鬼神通之者，画师亦难言矣。嗟乎，屈子栖玉笥山，作《九歌》以乐神，又托以风谏。彼其时尚有摈之者也，有谗之者也。我将何求乎？吾用此与《天问》诸图，锢铁函中，沉于幽泉，使华林诸君子庸补萧选之阙云尔。

其三，删去萧氏注文64条。补缺如下。

1.《九歌传》注文：九歌如凫鹥诸诗也。朱子谓，本以恳忱不忘吾君故国之义。令读者不见其奇而规于正也，庶无愧于丹青矣。

2.《东皇太一》注文：太乙，天之尊神。祠在楚东，以配东帝，故曰东皇。玉琳、璆锵、琼芳、兰藉、献享之丽也，繁会、乐康礼乐之盛也，生为圣君，没为明神，昭格吁诚，幽显不二，和平只听神，具醉饱矣。昔人谓，屈子爱君无已之义，非幻也。苏氏曰：爱君莫先于尊君，故圜丘方泽，以祖配天，忠孝之至也。

3.《云中君》注文：谓云神也，亦见《汉书·郊祀》之《志》。《礼》云：触石而生，肤寸而合，不崇朝而遍天下。神之格思，不可度思，暧曃之中有望龙髯，而莫可扳者，金蠋日读之，令人有天颜，咫尺之思，两河之间，曰冀州，《禹贡》敷土之始也。旧注失之。

4.《湘夫人》注文：舜陟方于苍梧，二女死于湘江。今有黄陵庙焉。昌黎谓娥皇正妃，故称君。女英自降称夫人也。据此则两章应合图之矣。昔以为非尧二女也，湘江之中有二神焉。水属阴，故以女名也。夫驾飞龙而荔拍蕙绸，苏桡兰旌，翩翩容与不可再得，岂非邃古之荒璠而飞仙、神嫔幻于丛霄之上哉。虞庭制度虽未极备，而袗衣鼓瑟，岂必蒙茸飘忽以敝天下，后世如是也。第感甄赋以虑妃，高唐歌于神女，美人君子所以极婉恋爱慕而莫得竟者，自古然也。嗟乎！心之悲矣，瞻靡定矣。昔考亭为道学，宗其注，此篇极尽情致，皆本于天性彝伦而出之，岂拾香草于江沅者哉。吹参差，怨长期，麋在庭，蛟在裔，九嶷逍遥者，谁乎？则沉湖之鼎，号乌之弓具存焉。尔经营惨淡，不独在解衣盘礴间矣。

5.《少司命》注文：《周礼·大宗伯》以槱燎祀司中、司命。疏引星传云：三台曰司命，上台曰司命。又文昌宫弟四亦曰司命，故有两司命，而大小辨之也。大司命阳神而尊，故为主祭者之词。夫人之夫，音扶，如《左传》之言不能见夫人也。旧图作美妇人状失之矣。九坑即会稽、衡山、华山、沂山、岱岳、翳无间、藋山、恒山是也。夫圣人在天之灵，如元气、鸿钧有何天寿，其下视洪州如烟九点，而辟疆拓土为蜗角之战、蚁穴之梦而已，况无道行之者乎。悲莫悲兮生别离，乐莫乐兮新相知，此复追念始者，相知之乐也。岂舍旧图，新去枯集菀之市心邪，但阳阿晞发，浩歌临风，孔盖而拥幼者，则又望其诛除凶秽，休霖善良而宜为民之所取正也。此考亭先生之注义尔。余宗其说，以仿佛豪楮间，乃知悠悠古人实获我心矣。

6.《东君》注文：《礼记》谓，天子朝日于东门之外。又曰，王宫祭日也。日辰纪寸应律则于支合，而万物燠阳春矣，故青衣、白霓、驾龙、射狼、寅宾而出者，《礼》所谓大明生于东是也。

7.《河伯》注文：旧说三闾大夫至此，而始叹君恩之薄暗，是何言与。注云：河伯为黄河之神，禹治水至兖州分为九道，以杀其势，其间相去二百余里。徒骇北畾，津南登之，四望澌纷来下，滔滔邻

181

邻,曷穷极乎,人之一身,自昆仑以极尾闾,膏液周环连天济泽,是谁之润邪,而可判厚薄于始终者哉。天地人三才一理而已,驾龙乘鼋,鳞屋贝阙,令人望洋而莫可极。岂若决西江以活枯肆也乎!或曰,河伯冯夷也。冯夷击鼓嬴女吹箫,夷即姨,私字之转音也,乃作丽姝焉。

8.《山鬼》注文:画工狗马,难作鬼魅。易言尝目之莫欺也。使含睇宜笑,相遇于松阴,讵漫焉,省识邪!故山鬼如蒙棋者谬矣。

9.《国殇》注文:《尔雅》云:无主之鬼为殇。王《注》谓,死于国事也。不然何以思慕悲伤,丹青庙貌,迎其魂魄于原野邪!人非视死如归则不能错毂争先,首离而心不惩也。魏文帝图庞德不屈状于壁,而于禁惭郁自绝,彼倾人社稷以延,吾旦暮之生又何忍乎!此先师之所以恸锜童也,故画其败绩,而后知武终鬼雄,生死无二,亦拟其古战场之吊云尔。

10.《礼魂》注文:《周礼》男曰觋,女曰巫。说文谓巫字,从工。徐锴曰巫虽虚幻亦必以规,寓旁两人舞之,长袤也。古者,雩祷用舞如风云之蹁跹焉。女巫者,使阴气之上接也。自秦汉不用,而郊祀之歌求唐山夫人致辞,亦各从其类也欤。乃画女巫。

11.《天问传》注文:

十二辰像,本诗之庚午祸祭史,二首六身,三月龙见仓颉,巳蛇、寅虎是也。柳《对》乌侯,即三足在日中者也,月则顾菟矣。尝见《皇极图》,三合九重八柱具焉,为洛书之畴数也,即三百六十一为象,山,方罼京房之律原也,非敢臆也。

12. 柳《对》以岐灵而子也。朱子引释氏鬼子母证之,鬼字即九字,纠醢鬼侯。《淮南》曰:九侯又曰九者,阳之数也,阴极而生之也。

13.《道书》有《伯强》云,古之愤忠战殇者如睢阳,所谓死当为厉是也。或曰,伯强即《周礼》"方相"二字转注,故虎、豹、熊、黄金四目从之。

14. 角,东方星也。曜灵,日也。按大角为帝座之首,故画鲛。《对》以"苍龙则亢矣",于《问》无取。《地肺经》谓东海日出,其光九轮,下有神鲛,蜿蜒吞吐之状。

15. 王逸云:汩,治也,鸿鸿水也,师众也。尧放鲧于羽山,飞乌虫曳鲧而食之三年，不舍其罪。鲧狠愎而生禹，遂平九土。嗟乎，为国而死，蒙罪何辱，况有盖愆之圣邪！世义水经代有天下食报宜矣，故悉画之，以劈符命之说。又按，汨，谓乱也，《书》曰：鲧堙洪水，汨陈其五行。王逸，东汉人，未见古文《尚书》尔。

16. 注：禹治水，时有神龙以尾画导水经焉。余见唐李升作《禹贡图》，末有龙以曳尾于九山水气腾沸如是。

17. 康回，共工名也。共工与颛顼争为帝不得，怒而触不周山，天维绝，地柱折，故东南倾。夫匹夫之勇，萦坠纲常，倒替天泽，大概如是。小儿骇，汝之对，诚瞀瞀也。洿，深也。柳曰：州错富媪，爰定于趾。按，前汉书《礼乐·志》：媪神，宴娭。愚谓淳潴之义，见两间于古，何所不容，则东流不溢。孰知其故。楕，音妥，狭长也。昆仑山在西北，其巅曰县圃，上通于天，不必蓬首虎齿，为西王母之对也。《淮南子》：昆仑之山其高万五千里。天地四方之门。嗟乎！事理盛衰如气，寒暑迭陈，炎炎者，灭矣。楚怀秦政，今安在哉！

18. 西北，有幽冥无日之国，有龙衔烛而照之。羲和，日御也。若华，若木也。北有冰山，故夏寒。南有炎州，故冬暖。此亦漫漫长夜之问尔。见僧繇作《山海经》有此图。许慎谓博桑若木，东方之神也。

19. 石林有木，猩猩能言。按，西极有不木之山。

20. 王逸云："有无角之龙，负熊兽以游。"柳《对》"不角不鳞"是也。或曰：寓周比为恶之义。

21. 注：虺，蛇也。倏忽，电光也。《庄子》："南方之帝曰倏，北方之帝曰忽。"恐非电光也。

22. 《括地象》曰：有不死之国，长人，防风氏，又长狄。愚谓上古有无路之人，举步千里，身半绕云，下视五岳，如部娄也。萍，水草，而生于九衢之路。枲，麻也。

23. 南方有灵蛇吞象，三年，然后出其骨是也。蛇属巳，巴益以舌，画者象形也。他本作灵蛇，柳作巴蛇。

24. 玄趾、三危，皆山名，黑水出昆仑。柳《对》：胡纷华漫汗，而谱谓不死。言名生而实死也。王逸云：鲮鱼，鲤也。四足，出南方。魠堆，奇兽也，然旧注《山海经》，鲮鱼，在海中近列姑射山；

堆，当为雀，鴥雀在北号山，如鸡，虎爪，食人。观柳《对》，知前注误矣。

25.《淮南子》："尧时十日并出，尧令羿射中九日，日中九乌皆死，堕其羽翼。"夫甲癸循环，谓尽于十日，非十日并出也。兹姑从其妄。又旧注："《山海经》：'大泽千里，群鸟之所。'"鸟，当作乌，亦柳《对》也。

26. 朝，早也，与朝同。离，遭也，niè 忧也。台桑，地名，拘隔也，射行也，鞠，穷也。谓有扈氏之所行皆穷恶也。棘，陈也。宾，列也。商，宫商也。《九辩》、《九歌》，启所作乐也。屠，脑剥也。王逸云：禹脑剥母背而生其母之身，分散竟地。朱子曰："启棘宾商，当作启梦宾天。如秦穆公、赵简子，梦上宾于均天，九奏万舞也。古篆梦字似棘，天字似商。"愚谓身本九宫，如《考工》"股脣怒以制弇郁之器于虞簨"也。制失久矣，聊存于此。

27. 河伯化为白龙，羿射，眇其一目也。羿又梦与雒水神宓妃交。冯珧利决，封豨是射者，言不德，唯恃其弓，以射神兽，为畋猎之娱也。按，王注与柳《对》，皆错集无叙，而白龙、鱼服则子胥有豫且之。喻想原本于是耶！

28. 鲧，音奴来切，三足鳖也。鲧入羽渊，巫医莫活之矣。或曰，鲧力能刊木，灵助禹功，遂能播黍，岂疾恶修长而贯盈哉？说异，取而为图。

29. 蜺，云之似龙者。蛸，云之似蛇者。蜺蛸相婴，在此祠堂也。崔文子学仙于王子乔，化为白蜺，而婴蛸，持药与文子。文子惊怪，引戈击蜺，因堕其药，视之，则子侨之尸也。崔文子取子侨之尸，覆之以敝筐，须臾化为大鸟，飞鸣而去。注：事奇特，与柳《对》凿凿有据，遂画之。

30. 萍翳，雨师名，号呼则雨兴。天撰十二神鹿，一身八足两头。鳌，大龟也。击首曰抃。巨灵之龟，背负蓬莱山，而抃献于海若舟。使龟舍水而行于丘陵，何能迁徙此山乎？皆本注也。或曰，释舟陵行，即鼻荡舟也，是不然。

31. 朱杨注云：浇，多力。至嫂之户，佯有所求，而遂淫之。少康因猎放犬，遂袭浇，而断其首。王注云：误断其嫂首也。今因之，特图，以为禽兽行者之诫。

32. 汤，谋变夏众，以从已也。少康灭斟寻氏，疑错简，然图已多矣，附是不赘。

33. 桀伐蒙山之国，而得妺嬉，汤乃殛之。

34. 注：桀作玉台十里，此语冤哉，故附于舜闵在家后。

35. 注：女娲人头蛇身，一日七十化，其体如此。柳《对》曰，工获诡之，谓画师所致也，何独不然。《路史》谓登立即女娲名，故合图。

36. 注：但云其肆犬豕之心，不能危败舜之身也。至柳《对》始有毕屠水火之说，惟孟子亦云然也。

37. 自泰伯仲雍去吴，太史公以吴始世家传首，伯夷贵让也。荆蛮之逃而复有季札之苗裔，奇哉！

38. 伊尹缘烹鹄，羹肴玉鼎以事汤，汤以为相。又云：汤出，观风俗，而逢尹也，然画师取异事以图，而观者以子舆氏为正。

39. 简狄侍帝喾于台上，有燕堕卵，吞而生契，《诗》言之矣。《礼》云：仲春高禖之祀，有自来尔。

40. 蓐收为少皞氏之少子，虎爪手钺，尸刑以司愆。言该之德能嗣于父，故列于神，以主天下之刑，今所为曰虎神也。陆探微有《五方司天图》加以金钟，亦兑西之义也。

41. 有扈，羿国名也。浇灭夏国相，相之子少康为有仍牧正，典牛羊，乃灭浇而复夏。则围栎之不可测，况一成一旅邪。

42. 舞于格苗，《书》载之矣。《字学》谓舞下从舛，象人对舞也，但箭翟于勺，今不具见，故存之于图。

43. 《对》云：辛后骏狂也。嗟乎！不类之夫胥宝克膏大率如是，故脐可燃而帝可斮矣。

44. 有启时，有扈氏本牧竖，何逢而得侯？及启攻之，亲杀于床。夫以贱竖窃神器，天人共愤。剥床者，寓言不安也。

45. 汤能常秉契之末德，出猎，得大牛之瑞，而还以禽，遍班禄惠于百姓也。专恩溥利，理之所有，柳之《对》亦泥矣。

46. 注：晋大夫解居父聘于吴，过陈之墓，见妇人负其子，欲肆情焉。妇人引诗刺曰：墓门有棘，有鸮萃止。独不愧鸮乎？盖循暗微之迹，而有夷翟之行，不可以宁其身。柳子《对》以彼衷之不目，而徒以色视，则解父是也。嗟乎！衵戏于朝，陈事也。墓门之诗，愧栋林矣。秋之世,鹑奔麀聚,非圣人防维几何,而禽兽之不若矣。是图可补烈女传。

47. 注:象眩惑其父以危兄弟。问者虚词,对者实指为象也,特有鼻之祠,至唐不坠,又岂亲爱所及哉。

48. 杨注:伊尹母妊身,梦神女告之曰:白灶生蛙。亟去。母走其邑,尽大水,母溺死,化为空桑。有儿啼,即尹也。柳子曰:或者为是说,以蠹伊尹之圣也。然空桑、重泉皆地名也,或即是而名其地邪!遂画之。然历阳之人化为鱼鳖,如前注所云,又复可疑。

49. 武王将伐纣,纣遣胶鬲视师。还,报以甲子日会大雨。武王曰:吾甲子日不至,纣必杀胶鬲,吾欲救贤者之死。图中奋驱以想圣人之仁,若安于清尘洒道,则灌坛令之阴符也。何足问。

50. 注:"武王之将帅如鹰之群飞,此孰聚之者。白鱼入舟,周公曰:'虽休忽休。'故曰叔旦不嘉。"见人心之附繄,则奋于苍鸟。征天道之灵耻,则跃于白鱼。

51. 昭后于越裳氏逢白雉,而后有南土之底也。献鸟者佛其首,画其礼也。

52. 柳《对》穆憯祈招,倡伴以游,轮行九野,唯怪之谋。儒贼厥说,爰糜其弧,幽祸挐以夸,悍褒以渔。故画者,略幽而详穆也。然得狼鹿以归本之。《国语》其云:巧梅者,或造父之诡御也,若瑶池白云之谣则幻矣,何足问。或曰:古无骑,然左师展将以公乘马归。刘炫注:公单骑而归。《礼》曰:前有车骑者。可证。

53. 齐桓九合,卒至身杀,知假之不可久也。取尸虫出户,五子争立,以为不远之戒。

54. 雷开受赐不足画,止以箕狂梅醢为图,着古人顺受之正。

55. 宜分作四图,然周以后稷,积功累代有数十圣,而后工天下,卜年八百,则一心之运也,故合之。

56. 吕望在肆鼓刀,文王问之,对曰:"下屠屠牛,上屠屠国。"文王喜,载以归。武王缵文之绪,故奉木主伐纣,则太公之事也。乃不分图。

57. 注:伯,长也。林,君也。晋太子申生雉经也。又集纪云:伯,迫也,迫于林中也。王克云:申生雉经,林木震赟,自古忠孝未有不感天地也。持此,又可辩子厚螾讼蛴贼之对。

58. 皇天节，或有连及下文者，或有虚说者，今合之。汤初，臣伊尹后乃师承，足官天下而垂绪。今画作北面相揖，微有谦逊，不遑之义学焉，后臣岂欺我哉！

59. 阍闾少亡在外，壮厉武以自威。

60. 彭祖进雉羹，事尧八百岁，犹自悔不寿，恨枕高而唾远。注：奇因附之。

61. 牧，草名。中州，有岐首蛇，共争食以自啮。王注：喻夷狄之自相残噬者是也。柳《对》以细腰群飞夫，夫何足病。乃画蜂。

62. 昔有女子采薇，惊走，回水上，止而得鹿，家遂福，喜也。

63. 秦伯有犬，弟针请之，百两车也。鲁昭元年，针奔晋，其车千乘，坐多，故出奔。画犬车上，本"载猃歇骄"义也。

64. 薄暮、伏匿、荆勋等问，不能为图，故略之。止以环间穿社，爰出子文者画之。杨柳《对》曰：于菟不可以作。遂为图本非臆也。

三　补缺后的一些感想

虽然乾隆在这部《离骚图》上删去了序跋注文，犯下了现在人看来是不可饶恕的罪，但对于一个统治者来说，为了政治的需要，也是迫不得已。何况禁毁书籍，其中也销毁了一些质量低下的书籍，或者"违碍庙堂"的书籍。"违碍庙堂"害人害己的黄色书籍，乾隆的销毁就做得对，也可嘉赞。但为了思想统一，把一些于统治阶级不利的不一致的书籍全部禁毁，就确实显得有些不妥。

但四库修书过程中的工作都有明文记载，对禁毁了的书籍，依类各自入册，并保留有《全毁书目》《抽毁书目》《禁书总目》等禁毁书目得以呈于后世。可见当年乾隆也是意在彰显这些书籍的劣迹，天经地义，也并没有担心时人、后人对自己的不利之议。这种胸襟我想在世界史上也不多见。

总而言之，乾隆的功还是大于过的。因此不能仅仅因为篡改了少数书籍，就扼杀《四库全书》全部贡献，何况"人无完人，金无赤金"，相对《四库全书》整体而言，集中在明代时期的书籍的改动和篡改，毕竟还是比例甚少。只要我们当下的学人，能够积极努力地去纠正错误，增补一些有益的禁毁书籍，我想中国的"四库学"必将闪发出夺目的光彩。

四 以《四库全书》的编撰方式反思当下地方文献的整理和研究

《四库全书》的编撰，以传统的经史子集四分法为主干，下分为若干"类"为支干，从而保证了体例条理清晰。采用大规模地搜集、有系统地精选方法来校对、重抄整理文献，代表了当时统治者的认知水平。以"提要"的方式使得浩如烟海的古籍有了一个系统而完整的体系。因此当下的地方文献完全有必要继承和发扬这种传统的编纂体例。除了继承和发扬这种传统，还应注意以下几个问题。

第一，建立完善以专家为主的领导机构。当下各地方政府在积极回应中央文化自信精神的前提下，大力弘扬传统的地方文化，编纂出许多优秀的地方文化书籍，但还存在着许多粗制滥造的所谓地方文化产品。究其原因就是领导的长官意志所覆盖下的文化运作方式，忽视了真正意义上的专家学者，从而导致文化编纂的体例不清，造成混乱现象。

第二，利用《四库全书》应采取谨慎小心的态度，不能不负责任照搬照抄。《四库全书》是乾隆皇帝亲自主持下的大型图书的编辑整理的巨大工程，虽然选取了天下众多的饱学之士，但或多或少地还是遵照乾隆的政治意图来进行编辑整理，其中删减、挖补、篡改等不在少数，故而在进行当下的地方文献整理时，应该采取务求真实的态度，不断比对，多方查证，才能保证不出差错。

第三，对稀有的家藏文献应采取奖励的方式及时征集，统筹安排好财政资金，影印出版。并有计划地安排专家学者进行个案研究，所出成果应及时公布出版。

第四，对散落在某些单位或私人手中的非正式出版物，应积极主动联系征集，必要时召开有关人士座谈会，取得各级兄弟单位支持和帮助，征集地方文献资料。

第五，善于发现各类书刊有关地方文献信息，进行跟踪查找取得资料。对其中零散的地方文献资料，可通过抄录、复印、剪辑、翻拍等办法搜集保存。

第六，关注古旧书摊、废品收购站、单位的废品仓库地方文献资料，加强社会各地区地方文献工作部门协作交流，保证互通有无，实现资源共享。

第七，关注各类专家学者四库学的最新研究成果，选取对本地区地方文献有价值的考证研究成果，消除《四库全书》漏录、删减、篡改的错误隐患。

第八，利用地方文献，对比《四库全书》相同资料，发现和解决矛盾的错误文字，辑佚文献资料。

第九，广泛运用目录学、版本学、校雠学、编纂学、史学、方志学、计算机科学等学科的知识，对特定区域文献的产生、分布、集聚、整理与开发利用进行研究。

总而言之，就是要建设有中国特色的哲学社会科学体系，紧紧抓住具有主体性、原创性的作品。崇尚"为天地立心，为生民立命，为往圣继绝学，为万世开太平"精神，立足当下、借鉴典籍、挖掘历史、把握当代，关怀人类、面向未来。从而体现继承性、民族性；体现原创性、时代性；体现系统性、专业性的中国化的学科体系、学术体系、话语体系。

文澜阁《四库全书》研究之回顾与反思

宫云维 戴颖琳*

摘 要：文澜阁《四库全书》的研究主要分为两个时期。早期的研究工作以保存、整理补抄和西迁的相关史料为主，同时，也搜购遗失的阁书，考证相关史实等。20世纪80年代以来，出现了一些新特点，在表彰补抄和保护阁书之功臣、挖掘阁书的学术价值、整理出版相关的研究资料等方面做出了不少的成绩，文澜阁《四库全书》对江南文化的影响也开始受到关注，并取得了一些成果。但总的说来，尚有很大的提升空间。相信随着影印本文澜阁《四库全书》的出版和四库申遗工作的推进，会取得更大的成绩。

关键词：文澜阁；《四库全书》

The Review and Reflection on the Research of *Si Ku Quan Shu* in Wenlan Pavilion

Gong Yunwei Dai Yinglin

Abstract: The research of *Si Ku Quan Shu* in Wenlan pavilion is mainly divided into two periods. In the early stage, the research contents were primarily relative to preservation and collation, and the historical materials about the westward movement, as well as the search for lost books, and the textual research on relevant historical facts. Since 1980s, the research contents were to commend he-

---

* 宫云维，浙江工商大学中国思想文化研究中心教授；戴颖琳，浙江工商大学专门史硕士研究生。

roes who supplemented, copied and protected these books, study the academic value of these books, collate and publish research materials, etc. The influence of *Si Ku Quan Shu* in Wenlan pavilion on the Jiangnan culture has also begun to draw attention, and made some achievements. But now, it can be improved greatly. It can be believed that great progress will be made with the publication of photocopy of *Si Ku Quan Shu* in Wenlan pavilion and the promotion of applying for the World Cultural Heritage.

Key words: Wenlan Pavilion; *Si Ku Quan Shu*

文澜阁《四库全书》是现存四部《四库全书》之一,也是乾隆时所纂修的七部《四库全书》南三阁中仅存的一部。由于历史的原因,该书经历了三次补抄,方成完帙。抗战时期,该书又历经西迁,辗转流离,始完璧归杭,创造了世界藏书史上的一个奇迹! 唯其如此,文澜阁《四库全书》才迥然有别于其他三部《四库全书》,成为"四库学"研究中的"另类"。因而,研究文澜阁《四库全书》,将极大地丰富"四库学"研究的意义。本文拟通过对文澜阁《四库全书》研究史的梳理,进一步剖析文澜阁《四库全书》研究中存在的不足,以期有助于"四库学"研究的进一步开展。

一

《四库全书》之庋藏文澜阁始于乾隆四十九年,大约至乾隆末年完成。① 但文澜阁《四库全书》却没有北四阁那么幸运。咸丰十年(1860)、十一年(1861),太平军两次攻陷杭州,阁圮书散,"峨峨之杰阁歊,煌煌之宝书散,残余者狼藉盈地,几等沾泥之絮矣。不胫而走,则或归有识之家,或归无知之贾竖。藏家得之,尚为书幸,一入蚩氓之手,则卤莽灭裂,无所不至。惜字者,则妄为焚化,阴蹈祖龙之覆辙而不知;贪小利者,则散册解钉,撕供裹物,留下市上,几同常事"。② 其时,杭州著名藏

---

① 关于《四库全书》之完全庋藏文澜阁的时间,限于史料,尚难以详知。据《汪容甫年谱》,乾隆五十九年十月,尚未完全送阁。此据黄爱平先生说。见黄爱平著《四库全书纂修研究》,中国人民大学出版社,1989,第162~163页。
② 张崟:《文澜阁〈四库全书〉史略》,王国平主编《西湖文献集成》第20册,杭州出版社,2004,第128页。

书家丁丙、丁乙兄弟避难西溪，偶然发现留下市场上有用四库书纸包裹食物者，乃集合胆大者数人，冒着生命危险，乘夜俯拾，得失散之阁书数千册，陆续藏之西溪。后来丁氏兄弟又将所收之阁书运到上海，加以保护，直至同治三年，杭州光复，才运归故里。回杭后，丁氏兄弟又出资购求其他散佚城乡者，加上徐葵之所收集者，共计约9060册，藏之于杭州府学尊经阁。这就是著名的丁氏抢救文澜阁《四库全书》的故事。其时，文澜阁《四库全书》所存者不足原书的1/4。为使文澜阁《四库全书》回复原貌，光绪八年（1882），在浙江官绅的支持下，丁丙主持了文澜阁《四库全书》的补抄工作。本次补抄，历时七年，计补抄文澜阁《四库全书》247册6124万余字。

1910年，浙江图书馆建馆。次年6月，经浙江咨议局议决，并浙江抚院核准，文澜阁藏《四库全书》划归浙江图书馆保管。1912年，钱恂出任浙江图书馆总理（馆长），开始策划阁书的补抄工作。1915年，在钱恂的主持下（时已离任），文澜阁《四库全书》的第二次补抄工作正式开始。到1923年，历时八年方告结束。由于1915年（民国4年）是农历乙卯年，所以这次补抄又被称为"乙卯补抄"。此次除补抄《四库全书》外，还从书肆中补购了旧抄本182种268卷。

1922年，著名学者张宗祥出任浙江省教育厅厅长，开始筹划、主持第三次补抄工作。此次补抄从1923年春天正式开始，到1924年12月竣工，计抄书4497卷2046册。次年又重校昔日丁抄213种5660卷2251册。至此，"全书完备，交图书馆仍贮阁中"。① 因为1923年是农历癸亥年，所以这次补抄又称"癸亥补抄"。

1937年7月7日，卢沟桥事件之后，抗战全面爆发，为保护文澜阁《四库全书》免遭日本人的算计，时任浙江图书馆馆长陈训慈和他的同人们，为保护和转移文澜阁《四库全书》进行了一场堪称伟大的库书西迁运动。西迁从1937年8月1日开始，一迁富阳，再迁建德，三迁龙泉，四迁贵阳张家祠堂，五迁贵阳地母洞，六迁重庆青木关，历时9年，辗转浙、闽、赣、湘、黔、川六省，最终于1946年顺利返回杭州。

---

① 周庆云：《补抄文澜阁四库缺简记录》，王国平主编《西湖文献集成》第20册，第332页。

二

文澜阁《四库全书》从补抄到西迁，再到回杭，是一部历史传奇大戏。这部传奇大戏的主要演员，则是那些为补抄和保护文澜阁《四库全书》的浙江藏书家和浙江图书馆工作人员。因而，早期文澜阁《四库全书》的研究工作，首先是围绕上述"剧情"而展开的。主要工作包括以下几方面。

第一，整理、保存相关史料。

事实上，早在清末丁抄文澜阁《四库全书》的时候，当时丁抄本的主要参与者、曾负责管理文澜阁书库的王同就著有《文澜阁补书记》，详细记叙了当时补书的过程。丁抄本完成后，主持文澜阁事的孙峻、孙树礼，又根据阁中的档案资料，编撰了《文澜阁志》。是书凡两卷，另有卷首和附录。卷首收录乾隆皇帝与文澜阁有关的诏谕三道、御制诗三首，光绪皇帝关于修复文澜阁的诏谕一道。卷上为文澜阁之建置、图说，以及同治、光绪间修复文澜阁及抄补阁书的往来公牍等，并附有《补抄阁书章程》《续拟抄书章程》等。卷下为文澜阁修复前后，学士大夫的相关吟咏诗文等。王同的《文澜阁补书记》也被收录其中。附录则收录了著名学者孙衣言等关于《书库抱残图》《文澜归书图》的题记、跋语等。该书的编成，保存了文澜阁最初的相关史料，尤其是丁抄的相关史料，对后来的文澜阁《四库全书》的研究有重要参考价值。

关于第二次、第三次补抄文澜阁《四库全书》的史料，尚有钱恂曾编的《文澜阁现存书目》，记述其卷册之存佚与抄写之先后等。1929 年，时任浙江图书馆馆长的杨立诚著有《文澜阁书目索引》，"举凡书名、著者、卷数、册数、架数以及写录之年月，莫不厘然详载于表"。[1] 第三次补抄的重要参与者周庆云著有《补抄文澜阁四库缺简记录》。第三次补抄的主持人张宗祥 1961 年也在《光明日报》上发表了题为《补抄文澜阁〈四库全书〉史实》的回忆性文章。因之，关于文澜阁《四库全书》三次补抄的史料，基本整理完备。

关于文澜阁《四库全书》西迁的史料，则有毛春翔《文澜阁〈四库全

---

[1] 顾颉刚：《文澜阁书目索引序》，《燕大月刊》1930 年第 6 卷第 2 期。

书〉战时播迁纪略》(《图书展望》1947年第3期)。毛氏时任浙江图书馆编目组干事,负责护送文澜阁《四库全书》抵贵阳,并负责保管阁书。1945年后,还担任过阁书保管委员会秘书。抗战胜利后,又奉命负责护送阁书回杭。他是文澜阁《四库全书》西迁全过程的直接参与者和见证者,因而,该文对了解文澜阁《四库全书》西迁极有历史价值。祝文白《两次查看内运文澜阁〈四库全书〉记》(《真理杂志》1944年第1卷第1期),亦有所补充。

第二,搜购遗失的阁书,考证相关史实。

搜购遗失阁书的工作,自丁抄开始就一直没有中断过。进入浙江图书馆时代后,遗失阁书的搜购工作是浙江图书馆的常态,被搜购的阁书一直被作为珍贵的"保存类",经常见之于浙江图书馆主办的几本杂志中。例如,1922年第8期的《浙江省公立图书馆年报》中就有"保存类文澜阁本"。1934年第3卷第5期的《浙江省立图书馆馆刊》,也刊有"文澜阁书之购回与新收图籍"一栏,重点介绍购回的文澜阁旧抄本《两宋名贤集》第186~188卷、第249~253卷。

与搜购遗失阁书紧密相关的,就是对相关阁书的校勘和考证。1923年,曾参与补抄文澜阁《四库全书》的单丕(不庵)发表了《跋补抄文澜阁书六种》(《国立北京大学国学季刊》1923年第1卷第3期)。1927年,康爵发表了《文澜阁丁氏补抄夹漈遗稿校勘记》(《浙江省立图书馆报》1927年第1卷第1期),即属此类。1932~1937年间,在浙江图书馆编纂组供职的张崟(曾任编纂组主任),先后发表了《文澜阁〈四库全书〉史表》(《浙江省立图书馆月刊》1932年第1卷第7、8期合刊)、《新购阁本〈欧阳文忠集〉卷一至二十七校勘表》(《浙江省立图书馆月刊》1933年第2卷第4期)、《西湖文澜阁规制征故》(《浙江省立图书馆月刊》1934年第3卷第2期)、《文澜阁〈四库全书〉浅说》(《浙江图书馆馆刊》1933年第2卷第1期)等论文。1935年,张崟又在上述研究的基础上,发表了《文澜阁〈四库全书〉史稿》(《文澜学报》1935年第1期)。该书从《四库全书》的编撰入手,考察了文澜阁《四库全书》的成书次第、《四库全书》与文澜阁之关系、文澜阁劫后重建问题、阁书爇后之补苴、阁书规制、浙图藏阁书之概况,以及文澜阁《四库全书》之重要性等。书末还附有五个相关的表格等。该长文的发表,实集此前文澜阁《四库全书》研究之大成,是四库学研究的重要成果。

除了张崟之外，陈训慈撰有《丁氏兴复文澜阁书记》（《浙江省立图书馆月刊》1932年第1卷第7、8期合刊）、君弢撰有《文澜阁〈四库全书〉的今昔》（《图书展望》1937年第2卷第6期），洪焕椿撰有《杭州文澜阁〈四库全书〉之过去与现状》（《读书通讯》1948年第153期），等等。其他介绍和研究《四库全书》的著作中，也略有介绍和研究文澜阁《四库全书》的章节。

三

20世纪80年代以来，《四库全书》研究出现了"方兴未艾"的大好形势，出现了一批卓有影响的著作。如黄爱平先生的《〈四库全书〉纂修研究》（中国人民大学出版社，1989）、崔富章先生的《〈四库提要〉补正》（杭州大学出版社，1990）、周积明先生的《文化视野下的〈四库全书总目〉》（广西人民出版社，1990）、司马朝军先生的《〈四库总目提要〉研究》（社会科学文献出版社，2004）等。但上述著作中，仅黄爱平先生的《〈四库全书〉纂修研究》与文澜阁《四库全书》关系密切。该书第五章、第六章、第七章、第十章均有章节探讨文澜阁《四库全书》的相关问题，涉及文澜阁《四库全书》的续缮与校订、续藏与阅览、复校、装潢与庋藏、亡佚，以及文澜阁的建置等。

乘此东风，文澜阁《四库全书》的研究也出现了长足进展，进入了一个新的时期。越来越多的学者参与其中，一大批高质量的学术论文公开发表。2004年，杭州出版社出版了顾志兴先生的《文澜阁与〈四库全书〉》——这是第一本专门介绍和研究文澜阁和《四库全书》的著作。大致说来，20世纪80年代以来的文澜阁《四库全书》研究有以下几个特征。

第一，补抄和保护阁书之功臣被大力表彰。

正如前文所言，文澜阁《四库全书》是世界藏书史上的一个传奇，演绎这一传奇的保护和传播阁书的功臣，理所当然地应该被历史铭记。陈训慈先生早年撰《丁氏兴复文澜阁书纪》即属此类。新时期的四库学者在这方面做了许多文章。如林祖藻《陈训慈与文澜阁〈四库全书〉》（《陈训慈百年诞辰纪念文集》，北京图书馆出版社，2006，第666~675页）、刘亮《张宗祥与文澜阁〈四库全书〉》（《华夏文化》2011年第2期）、汪帆《张崟的四库学贡献》（《浙江学刊》2013年第5期）、杨斌《竺可桢与文澜阁〈四库全书〉大迁移》(《中国档案》2013年第10期)、朱炜《江南有完秩,补阙到文澜——张宗祥与文澜阁〈四库全书〉的半个世纪情》(《图书馆研究与工作》2015年第3期)等,分别探讨了陈训慈、张宗祥、张崟、竺可桢等对文澜阁《四库全书》保护和传播的杰出贡献。此外,徐永明《文澜阁〈四库全书〉搬迁述略》(《中国典籍与文化》1999年第4期),赵春华《护卫国宝,青史永记——文澜阁〈四库全书〉抗战时初迁富阳渔山记述》(《浙江档案》2008年第9期),顾志兴《文澜阁〈四库全书〉的三次补抄》(《世纪》2010年第4期),鲍志华《文澜阁〈四库全书〉抗战苦旅线始末》(《图书与情报》2011年第4期),袁媛、刘劲松《抗战时期贵州省立图书馆保护文澜阁〈四库全书〉考察》(《河南科技学院学报》2014年第7期),韩卓吾《文澜阁〈四库全书〉西迁创奇迹》(《中国社会科学报》2015年第799期),徐忠友《杭州文澜阁〈四库全书〉辗转西迁之路》(《党史纵横》2015年第10期),等等,虽然没有具体表彰哪一位个人,但总体上属于对补抄和保护《四库全书》西迁的表彰。

第二,文澜阁《四库全书》的价值重新引起学者的重视。

众所周知,现存文澜阁《四库全书》其实是一部"残书"("残卷"),因为其中2/3以上的内容是后来补抄的,不是原抄。但正是因为有了后来的补抄,文澜阁《四库全书》的价值反而有意想不到的提升。张崟撰《文澜阁〈四库全书〉史稿》时就意识到了这一问题:"阁书经乱后,虽残缺,赖抄配得完,似与原来面目微有殊致,但有因抄补而转较原著录为更可宝者在焉。"① 但由于种种原因,当时响应者并不多,也鲜有人去继续挖掘。近年来,有越来越多的学者在张崟的基础上,撰写论文,挖掘和肯定抄本文澜阁《四库全书》的价值。如林祖藻《从文澜阁〈四库全书〉的"谷响集"谈起》(《浙江学刊》1995年第1期),赵冰心、裘樟松《文澜阁〈四库全书〉补抄本之价值》(《图书与情报》2000年第1期),崔富章《文澜阁〈四库全书总目〉残卷之文献价值》(《文献》2005年第1期),高明《〈网山集〉文澜阁四库本、文渊阁四库本异文掇拾》(《图书馆工作与研究》2007年第6期),童正伦《丁氏补抄文澜阁〈四库全书〉述评》(《图书馆研究与工作》2012年第4期),吴育良《文澜阁〈四库全书〉的

---

① 王国平主编《西湖文献集成》第20册,第161页。

补抄及价值》(《晋图学刊》2013年第1期)等,从不同角度,挖掘文澜阁《四库全书》之价值,证实张崟之结论。

第三,研究资料更加丰富完备。

史学研究贵在创新,新史料的发现则是史学研究创新的基石。以往关于文澜阁《四库全书》的研究,主要是依赖早期浙江图书馆工作人员等所整理的资料。[①] 即使文澜阁《四库全书》本身,由于多年来"养在深闺",见一面尚且困难,更不必说运用其进行研究。好消息是,经过十余年的努力,文澜阁《四库全书》影印本终于在2015年7月正式出版。这对于广大的《四库全书》研究者乃至文史爱好者来说,无疑是一个巨大的喜讯。对此,杭州出版社官方网站对该书有如下介绍:

> 杭州出版社整理出版的文澜阁《四库全书》有以下特点和优势:
>
> 一、内容更完整。原《四库全书》有漏抄,文澜阁本在补抄过程中据善本予以补齐。据初步估计,文澜阁本《四库全书》比原《四库全书》多出8000卷,其中有的为不同版本分卷不同所致,有的则为补全原本漏抄内容。
>
> 二、版本更优良。丁丙、钱恂、张宗祥等前辈组织补抄文澜阁本《四库全书》时,从事者均为版本目录学专家,集清末全国藏书楼之精华,善加拣择,比其他阁本更具版本价值。
>
> 三、面目更真实。乾隆修《四库全书》时,出于满清统治的需要,四库馆臣对书籍中的"违碍字眼"多有删改,遭到后世学者的非议。而在补抄文澜阁本《四库全书》时,被四库馆臣删改的文字据原本得以恢复。[②]

无论如何,该书的出版对文澜阁《四库全书》,乃至整个四库学的研究,都将有巨大的推动作用。

其实,关于文澜阁《四库全书》的相关史料,早在20世纪90年代就陆续被发现和整理。其中较有影响的首先是陈训慈《运书日记》的整理出版。

---

① 2004年,杭州出版社出版的《西湖文献集成》丛书第20册,收录了孙峻、孙树礼《文澜阁志》,张崟《文澜阁〈四库全书〉史稿》,周庆云《补抄文澜阁四库缺简记录》,张宗祥《补抄文澜阁〈四库全书〉史实》,毛春翔《文澜阁〈四库全书〉战时播迁纪略》。

② http://www.hzcbs.com/news/show/?id=551。

陈训慈1932～1941年间任浙江图书馆馆长，是文澜阁《四库全书》西迁的策划者和直接领导者。抗战胜利后，他又是促成将文澜阁《四库全书》运回杭州的功臣。因而，其日记中有关搬运《四库全书》的记载，对于了解文澜阁《四库全书》的西迁有特殊的价值。1991年，陈训慈九十华诞时，曾将三册日记捐献给浙江图书馆，编号为《丁丑日记》第一册、第三、第四册。2000年，浙江大学徐永明教授征得陈训慈哲嗣的同意，将其中有关搬运《四库全书》的史料整理出来，以《〈陈训慈日记〉中有关文澜阁〈四库全书〉抗战迁徙事摘录》为题，发表在台湾《中国文哲研究通讯》第10卷第1期上。著名历史地理学者周振鹤先生也曾"在偶然的场合中"得到陈训慈日记手稿三册，其中题名《丁丑日记》第五册《运书日记戊寅日记之一》所记，正好是1938年文澜阁《四库全书》西迁头两个月途中之事。2005年、2006年，周振鹤先生将这两册日记整理出来，以《陈训慈及其〈运书日记〉》为题，分别发表在《近代中国》第十五辑、第十六辑上。2013年，又将两册日记以《运书日记》为名，并附上前揭徐永明教授之文，交由中华书局出版。

此外，尚有洪丽亚《文澜阁归书图卷资料述略》（《东方博物》2005年第2期）、杨斌《近年来关于抗战时期浙江省文澜阁〈四库全书〉内迁史料》（《民国档案》2015年第2期、第3期）等史料，陆续被发现和整理。尤其是张廷银先生《晚清藏书家丁丙致袁昶手札》（《文献》2007年第4期）、赵天一先生《丁丙致陈豪手札释读》（《文献》2012年第2期）等，为文澜阁《四库全书》的研究提供了新的视角和材料。

2017年6月，浙江大学陈东辉先生主编的《文澜阁〈四库全书〉提要汇编》由杭州出版社出版。该书将文澜阁《四库全书》中的"卷前提要"抽出来，连同文澜阁《四库全书》中的《四库全书总目》《四库全书简明目录》《四库全书考证》，合在一起影印出版，并附有《文澜阁志》《文澜阁〈四库全书〉史稿》等十三种近现代学者关于文澜阁的重要著述，汇成一编，皇皇三十大册，以冀"一编在手，如指诸掌"，实属锦上添花之作。

第四，文澜阁《四库全书》对江南文化的影响开始受到关注。

乾隆皇帝之所以设南三阁，其本意旨在嘉惠士林，推广文治。这在乾隆四十九年（1784）二月二十一日乾隆皇帝的诏谕中说得非常清楚：

前因江浙为人文渊薮，特降谕旨，发给内帑，缮写《四库全书》三分，于扬州文汇阁、镇江文宗阁、杭州文澜阁各藏庋一分。原以嘉惠士林，俾得就近抄录传观，用光文治。第恐地方大吏过于珍护，读书嗜古之士，无由得窥美富，广布流传，是千缃万帙，徒为插架之供，无裨观摩之实，殊非朕崇文典学，传示无穷之意，将来全书缮竣，分贮三阁后，如有愿读中秘书者，许其陆续领出，广为传写。全书本有总目，易于检查，只须派委妥员董司其事，设立收发档案，登注明晰，并晓谕借抄士子加意珍惜，毋致遗失污损，俾艺林多士，均得殚见洽闻，以副朕乐育人才、稽古右文之至意。①

乾隆五十五年（1790）五月二十三日，再加发谕旨，要求内阁督促江浙督抚等允许士子到南三阁中抄阅：

《四库全书》荟萃古今载籍，至为美备……从前曾经降旨，准其赴阁检视抄录，以资搜讨。但地方有司恐士子等翻阅污损，或至过为珍秘，阻其争先快睹之忱，则所颁三分全书，亦仅束之高阁，转非朕搜辑群书、津逮薈髦之意。即武英殿聚珍板诸书，排印无多，恐士子等亦未能全行购觅。著该督抚等谆饬所属，俟贮阁全书排架齐集后，谕令该省士子，有愿读中秘书者，许其呈明到阁抄阅，但不得任其私自携归，以致稍有遗失。②

藉是之故，浙江地方官员特按上谕派遣官员管理文澜阁《四库全书》，公开向社会开放，允许士子入阁读书抄录，甚至借阅。据有关材料记载，曾在文澜阁抄校或读书的著名学者和藏书家，至少有汪中、孙星衍、刘凤浩、朱绪曾、陈奂、谢启昆、钱熙祚、钱泰吉、陆心源、孙衣言等。例如，瑞安玉海楼主人孙衣言，就多次登阁阅览、利用阁书。孙延钊在《文澜阁、嘉惠堂与玉海楼》一文中，直称"清代文澜阁秘笈，实东南文献之渊薮"，并云"玉海楼所收温州文籍见于两谱者，往往为阁本与嘉惠堂之福帙"（《文澜学报》1935年第1期）。

---

① 中国第一历史档案馆编《纂修四库全书档案·谕内阁将来江浙文汇等三阁分贮全书许读书者领出传写》，上海古籍出版社，1997，第1768页。

② 中国第一历史档案馆编《纂修四库全书档案·谕内阁著江浙督抚等谆饬俟所属全书排架后许士子到阁抄阅》，上海古籍出版社，1997，第2189页。

近年来，相关的研究开始引起了学者们的注意。例如，程惠新、高明著《文澜阁〈四库全书〉传抄本考述》（《图书馆工作与研究》2013年第10期），即基于浙江大学所藏的22种文澜阁本传抄本（以文澜阁《四库全书》为底本而抄录的本子）进行了研究。遗憾的是，此类的研究目前并不多见。

四

以上是笔者关于文澜阁《四库全书》研究历史的初步梳理。从梳理中，我们不难看出，迄今为止，关于文澜阁《四库全书》的研究，尤其是关于三次补抄、西迁史料的整理和对有功之臣的表彰等研究，已取得了丰硕的成果，但显然还有很大的提升空间。

第一，目前关于补抄和保护功臣的表彰，还仅限于少数贡献巨大者。更多的参与文澜阁《四库全书》补抄和保护，包括补抄的工人、为补抄捐助费用者，还没有被提及，需要进一步挖掘和研究。

第二，除了陈训慈日记之外，其他参与补抄的学者还有没有关于补抄和保护的日记？还有多少名人手札中谈到过库书补抄？库书西迁过程中，有关地方有无相关档案？如果有，这些新史料的出现，必将推动文澜阁《四库全书》研究的深入。

第三，除了文澜阁《四库全书》补抄本的学术价值外，现存的旧抄本与其他阁书有何差异？为什么会有差异？这一工作随着阁书的影印出版，变得非常便利了。与此相关的是，对于现存旧抄阁书尚有多少存世，也应该加以统计和研究。

第四，有多少学者和藏书家登文澜阁看过书？他们抄录过哪些阁书？为什么要抄录？换言之，文澜阁《四库全书》在哪些方面影响了江南文化？又是如何影响的？这对于凸显《四库全书》的社会意义与文化传承，是有巨大意义的，也希望有更多的学者投身其中。

以上是笔者简单想到的几个方面。相信，随着影印本文澜阁《四库全书》的面世和《四库全书》申遗工作的推进，文澜阁《四库全书》的研究工作会吸引越来越多的学者，也一定会取得更大的成绩。

文渊阁《四库全书》本《元氏长庆集》优劣小议

周相录[*]

摘　要：出于政治方面的原因，《四库全书》编纂人员曾对收录文献的部分文字进行了改动，因此，后人对《四库全书》所收录文献的版本价值评价不高。但是，通过比较《元氏长庆集》存世的不同版本，发现《四库全书》本《元氏长庆集》是存世诸本中唯一经过校勘的错误最少的一个版本，其价值不容低估。

关键词：《四库全书》；《元氏长庆集》；版本

The Discussion of *the Anthology of Yuan Zhen's* Advantages and Disadvantages of *Si Ku Quan Shu* in the Wenyuan Pavilion

Zhou Xianglu

Abstract：For political reason, the compilers of *the Complete Library in the Four Branches of Literature* had changed some words in parts of its collected literature, which makes the posterity doesn't think highly of the collected literature in *Si Ku Quan Shu*. But after compared different existing versions of *the Anthology of Yuan Zhen*, it can be found that *the Anthology of Yuan Zhen* in *Si Ku Quan Shu* is the only collated version with the least mistakes among them, thus its val-

---

[*] 周相录，博士，河南师范大学文学院教授。在《文献》《古汉语研究》等发表论文60余篇，出版《元稹集校注》等。主要学术兼职：唐代文学学会理事、韩愈研究会理事、孟浩然研究会理事等。

ue should not be underestimated.

Key words: *Si Ku Quan Shu*; *The Anthology of Yuan Zhen*; Version

在 2000 年之前，唐代很多文人的别集都已有不止一个整理本，如白居易集，有中华书局 1979 年出版的顾学颉先生校点的《白居易集》，有上海古籍出版社 1988 年出版的朱金城先生整理的《白居易集笺校》（2006 年中华书局又出版谢思炜整理的《白居易诗集校注》、2011 年又出版谢思炜整理的《白居易文集校注》）；孟浩然集，有巴蜀书社 1988 年出版李景白整理的《孟浩然诗集校注》、人民文学出版社 1989 年出版徐鹏先生整理的《孟浩然集校注》、上海古籍出版社 2000 年出版佟培基先生整理的《孟浩然诗集笺注》等。而作为中唐数一数二的文人元稹的别集，则只有中华书局 1982 年出版的冀勤先生整理的《元稹集》，而且只是点校本，没有注释。一边翻阅冀勤先生的《元稹集》，一边翻阅卞孝萱先生的《元稹年谱》，发现两者都不够完善，遂起意为元稹编一部新的年谱，校注一部新的元集。在校注元集时，首先遇到的一个问题，就是选择哪个本子作校勘底本。

元稹别集没有唐代的印本或写本存世，现存最早的本子就是宋代的刊本。宋代刊本有浙江绍兴地区的刻本和四川地区的刻本，但散佚都非常严重。宋浙本只有卷四十至卷四十六及卷四十八共八卷存世，散佚较少的宋蜀本也只有二十四卷稍多（卷一至卷十四、卷三十两页、卷五十一至卷六十），都不及元集的一半，作底本显然不太合适。明代时出现的元集传本主要有四个，一为明杨循吉（1456~1544）影抄宋本六十卷，二为明董氏茭门别墅刻本六十卷（《四部丛刊》即影印该本），三为是明马元调（？~1645）鱼乐轩刻本六十卷补遗六卷，四为兰雪堂华坚铜活字本（存十八卷）。这四个本子，除马元调自己的补遗六卷之外，其余六十卷所收篇目完全相同。从问世时间上来说，马元调本刊刻于明万历三十二年（1604），问世时间最晚；董氏茭门别墅刻本刊刻于嘉靖三十一年（1552），较马元调本问世时间大约早半个世纪；兰雪堂华坚铜活字本刊于明正德十年（1516），较董氏刻本早不到半个世纪；杨循吉抄本抄于明弘治元年（1488），较兰雪堂华坚活字本问世时间早不到半个世纪。杨循吉抄本不但问世时间最早，而且是据宋本影抄，按照常情常理，文字应该是明代四个本子中最可靠的一个本子。大约是基于这样的考虑，20 世纪 80 年代，冀勤先生整理《元稹集》时，选择的校勘底本就是明杨循吉影抄本；20世纪初，杨军先生出版《元稹集编年笺注》（诗歌卷，三秦出版社，2002）时，选用的校勘底本也是杨循吉抄本。

但明杨循吉抄本只有六十卷，而马元调刻本则另有马氏补遗六卷，从收录作品的完整性看，马元调刻本明显优于杨循吉抄本。正是从收录作品的完整性考虑，杨军先生2008年出版其《元稹集编年笺注》（散文卷）时，不再如"诗歌卷"选用杨循吉抄本作底本，而改用马元调刊本作底本。《元稹集编年笺注·例言》云："其所以不再如诗歌卷之采用明人杨循吉影抄宋本，盖因为马本较杨本篇目增加，就古籍整理言，马本为后出转精之标志。"① 2015年，吴伟斌先生出版《新编元稹集》，选择的校勘底本也是马元调刊本（但吴伟斌先生又谓"底本见诸《四库全书·元氏长庆集》"②，明显不妥，因为库本是以马本为底本的校勘本，并不能等同于马本，参下文）。马元调刻本不但收录元稹作品最全（也有少量因贪多务得而误收的），而且讹误之处较源于宋代刻本的明董氏茭门别墅本为少。

卢文弨《群书拾补》卷三五《元微之文集》云："董、马二本虽皆云由宋本出，然宋本脱烂处，辄以意妄为补缀，有极不通可笑者。"③ 董氏茭门别墅本是古代讹误最多的本子，马元调刊刻时虽经校勘，剔除了一些错误，但仍然有一些讹误没有清理出来。为此，我在选择校勘底本时颇费了一番思量：选杨循吉抄本作底本，因其收录作品不太全，前六十卷势必以杨循吉本作底本，而六卷补遗势必以马元调刊本为底本，现代人之补遗势必又另选不同底本。如此，整理出来的本子，从某种意义上看，就像是和尚身上穿的百衲衣，东拼一块儿西拼一块儿；选马元调刊本作底本，收录作品最多，但问世时间较晚，讹误又比较多，以之为底本，势必增加校勘的工作量，并让校记写得比较烦琐。经过对古代几个版本的细心比勘，我决定选择《四库全书》本《元氏长庆集》作校勘底本。

《四库全书》本《元氏长庆集》的底本是明马元调刻本。《四库全书总目提要》云："此本为……明松江马元调重刊。"而马元调刊本之渊源，

---

① 杨军：《例言》，《元稹集编年笺注》，三秦出版社，2008，第2页。
② 吴伟斌：《凡例》，《新编元稹集》，三秦出版社，2015，第49页。
③ 卢文弨：《群书拾补》卷35，清乾隆抱经堂刻本。

《四库全书总目提要》以为马元调刊本乃据北宋建安刘麟刊本而来："此本为宋宣和甲辰建安刘麟所传,明松江马元调重刊。"① 邵懿辰撰、邵章续录《增订四库简明目录标注》赞同四库馆臣之说："《元氏长庆集》六十卷,补遗六卷,唐元稹撰。此本乃宣和中建安刘麟所刊,明马元调据以翻雕。"② 但是,马元调《重刻元氏长庆集凡例》云："俗本体用策一篇,所缺殆千余字,必董氏所翻宋本,偶逸其二叶耳,今查《文苑英华》所载补入,庶为完文。"③ 董氏所翻宋本之"体用策一篇"缺"二叶",马元调刊本亦缺"二叶",则马元调刊本所据之底本或与董氏刊本所据之"宋本"为同一版本,或竟据董氏刊本再雕而成,亦未可知。但有一点可以确认,马元调刊本所据之底本,非杨循吉影抄本或杨循吉影抄本所据之宋本,因为杨循吉影抄本与杨循吉影抄本所据之宋本中的"体用策"都保留有完好的"二叶"。

四库全书本《元氏长庆集》,是四库馆臣以明马元调本为底本、参校以其他版本、校正不少讹误而最终形成的一个本子,是古代诸版本中作品最全、讹误最少的一个本子。即以《元氏长庆集》卷一《思归乐》为例,如表1所示。

表1 《思归乐》各校本

文渊阁四库本	马本	杨本	董本	宋蜀本	备注
山中（思归乐）	我作	山中	我作	山中	钱谦益跋：嘉靖壬子东吴董氏用宋本翻雕,行款如一,独于其空阙字样,皆妄以己意揣摩填补,如首行"山中思归乐",原空二字,妄增云"我作思归乐",文义违背,殊不可通。库本是,马本误
（应缘此）山路	寄迹	山路	寄迹	山路	库本是,马本误
（我）无（失乡情）	不	无	不	无	库本是,马本误
一到（长安城）	始对	一到	始对	一到	库本是,马本误

---

① 元稹：《元氏长庆集》,四库唐人文集丛刊,上海古籍出版社,1994,第2页。
② 邵懿辰撰、邵章续录《增订四库简明目录标注》,上海古籍出版社,1959,第668页。
③ 马元调：《重刻元氏长庆集凡例》,元稹《元氏长庆集》,明万历甲辰（1604）松江马元调刊本。

续表

文渊阁四库本	马本	杨本	董本	宋蜀本	备 注
（移镇）值江陵	值江陵	广与荆	值江陵	广与荆	库本、马本俱误
（长安）如（昼夜）	如	一	如	一	库本误
（况我三十）余	余	二	余	二	库本误
（久）闻岘山（亭）	欲登斯	闻岘山	欲登斯	闻岘山	库本是，马本误
酿酒（待宾客）	酿酒	开门	酿酒	开门	库本、马本疑误
（身外）皆委顺	无所求	皆委顺	无所求	皆委顺	库本是，马本误
（谁能）苟求（荣）	苟求	求苟	苟求	求苟	库本、马本疑误
（况复人）至（灵）	至	性	至	性	库本、马本疑误
金埋（无土色）	金埋	金埋	金埋	珠碎	库本、马本疑误
（此诚患不）立	立	至	立	至	库本、马本疑误
虽困（道亦亨）	虽困	诚至	虽困	诚至	库本、马本疑误

通过比较不难看出，文渊阁四库全书本《元氏长庆集》不是将明马元调本简单地移植过来，而是经过了四库馆臣的校勘，清理了其中存在的一部分讹误，虽然清理得并不是特别彻底。

如果将明杨循吉抄本与文渊阁四库全书本《元氏长庆集》相比较，又可发现，用作底本的宋本原来空缺的地方，四库全书本偶有讹误，而宋本原来不空缺的地方，四库全书本则往往优于杨循吉抄本。今以《元氏长庆集》卷二一为例，比较四库全书本与明杨循吉影抄本的优劣差异（见表2）。

表2 《元氏长庆集》不同校本

题 目	四库全书本	明杨循吉影抄本	备 注
《和乐天寻郭道士不遇》	（原注）道士昔常为僧	"道士"二字无	杨本似是
	方瞳应是新烧药	方瞳应是新烧药	杨本误
	短脚知缘旧施春	短脚知缘旧施春	杨本误
	为僧时先有脚疾	为僧时先有时疾	杨本误
《酬乐天得微之诗知通州事》	哭鸟昼飞人见少	哭鸟昼飞人少见	杨本似误
《酬乐天叹损伤见寄》	前途何在转茫茫	前途何在转忙忙	杨本误
《别毅郎》	（原注）此后工部侍郎时诗	此后三首工部侍郎时诗	杨本似是

续表

题 目	四库全书本	明杨循吉影抄本	备 注
《赠别杨员外巨源》	青山憔悴宦名卑	青衫憔悴宦名卑	杨本似是
《寄乐天二首（之一）》	剑头已折藏须尽	剑头已折藏须盖	杨本误
《和王侍郎酬广宣上人》	竞走墙前希得俊	竞走墙前稀得俊	杨本误

　　文渊阁四库全书本与明杨循吉影抄本《元氏长庆集》卷二一的异文共有十处，其中四库全本正确而明杨循吉影抄本明显讹误的地方共有 6 处，约占 2/3；四库全书似是而明杨循吉影抄本似误的地方共一处，占 1/10；四库全书疑误而明杨循吉影抄本似是的地方只有三处，将近 1/3。由此不难看出，四库全书之文字明显优于明杨循吉影抄本的文字。同时，从表 1、表 2 也不难看出，文渊阁四库全书虽然以明马元调本为底本，但并非照搬马本，而是参校了其他一些重要的版本，如宋蜀本、杨循吉影抄本等，校正了马本原来存在的一些讹误。在此之前的董氏刻本，虽然也是"用宋本翻雕"，但与其他宋本或杨循吉影抄宋本文字有所不同，这些不同严格说来并不是刊刻者进行的校勘，而是"妄以己意揣摩填补"宋本"空阙字样"造成的。① 马本因袭了董氏刻本的讹误，也没有进行严谨的校勘，只是补遗了六卷作品而已。因此，文渊阁四库全书本《元氏长庆集》是中国古代元稹别集中唯一一个经过学者严谨校勘过的本子，是古代诸本中讹误最少的一个本子。

　　正如很多学者曾经指出的那样，《四库全书》的编纂是乾隆以"稽古右文"之名，推行文化专制政策的产物。在编纂过程中，四库馆臣执行乾隆之命令，对存世之古籍采取全毁、抽毁、删改之方法，销毁或篡改了大批古代文献。鲁迅先生曾对此提出尖锐批评："单看雍正、乾隆两朝的对于中国人著作的手段，就足够令人惊心动魄。全毁，抽毁，剜去之类也且不说，最阴险的是删改了古书的内容。"② "文字狱不过是消极的一方面，积极的一面，则如《钦定四库全书》，于汉人的著作，无不加以取舍，所取的书，凡有涉及金元之处者，又大抵加以修改，作为定本。此外，对于'七经'、'二十四史'、《通鉴》、文士的诗文，和尚的语

---

① 钱谦益：《元氏长庆集·跋》，明弘治元年（1488）杨循吉影抄本。
② 鲁迅：《病后杂谈之余》，《鲁迅全集》，人民文学出版社，1981，第 185 页。

录，也都不肯放过，不是鉴定，便是评选，文苑中实在没有不被蹂躏的处所了。"① 但是，仔细考察四库馆臣篡改的文献就不难发现，遭四库馆臣篡改的文献，主要是词涉"异端"者、内容与主流意识形态不合拍者、语乖雅正者、诋毁清朝统治者，而与以上问题没有多少关联的古代文献，四库馆臣则不会毫无根据地篡改底本。很多文人的别集、文学总集、诗文评等文学类文献，因与清代的主流意识形态关联不太紧密甚或一致，自然不在被篡改者之列。而《四库全书》编修之时，很多文献的旧本或善本还在，取自校勘的材料较为丰富，四库馆臣又多饱学之士，态度还比较严谨，其校勘成就不容一笔抹杀。因此，在整理古代文献时，《四库全书》不仅可作重要的参校本，有些文献甚至径可取作校勘的底本。那种一提《四库全书》本，不分青红皂白，一概抹杀，径直否定其价值，不是一种严谨可取的态度。

---

① 鲁迅：《且介亭杂文·买〈小学大全〉记》，《鲁迅全集》（第六卷），人民文学出版社，1981，第57页。

图书在版编目（CIP）数据

四库学. 第二辑 / 陈晓华主编. -- 北京：社会科学文献出版社，2017.12
ISBN 978-7-5201-1809-5

Ⅰ.①四… Ⅱ.①陈… Ⅲ.①《四库全书》-研究 Ⅳ.①Z121.5

中国版本图书馆 CIP 数据核字（2017）第 281034 号

四库学（第二辑）

主　　编 / 陈晓华

出 版 人 / 谢寿光
项目统筹 / 王玉敏
责任编辑 / 王玉敏　张文静

出　　版 / 社会科学文献出版社·独立编辑工作室（010）59367153
　　　　　　地址：北京市北三环中路甲29号院华龙大厦　邮编：100029
　　　　　　网址：www.ssap.com.cn
发　　行 / 市场营销中心（010）59367081　59367018
印　　装 / 三河市尚艺印装有限公司

规　　格 / 开　本：787mm×1092mm　1/16
　　　　　　印　张：14.25　字　数：238千字
版　　次 / 2017年12月第1版　2017年12月第1次印刷
书　　号 / ISBN 978-7-5201-1809-5
定　　价 / 79.00元

本书如有印装质量问题，请与读者服务中心（010-59367028）联系

▲ 版权所有 翻印必究